Wolfgang Kemmetmüller (Hrsg.)
FALLSTUDIEN ZUR KOSTENRECHNUNG

Wolfgang Kemmetmüller (Hrsg.)

FALLSTUDIEN ZUR KOSTENRECHNUNG

13 Praxisfälle aus unterschiedlichen Branchen

4., vollständig neu bearbeitete Auflage

Service Fachverlag
Wien 2001

Die Deutsche Bibliothek – CIP-Einheitsaufnahme

Ein Titeldatensatz für diese Publikation ist bei der Deutschen Bibliothek erhältlich.

ISBN 3-85428-428-4

Copyright © 2001 Facultas Verlags- und Buchhandels AG
Service Fachverlag, Berggasse 5, A-1090 Wien

Das Werk einschließlich aller seiner Teile ist urheberrechtlich geschützt. Jede Verwertung außerhalb der engen Grenzen des Urheberrechtsgesetzes ist ohne Zustimmung des Verlages unzulässig und strafbar. Das gilt, auch bei nur auszugsweiser Verwertung, insbesondere für Vervielfältigungen, Mikroverfilmungen und die Einspeicherung und Verarbeitung in elektronischen Systemen.

Es wird darauf hingewiesen, daß die Angaben in diesem Werk trotz sorgfältiger Bearbeitung ohne Gewähr erfolgen und eine Haftung des Herausgebers, der Autoren oder des Verlages ausgeschlossen ist.
Die Wiedergabe von Gebrauchsnamen, Handelsnamen, Warenbezeichnungen usw. in diesem Werk berechtigt auch ohne besondere Kennzeichnung nicht zu der Annahme, daß solche Namen im Sinne der Warenzeichen- und Markenschutz-Gesetzgebung als frei zu betrachten wären und daher von Dritten benutzt werden dürften.

Umschlaggestaltung: Egger & Lerch, Wien
Satz und Druck: Facultas AG
Printed in Austria

Vorwort

Die vierte Auflage des vorliegenden Fallstudienbandes ist entstanden, um den Praxisbezug der Lehre zu untermauern. Dieses Buch soll den Beweis des praxisnahen Unterrichts erbringen. Aus diesem Grund wurde die Einordnung der Fallstudien so getroffen, daß diese mit den Standardwerken „Handbuch der Kostenrechnung" und „Kostenrechnung Band 1 und Band 2, Übungsbeispiele für Einsteiger sowie Fortgeschrittene" der Autoren und Herausgeber Kemmetmüller und Bogensberger, erschienen im selben Verlag, korrespondieren.

Dieses Fallstudienbuch kann nur einen kleinen Ausschnitt aus der Praxis abbilden, wobei folgende Bereiche angesprochen werden: Medizin, Krankenhaus, Produktion, zahnärztliche Leistungen, Bankensektor, Heimwerker Fachmarkt, Telekommunikation und Tourismus.

Die Gliederung des Buches erfolgt nach Branchen und innerhalb dieser Branchen alphabetisch nach den Verfassernamen.

Die einzelnen Beiträge erscheinen unter Eigenverantwortung des jeweiligen Verfassers.

Ich danke allen Autoren, ohne deren unterschiedliche Branchenerfahrung die Realisierung dieses Bandes unmöglich gewesen wäre.

Wolfgang Kemmetmüller   Wien, August 2001

Inhaltsverzeichnis

Vorwort 5
Matrix: Systematische Einordnung der Fallstudien 9
Autoren- und Verfasserverzeichnis 13

Fallstudien

Bank- und Kreditwesen

Fallstudie 1   Herbert Radl
Kalkulationsschema der Raiffeisenlandesbank Niederösterreich-Wien AG .. 15
Fallstudie 2   Alois Sailer
Produktkalkulation auf Basis der Management-Erfolgs-Rechnung 27
Fallstudie 3   Werner Wess
Produktkalkulation in der Österreichischen Volksbanken-AG 33

Gesundheitsökonomie

Fallstudie 4   Stefan Bogensberger
Plankosten- und Leistungsrechnung für ein Schispital in einem Wintersportzentrum 41
Fallstudie 5   Werner Eibler, Roland Lavaulx-Vrécourt
Kostenrechnung für das St. Anna-Kinderspital 53
Fallstudie 6   Wolfgang Kemmetmüller
Kalkulation der Stundenkosten zahnärztlicher Leistungen 73
Fallstudie 7   Birgit Richter-Schrenk
Kalkulation medzinischer Einzelleistungen am Beispiel ausgewählter nuklearmedizinischer Leistungen 79
Fallstudie 8   Anita Tscherne
Kostenrechnung für das Sanatorium Hansa 117

Handel

Fallstudie 9   Viktor Plank
Projekt Heimwerker-Fachmarkt in Schruns 147

Industrie

Fallstudie 10 Alexander Keil
Kalkulation einer Snowboardproduktion 195

Telekommunikation

Fallstudie 11 Georg R. Mündl
Handypreiskalkulation im Mobilfunkvertrieb 203

Tourismus

Fallstudie 12 Gerhard Plaschka
Betriebsabrechnung für einen Hotelbetrieb 213
Fallstudie 13 Dietmar Rößl, Bettina Kucera
Wirtschaftlichkeitsanalyse im Tourismus 235

Systematische Einordnung

Die vorliegende Systematische Einordnung verschafft dem Leser einen Überblick über die Schwerpunkte der einzelnen Fallstudien. Der Aufbau dieses Fallstudienbandes folgt dem didaktischen Konzept des Studiums der Kostenrechnung an der Wirtschaftsuniversität Wien.

Die nachfolgende Matrix kann entweder zur Vertiefung des Wissens um spezielle Kalkulationsfragen einzelner Betriebe, nach Branchen oder zur Unterstützung des Wissens einzelner Lernmodule aus der Kostenrechnung nach Problemfeldern benutzt werden.

Um eine wünschenswerte Abdeckung unterschiedlicher Problemfelder in verschiedenen Branchen zu erreichen, wurden 13 praxisorientierte Fälle ausgewählt. Diese Fälle stammen alle aus Kostenrechnungen österreichischer Unternehmungen.

Das Zahlenmaterial wurde absichtlich nicht verändert, um dem Leser Einblick in die Kostenstruktur der Betriebe zu geben. Jeder Beitrag wurde in Form und Struktur unverändert übernommen und gibt dadurch einen unverstellten Einblick in die individuelle Handschrift und Ausprägung der Kostenrechnung der jeweiligen Unternehmung.

Matrix: Systematische Einordnung der Fallstudien

Problemfeld \ Fallstudie	Fall 1: Radl, Raiffeisen	Fall 2: Saller, Management-Erfolgs-Rechnung	Fall 3: Wess. Österreichische Volksbanken	Fall 4: Bogensberger, Schispital	Fall 5: Eibler, St. Anna-Kinderspital	Fall 6: Kemmetmüller, Zahnärztliche Kosten	Fall 7: Richter-Schrenk, Med. Einzelleistungen	Fall 8: Tscherne, Sanatorium Hansa	Fall 9: Plank, Heimwerker-Fachmarkt	Fall 10: Keil, Snowboard-produktion	Fall 11: Mündl, Handypreis-kalkulation	Fall 12: Piaschka, Hotelbetrieb	Fall 13: Rößl, Tourismus
A. Betriebsüberleitung												•	
A.1. Vereinfachte Angaben	•			•									
A.2. G+V nach dem Rechnungslegungsgesetz													
B. Kostenrechnung													
B.1. Materialkosten						•							
B.2. Personalkosten					•					•			
B.3. Kalkulatorische Abschreibungen							•					•	
B.4. Kalkulatorische Zinsen							•					•	
B.4.1. Vereinfachte Bilanzen							•					•	
B.4.2. Bilanzen nach dem Rechnungslegungsgesetz													
B.5. Kalkulatorische Wagnisse													•
B.6. Steuerkosten													
B.7. Fremdleistungskosten													
C. Kalkulationsverfahren zu Vollkosten		•		•	•	•	•						
C.1. Einfache Divisionskalkulation											•		
C.2. Stufenweise Divisionskalkulation				•									
C.3. Äquivalenzziffernkalkulation													
C.4. Kuppelproduktkalkulation													
C.5. Summarische Zuschlagskalkulation				•									
C.6. Differenzierte Zuschlagskalkulation								•				•	
C.7. Exportkalkulation													

Systematische Einordnung

Problemfeld / Fallstudie	Fall 1: Radl, Raiffeisen	Fall 2: Sailer, Management-Erfolgs-Rechnung	Fall 3: Wess. Österreichische Volksbanken	Fall 4: Bogensberger, Schispital	Fall 5: Eibler, St. Anna-Kinderspital	Fall 6: Kemmetmüller, Zahnärztliche Kosten	Fall 7: Richter-Schrenk, Med. Einzelleistungen	Fall 8: Tscherne, Sanatorium Hansa	Fall 9: Plank, Heimwerker-Fachmarkt	Fall 10: Keil, Snowboard-produktion	Fall 11: Mündl, Handypreis-kalkulation	Fall 12: Piaschka, Hotelbetrieb	Fall 13: Rößl, Tourismus
D. Teilkostenrechnung													
D.1. Kostenauflösung				●									
D.2. Kalkulationsverfahren zu Teilkosten				●						●			
D.3. Ermittlung des optimalen Absatz- oder Produktionsprogramms				●						●			
D.3.1. Absatz- oder Produktionsprogramm bei Absatzengpässen ohne Produktionsengpässe													
D.3.2. Absatz- oder Produktionsprogramm bei Absatz- und Produktionsengpässen													
D.3.3. Stufenweise Fixkostendeckungsrechnung	●	●		●				●					
D.4. Ermittlung von kurzfristigen Preisuntergrenzen													
D.5. Ermittlung von kritischen Mengen (Verfahrensvergleich)				●									
D.6. Ermittlung von Gewinnschwellen (Break-Even-Points)	●							●					
E. Überblicksbeispiele													
F. Kostenauflösung/Regressionsanalyse													
G. Betriebsabrechnung mit simultaner innerbetrieblicher Leistungsverrechnung													
H. Break-Even-Analyse mit Sensitivitätsanalyse													
I. Stufenweise Fixkostendeckungsrechnung mit Nettokostenabbauwerten				●									
J. Plankostenrechnung													
K. Strategisches Kostenmanagement													
K.1. Target Costing									●				
K.2. Prozeßkostenrechnung	●								●				●
K.3. Life-Cycle-Costing													
K.4. Fixkostenmanagement													
K.5. Benchmark Costing													
L. Öko-Costing													

Autoren- und Verfasserverzeichnis

Bank- und Kreditwesen

Fallstudie 1 *Raiffeisen*
Mag. Herbert Radl ist Mitarbeiter der Abteilung Controlling der Raiffeisenlandesbank AG und verantwortlich für die Einführung, Betreuung und Weiterentwicklung der Management-Erfolgs-Rechnung der RLB AG.

Fallstudie 2 *Management-Erfolgs-Rechnung*
Direktor Alois M. Sailer ist Prokurist und Abteilungsleiter für die Bereiche Rechnungswesen und Zahlungsverkehr, EDV, Organisation und Controlling in der Raiffeisenkasse Guntramsdorf. Verantwortungsbereiche sind Strategisches Controlling und Entwicklung von Controlling-Tools für den praxisgerechten Einsatz der Controllinginstrumente am Markt, sowie Schulungen.

Fallstudie 3 *Österreichische Volksbanken*
Direktor Dkfm. Werner Wess ist Bereichsleiter Controlling, Bilanzen und Steuern der Österreichischen Volksbanken-AG.

Gesundheitsökonomie

Fallstudie 4 *Schispital*
Mag. Dr. Stefan Bogensberger ist Geschäftsführer eines Forschungs-, Aus- und Weiterbildungsunternehmens. Er ist Autor zahlreicher Fachpublikationen, leitet Seminare an Universitätslehrgängen, Fachhochschulen, Wirtschaftsförderungsinstituten und ist als Universitätslektor für Kostenrechnung an der Wirtschaftsuniversität Wien tätig.

Fallstudie 5 *St. Anna Kinderspital*
Mag. Werner Eibler ist Verwaltungsassistent und Leiter des Rechnungswesens im St. Anna Kinderspital, Wien.
Dr. Roland Lavaulx-Vrécourt ist Verwaltungsdirektor im St. Anna Kinderspital, Wien und dort verantwortlich für die ökonomische Führung sowie für die Betriebsführung (ausgenommen Medizinischer- und Pflegebereich).

Fallstudie 6 *Zahnärztliche Kosten*
Univ.-Prof. Dkfm. Dr. Wolfgang Kemmetmüller ist Vorstand des Forschungsinstitutes für BWL der Genossenschaften an der Wirtschaftsuniversität Wien. Er führt die Kostenrechnungsausbildung an der Wirtschaftsuniversität Wien durch und leitet seit vielen Jahren Praktikerseminare und -kurse an Wirtschaftsförderungsinstituten. Prof. Kemmetmüller ist wissenschaftlicher Leiter des Universitätslehrganges für Krankenhausmanagement in Wien.

Fallstudie 7   *Medizinische Einzelleistungen*
Birgit Richter-Schrenk ist leitende medizinisch-technische Analytikerin am Institut für Nuklearmedizin im Kaiserin Elisabeth Spital, Wien.

Fallstudie 8   *Sanatorium Hansa*
Anita Tscherne (MAS) ist Verwaltungsleiterin und Prokuristin des Sanatorium Hansa in Graz mit den Arbeitsschwerpunkten Budgetierung und Kostenrechnung, Finanzbuchhaltung, Personalwesen, Lohnverrechnung, Arbeits- und Sozialrecht.

Handel

Fallstudie 9   *Heimwerker Fachmarkt*
Viktor Plank ist Prokurist der Silvretta Center Konsumgenossenschaft Montafon und verantwortlich für Controlling und EDV.

Industrie

Fallstudie 10   *Snowboardproduktion*
Mag. Dr. Alexander Keil ist Universitätslektor am Forschungsinstitut für Betriebswirtschaftslehre der Genossenschaften der Wirtschaftsuniversität Wien, Prokurist und Leiter des Rechnungswesens der Schloss Schönbrunn Kultur- und Betriebsgesellschaft, Wien.

Telekommunikation

Fallstudie 11   *Handypreis-Kalkulation*
Dipl.-Ing. Georg R. Mündl ist Executive Director International Business des Mobilfunkbetreibers max.mobil. Er war bis zum Jahr 2000 Vertriebsleiter von max.mobil.

Tourismus

Fallstudie 12   *Hotelbetrieb*
Dr. Gerhard Plaschka ist Universitätsprofessor am Department of Management der DePaul University in Chicago, USA. Er befaßt sich mit Wachstumsstrategien neugegründeter Unternehmen.

Fallstudie 13   *Tourismus*
Dr. Dietmar Rößl ist a. o. Universitätsprofessor am Institut für Betriebswirtschaftslehre der Klein- und Mittelbetriebe der Wirtschaftsuniversität Wien.
Mag. (FH) Bettina Kucera ist im Tourismusmanagement – derzeit als Eventmanagerin in London, Großbritannien – tätig.

Fallstudie 1

Herbert Radl

Kalkulationsschema der Raiffeisenlandesbank Niederösterreich-Wien AG

Problemfelder:

- Stufenweise Fixkostendeckungsrechnung
- Ermittlung von Gewinnschwellen
- Prozeßkostenrechnung

Inhaltsverzeichnis

1. Einleitung 17
2. Management-Erfolgsrechnung (MER) 17
3. Stückkostenrechnung (Kostenträgerrechnung) 24
4. Kostenträger (Teilprodukt) 25
   4.1 Definition 25
   4.2 Die Aufgaben der Produktivitätsrechnung 25

1. Einleitung

Auf Grund des immer härteren Wettbewerbs im Bankenbereich und zunehmender Komplexität nehmen die Anforderungen an ein modernes Controlling im Bankenbereich ständig zu. Die Steuerung des Bankgeschäfts nach den Gesichtspunkten Ertrag/Risiko ist mittlerweile unverzichtbar geworden. Ein zentrales Element einer funktionierenden Steuerung ist die Margenkalkulation. Damit stehen Entscheidungsträgern jederzeit entscheidungsrelevante Erlös- und Kosteninformationen zur Verfügung. Eine effektive Margenkalkulation soll sowohl Informationen über die Ertragskraft einzelner Produkte/Kunden liefern als auch Grundlage für eine Gesamtbank-Rechnung sein. Als Grundlage für Kalkulationen von Bankprodukten hat sich in den letzten Jahren die Marktzinsmethode durchgesetzt.

2. Management-Erfolgsrechnung

Im Raiffeisensektor ist ein solches Instrument mit der Management Erfolgsrechnung (MER) vor einigen Jahren entwickelt und eingeführt worden. Die Management-Erfolgsrechnung ist eine Kunden-/Produktkalkulation auf Basis der Marktzinsmethode. Die MER ist eine stufenweise Deckungsbeitrags- und Periodenerfolgsrechnung, die den Erfolg von bereits getätigten Geschäften auf den folgenden Hierarchieebenen darstellt:

- je Einzelgeschäft
- je Kunde/Produkt
- je Kundengruppe/Produktgruppe
- je Profit Center
- für die Gesamtbank

Das System ist in Form einer Kunden-/Produktmatrix aufgebaut.

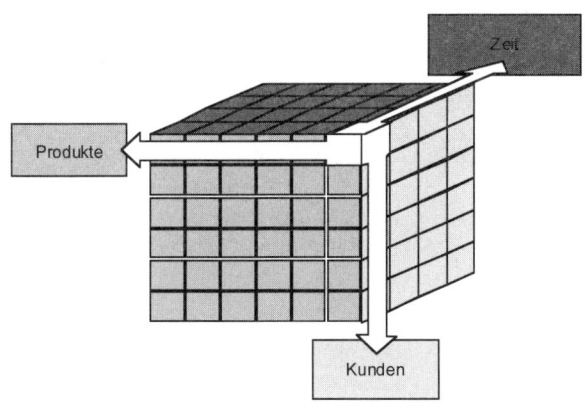

Das Einzelgeschäft bildet die kleinste Kalkulationseinheit in einer stufenweisen Deckungsbeitragsrechnung. Diese werden nach oben sowohl auf der Kunden- als auch auf der Produktseite bis zum Gesamtbankergebnis aggregiert. Die folgenden Beispiele sollen das Schema veranschaulichen, nachdem in der MER der Deckungsbeitrag eines Einzelgeschäftes berechnet wird. Das erste Beispiel zeigt eine Einzelgeschäftauswertung für eine Einlage (Passivgeschäft).

Der Deckungsbeitrag eines Girokontos ergibt sich anhand des folgenden Schemas.

MASKE DB-SCHEMA in der MER/Beispiel Passivgeschäft

Feld	Wert	Feld	Wert
Produkt-ID:	604	Produkt:	Geschäftskonto ATS/MUM P
ZKB effektiv:	138514	BZR:	YTD Zeitraum: Jan.2000 - Dez.2000
Std.-Mindestreservekosten:	0	EZG-ID:	1998.03.31 / 560004785
Dienstleistungsergebnis:	1.506	EZG-Beg.:	1986.12.17 EZG-Ende: 2099.12.31
Handelsergebnis:	0	Vertrags-ID:	
GF-Störung-Ergebnis:	0		
Bruttoergebnis:	140.020		
Standard-Stückkosten:	-365		
Zwischensumme 1:	139.655	Geschäftsfallbetrag aktiv:	0
Standard-Risikokosten:	0	Geschäftsfallbetrag passiv:	13.146.378
Zwischensumme 2:	139.655	Valut. Durchschn.-Bestand aktiv:	0
Haftkapitalzusatzkosten:	0	Valut. Durchschn.-Bestand passiv:	5.794.689
Hinzurechnungsbetrag:	0	Risikogew. Aktivvolumen:	0
DB Einzelgeschäft:	139.655		

[Schließen] [Referenz] [Margen] [Hilfe]

Dienstleistungsergebnis

Das Dienstleistungsergebnis entspricht dem Provisions- und Gebührenüberschuss des Einzelgeschäftes, der sich aus Provisions- und Gebührenerträgen abzüglich Provisions- und Gebührenaufwendungen errechnet.

Der zinsähnliche Provisions- und Gebührenüberschuss ist bereits im Zinskonditionenbeitrag enthalten und wird daher im Dienstleistungsergebnis nicht ausgewiesen.

Handelsergebnis

Das Handelsergebnis Kundengeschäft entsteht durch Käufe und Verkäufe, die ein Kunde mit der Bank tätigt und ergibt sich aus der Spanne zwischen Kundenkurs und dem internen Kurs. Falls kein interner Kurs vereinbart wurde, gilt der amtliche Börsenkurs. (Bei diesem Geschäft nicht relevant.)

Standard-Stückkosten

Die Standard-Stückkosten sind die direkt vom Einzelgeschäft verursachten, leistungsabhängigen Kosten. Sie können dem Einzelgeschäft direkt zugerechnet werden.

Nur Grenzkosten werden dem einzelnen Geschäftsfall als Standard-Stückkosten zugeordnet.

Der ZKB wird bei zinstragenden Geschäften mit Hilfe der Marktzinsmethode berechnet.

MASKE Berechnung des Zinskonditionenbeitrages/Passivgeschäft in der MER

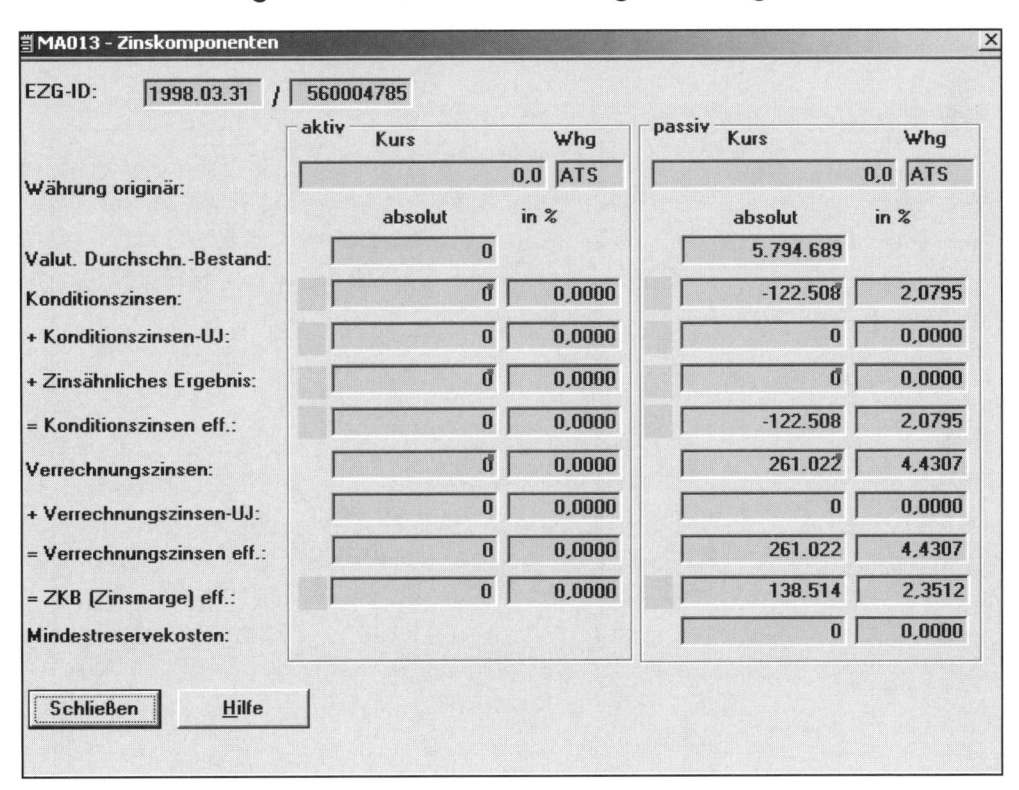

	aktiv			passiv		
	Kurs		Whg	Kurs		Whg
Währung originär:		0,0	ATS		0,0	ATS
	absolut	in %		absolut	in %	
Valut. Durchschn.-Bestand:	0			5.794.689		
Konditionszinsen:	0	0,0000		-122.508	2,0795	
+ Konditionszinsen-UJ:	0	0,0000		0	0,0000	
+ Zinsähnliches Ergebnis:	0	0,0000		0	0,0000	
= Konditionszinsen eff.:	0	0,0000		-122.508	2,0795	
Verrechnungszinsen:	0	0,0000		261.022	4,4307	
+ Verrechnungszinsen-UJ:	0	0,0000		0	0,0000	
= Verrechnungszinsen eff.:	0	0,0000		261.022	4,4307	
= ZKB (Zinsmarge) eff.:	0	0,0000		138.514	2,3512	
Mindestreservekosten:				0	0,0000	

EZG-ID: 1998.03.31 / 560004785

Valutarischer Durchschnittsbestand passiv

Der valutarische Durchschnittsbestand eines Passivgeschäftes ist das arithmetische Mittel der im Betrachtungszeitraum valutarisch zur Verfügung stehenden Kapitalbestände.

Verrechnungszinssatz

Der Verrechnungszinssatz für ein Passivgeschäft ist der zinsbindungs- und währungsgleiche Vergleichszinssatz für alternative Refinanzierungsmöglichkeiten am Geld- und Kapitalmarkt. Bei einem Girokonto wird auf Grund der ungewissen Kapital- und Zinsbindung der Verrechnungszinssatz empirisch ermittelt.

Zinskonditionenbeitrag/Passivgeschäft

Ein positiver Zinskonditionenbeitrag (ZKB) zeigt den Zinsbeitrag eines Einlagengeschäftes, der sich aus der Differenz der Zinskosten für das Passivgeschäft (Konditionszinsen) und den Zinskosten für eine alternative Geldaufnahme am Geld- und Kapitalmarkt ergibt.

Im folgenden Beispiel wird eine Einzelgeschäftskalkulation für eine Ausleihung dargestellt:

Feld	Wert	Feld	Wert
Produkt-ID:	729	Produkt:	Einmalkredit/Darlehen ohne Förderung ATS/MUM
ZKB effektiv:	18.325	BZR:	YTD Zeitraum: Jan.2000 - Dez.2000
Std.-Mindestreservekosten:	0	EZG-ID:	1998.09.30 / 560011966
Dienstleistungsergebnis:	380	EZG-Beg.:	1996.10.07 EZG-Ende: 2011.10.05
Handelsergebnis:	0	Vertrags-ID:	/
GF-Störung-Ergebnis:	0		
Bruttoergebnis:	18.705		
Standard-Stückkosten:	-365		
Zwischensumme 1:	18.340	Geschäftsfallbetrag aktiv:	459.939
Standard-Risikokosten:	-592	Geschäftsfallbetrag passiv:	0
Zwischensumme 2:	17.748	Valut. Durchschn.-Bestand aktiv:	465.993
Haftkapitalzusatzkosten:	-237	Valut. Durchschn.-Bestand passiv:	0
Hinzurechnungsbetrag:	0	Risikogew. Aktivvolumen:	232.996
DB Einzelgeschäft:	17.511		

MASKE DB-SCHEMA in der MER/Aktivgeschäft
Geschäftsfallstörung

Wird ein Zinsgeschäft während einer Zinsbindung vorzeitig gekündigt, entsteht bei geänderter Zinsstruktur bzw. geändertem Zinsniveau eine Fristentransformation (z. B. Kunde zieht die Einlage vorzeitig ab bzw. zahlt den Kredit vorzeitig zurück). Die durch die Geschäftsfallstörung entstehende Fristentransformation wird als Geschäftsfallstörung-Ergebnis im Deckungsbeitrag-Einzelgeschäft ausgewiesen.

Standard-Risikokosten

Die Standard-Risikokosten sind kalkulatorische Risikokosten des Ausfallrisikos, die den durchschnittlichen Wertberichtigungsbedarf über die Laufzeit des Geschäftes widerspiegeln (Versicherungsprinzip). Der Risikofaktor ergibt sich aus der Bonität und Besicherung des Kunden, des genutzten Produkts, der Kundengruppe und den länderspezifischen Komponenten.

Haftkapital-Zusatzkosten

Haftkapitalkosten sind die Kosten der Bedienung und Aufstockung des Haftkapitals. Wenn diese Kosten größer sind als die Kosten für eine alternative Refinanzierung am Geld- und Kapitalmarkt, entstehen Haftkapital-Zusatzkosten.

Zinskonditionenbeitrag effektiv

MASKE Berechnung des Zinskonditionenbeitrages/Aktivgeschäft in der MER

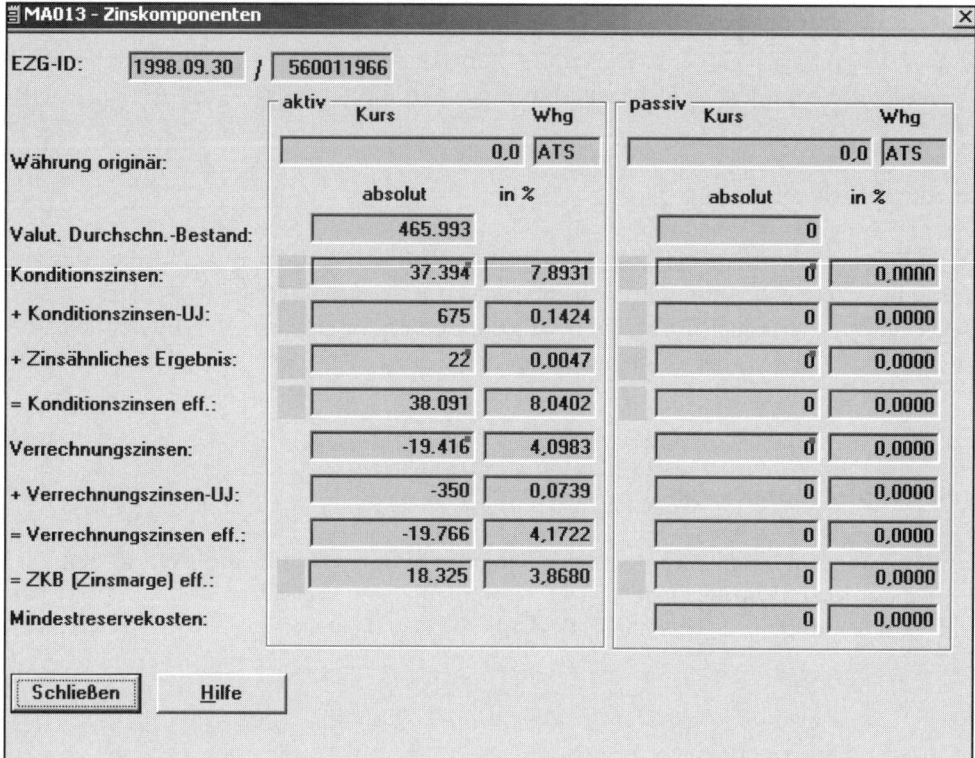

Valutarischer Durchschnittsbestand aktiv

Der valutarische Durchschnittsbestand eines Aktivgeschäftes ist das arithmetische Mittel der valutarisch aushaftenden Kapitalbestände im Betrachtungszeitraum.

Konditionszinsen-UJ

Die Unterjährigkeitsdauer entspricht dem arithmetischen Mittel der Veranlagungs-/Refinanzierungszeiträume, in denen unterjährig geflossene Konditionszinsen wiederveranlagt/refinanziert werden.

Zinsähnliches Ergebnis

Das zinsähnliche Ergebnis aktiv/passiv definiert die auf den Betrachtungszeitraum abgegrenzten Erträge und Aufwendungen, die nicht als Zins, Diskont, etc. bezeichnet werden, aber zum überwiegenden Teil Preise für die Überlassung von Kapital darstellen oder damit unmittelbar zusammenhängen.

Verrechnungszinssatz

Der Verrechnungszinssatz für ein Aktivgeschäft ist der zinsbindungskonforme Vergleichszins für Veranlagungsmöglichkeiten am Geld- und Kapitalmarkt.

Zinskonditionenbeitrag/Aktivgeschäft

Der Ergebnisbeitrag eines Kreditgeschäftes besteht darin, höhere Zinserlöse zu erzielen als eine alternative Anlage mit gleicher Fristigkeit am Geld- und Kapitalmarkt.

Alle Bankgeschäfte werden nach diesem Schema kalkuliert. Um das Ergebnis einzelner Geschäfte nicht nur im nachhinein sichtbar zu machen gibt es im Raiffeisensektor ein Vorkalkulationsprogramm, welches in der Lage ist nach der gleichen Rechenmethode wie in der Nachkalkulation (MER) Geschäfte vor Geschäftsabschluss zu bewerten.

Beispiel einer Kreditkalkulation vor Geschäftsabschluss:

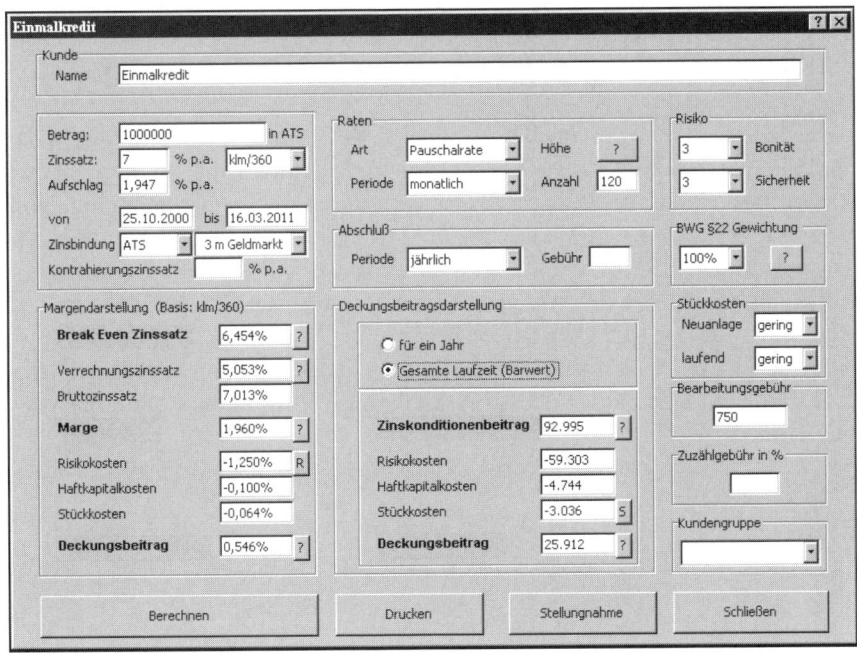

Damit ist es möglich die Ertragsauswirkung jedes Geschäftsabschlusses schon im vorhinein zu kennen.

Um auf dieser Basis zu einem Gesamtbankergebnis zu kommen, ist es notwendig sämtliche Geschäfte nach oben (Gesamtbank) zu aggregieren. Um jedoch nicht nur die direkt zurechenbaren Stückkosten der Einzelgeschäfte nach oben zu summieren, ist es notwendig alle übrigen Kosten je nach Anfall auf den jeweiligen Stufen dazuzugeben. Zum Beispiel werden Mietkosten einer Bankfiliale erst beim Errechnen des Filialergebnisses dazugegeben und nicht auf jedes Geschäft dieser Filiale aufgeteilt. Um ein solches System in der Praxis anzuwenden, bedarf es einer umfangreichen Stückkostenrechnung.

3. Stückkostenrechnung (Kostenträgerrechnung)

In der Kostenstellenrechnung werden die Kosten verursachergerecht den jeweiligen Kostenstellen zugeordnet. Sie bildet die Basis für die Stückkostenrechnung (Kostenträgerrechnung). Die Stückkostenrechnung ist eines der wesentlichsten Datenanlieferungsmodule für die MER. Die Stückkostensätze pro Teilprodukt werden im Rahmen einer Prozesskostenerhebung ermittelt und in weiterer Folge für die Deckungsbeitragsmatrix der MER bereitgestellt. Dadurch wird eine stufenweise Deckungsbeitragsrechnung für Einzelgeschäft, Kunde, Strategisches Geschäftsfeld bzw. Produkt, Produktgruppe und Produktsparte möglich.

Die Stückkostenrechnung in der RLB basiert auf der Einzelkostenrechnung nach dem System der Prozesskostenrechnung. (Activity-Based-Costing)

Diesem System liegen folgende Grundgedanken zugrunde: Der Kunde löst durch die Inanspruchnahme von Produkten bzw. Dienstleistungen in der Bank Tätigkeiten (Aktivitäten) aus. Die Prozesskostenrechnung geht von der Bewertung dieser Tätigkeiten, die der Kunde als „Kostentreiber" verursacht, aus und baut darauf alle Kostenbetrachtungen auf.

Die Bank stellt dem Kunden ein Angebot von freien Ressourcen zur Verfügung. Dieses Angebot besteht beispielsweise aus Mitarbeitern und Geräten, die für den Service bereitstehen. Der Kunde „verbraucht" diese Ressourcen durch die Inanspruchnahme von Produkten. Die Produkte setzen sich aus Teilprodukten und diese wiederum aus einzelnen Tätigkeiten zusammen, die Personal- und Sachkosten verursachen. Der Zeitverbrauch für die Tätigkeiten ist mit den individuellen Personalkostensätzen für die in den einzelnen Kostenstellen tätigen Mitarbeitern zu bewerten.

Die hohe Transparenz des Gesamtkostenblocks, die durch die Untergliederung der Kostenarten in Tätigkeiten entsteht, ermöglicht eine bessere Planung und Steuerung der Kosten im Bankbetrieb.

4. Kostenträger (Teilprodukt)

4.1 Definition

Ein Kostenträger ist ein Tätigkeitenbündel, das in gleicher Art bei einem Produkt ein- oder mehrfach und/oder bei mehreren Produkten in gleicher Art vorkommt, und das sowohl kostenstellenbezogen als auch mitarbeiterbezogen definiert werden kann. Ein Kostenträger wird zur Erstellung eines Produktes benötigt, d.h. jedes Produkt besteht aus mindestens einem Kostenträger, jeder Kostenträger besteht aus mindestens einer Tätigkeit.

Zum Beispiel wären für das Produkt „Überweisungsauftrag" folgende Kostenträger möglich:

- Überweisungsauftrag
- Codierung
- Optische Beleglesung

In der RLB wurden ca. 5000 Einzeltätigkeiten (inkl. Hauptaufgaben) erhoben, die ca. 600 Kostenträgern zugewiesen wurden. Diese wurden dann zu ca. 226 Produkten zusammengefasst.

Für ein Teilprodukt kann es nur einen Standardablauf (eine Kombination bestimmter Tätigkeiten) geben, jedoch sind nicht alle Teilprodukte standardisierbar. Eine Abweichung vom Standardablauf führt daher zur Definition eines weiteren Teilprodukts.

Damit jedoch schlussendlich ein Gesamtergebnis nach IST-Kosten und nicht nur nach Standard-Kosten zustande kommt, ist es weiters notwendig eine Überleitung der IST-Kosten in die Deckungsbeitragsmatrix jährlich durchzuführen und Abweichungen zu berechnen. (Produktivitätsrechnung)

Die Produktivitätsrechnung ermittelt für alle Organisationseinheiten (OE) das Produktivitätsergebnis-Personal, das Produktivitätsergebnis-Sachkosten und die ungedeckten Kosten der OE.

4.2 Die Aufgaben der Produktivitätsrechnung

1. Überleitung von Sollkosten in Istkosten
   Die im Rahmen der MER für jede OE ermittelten Soll-Personal- und Soll-Sachkosten (Istmengen * Standardpreise) werden mit Hilfe der Produktivitätsrechnung in Ist-Personal- und Ist-Sachkosten (Istmengen * Istpreise) übergeleitet um zu den Deckungsbeiträgen bzw. zum Gesamtbankergebnis auf Basis der im Betrachtungszeitraum tatsächlich angefallenen Ist-Kosten zu kommen.

2. Darstellung der Wirtschaftlichkeit der Aufgabenerfüllung einer OE
   Das Produktivitätsergebnis ist ein Parameter für die Wirtschaftlichkeit, mit der eine OE ihre Tätigkeiten abwickelt. Ebenso wichtig wie die Zielkontrolle ist das Festhalten und Analysieren von positiven und negativen Abweichungen. Ein positives (nega-

tives) Produktivitätsergebnis Personal zeigt, dass die OE ihre Tätigkeiten schneller (langsamer) als in der Standard-Bearbeitungszeit abgewickelt hat und/oder die Ist-Personalkosten niedriger (höher) als die Plan-Personalkosten waren.

3. Informationsgrundlage für Abweichungsanalysen
   Auf der Grundlage der, durch die Produktivitätsrechnung zur Verfügung gestellten Informationen, können je nach Höhe der Soll-/Ist-Abweichung (z. B. ABC-Analyse) unterschiedlich intensive Abweichungsanalysen aufbauen.

Fallstudie 2

Alois Sailer

Produktkalkulation auf Basis der Management-Erfolgs-Rechnung

Problemfelder:

- Kalkulationsverfahren zu Vollkosten
- Stufenweise Fixkostendeckungsrechnung

Inhaltsverzeichnis

1. Problemstellung 29
2. Darstellung 29
   A. Eingabemaske 29
   B. Auswertung 30
3. Kalkulation Kredit 31
4. Kalkulation Kundeneinlage 32

1. Problemstellung

Der Raiffeisensektor in NÖ/Wien hat unter der Führung der Raiffeisenlandesbank NÖ/Wien in den letzten Jahren unter dem Namen „MER" – Management-Erfolgs-Rechnung eine Kunden- & Produktkalkulation entwickelt, die zum neuen Standard in diesem Bereich führen soll.

Zur Unterstützung der Kalkulation des **Neugeschäftes** wurden durch die Raiffeisenkasse Guntramsdorf auf Basis dieser MER Excel-Programme entwickelt, wovon je ein Beispiel für einen ATS-Kredit und eine Kundeneinlage beigefügt ist.

Die Kalkulation basiert auf der Marktzinsmethode, die als wesentliche Neuerung in der Berechnung des Erfolges darin besteht, dass der Zinsertrag des Kundengeschäftes als eine Differenz zwischen **Kundenzinsssatz** und **Verrechnungszinssatz** dargestellt wird.

Der **Verrechnungszinssatz** ist der Zinssatz eines alternativen Produktes im Interbankbereich.

2. Darstellung

A. Eingabemaske

Kredithöhe:	
Zinssatz Kunde :	
Zuzählgebühr:	Einmalbetrag in % der Kredithöhe
Laufzeit in Jahren:	Eingabe laut angeführter Schlüsselwerte
Note W :	Beurteilung des Kreditnehmers hinsichtlich seiner wirtschaftlichen Stärke (W) in einem Schulnotensystem von 1–5
Note S :	Beurteilung der angebotenen Sicherheiten (S) für dieses Geschäft, ebenfalls nach Schulnoten (1–5)
	Aus diesen beiden „Noten" errechnen sich in Folge die sog. „Standard-Risikokosten", die ein wesentlicher Bestandteil der DB-Ermittlung sind.
Bindung:	Zinsatzbindung des Kundengeschäftes. Aus dieser Eingabe ermittelt sich der Verrechnungszinssatz (= alternatives Geschäft am Interbankmarkt).
Tilgungen J/N:	Gibt an, ob es sich dabei um einen ratierlichen oder endfälligen Kredit handelt.
Abschluß:	Angabe über die Häufigkeit der Zinszu- bzw. Vorschreibungen p. a.
Förderung:	Angabe über die Kreditform (Einfluß auf Standard-Stückkosten)

B. Auswertung

+	Zinsen aus Kundengeschäft	Kundenzinssatz inkl. Zuzählgebühr auf die Laufzeit aufgeteilt und aller zinsähnlichen Erträge
–	Zinsen aus Zwischenbankbereich	Verrechnungszinssatz Interbank
=	**ZINSKONDITIONENBEITRAG**	
+/–	Geschäftsfallstörung	Pönalen, etc. – Fallen an, wenn Partner sich nicht an Vereinbarungen halten
–	Mindestreserve- & LI-Reservekosten	Diese Kosten ergeben sich nur in Einlagegeschäft und stellen den Zinsentgang dar, der durch gesetzliche Vorschriften entsteht.
+	Erträge aus Dienstleistungen	Kontoführung, Fixspesen und sonstige Provisionen
+	Handelsergebnis Kundengeschäft	Kursspannen, etc.
=	**BRUTTOERGEBNIS**	
–	Stückkosten – LOHN	Standardsätze, ermittelt als durchschnittliche Arbeitszeit pro Produkt für Neugeschäft und laufende Betreuung
–	Risikokosten	Abhängig vom Rating nach W & S (siehe oben). Der Prozentsatz in Bezug zur Kredithöhe ermittelt sich aus den durchschnittlichen Risikokosten der Bank
–	Haftkapitalkosten	Kosten der Beschaffung von Eigenmittel für die gesetzmäßige Unterlegung des Geschäftes entsprechend den gegebenen Sicherheiten.
=	**DECKUNGSBEITRAG 1**	Zwei Ergebnisse, da im 1. Jahr höhere Kosten anfallen (Neugeschäft)
–	Standardstückkosten 2	Sachaufwand & AFA im gleichen Verhältnis wie die Standard-Lohnkosten
=	**DECKUNGSBEITRAG 2**	Zwei Ergebnisse wie bei DB 1
	Mindest-DB 2 / OHB	Im Produkthandbuch sind für fast alle Produkte Mindest-DB's definiert, die zu erzielen sind. Durch Änderung des Ratings (W/S) kann somit ein Spielraum in der Kundenkondition erzielt werden.
	Differenz	Ausgewiesene Differenz zur Mindestmarge

Dieses Instrument bieten einerseits den Kundenbetreuern die Möglichkeit NEUGESCHÄFT nach der gleichen Methode zu kalkulieren, nach der es dann in Folge auf Kunden- und Produktebene laufend zur Ergebnisrechnung verwendet wird.

Andererseits gibt es den Produktverantwortlichen Gelegenheit in den Konditions- und Margenfindung nach neuesten Erkenntnissen vorzugehen und zu entscheiden.

Das Schema der Deckungsbeitragsermittlung gilt für alle Produkte unseres Unternehmens.

3. Kalkulation Kredit

27. 3. 2001

Deckungsbeitrag — Einzelgeschäft

Geldmarkt vom: **23. 3. 2001**

Kredithöhe	1.000.000	**Note W :**	3
Zinssatz Kunde	6,500 %	**Note S :**	1
Zuzählgebühr	1,000 %	**Bindung:**	04
Laufzeit	10	Keine = 00	FIX = 04
1–25 Jahre / unterjährig: 1M ; 2M ; 3M ; 6M ; 9M / Girokonto : G		SMR = 08	Euribor 3M = 65
		Verbraucherkredit = 13	Euribor 6M = 66
J	**Abschluß: 3**	**Föderung K**	
Tilgung J/N	3 = 1/4 ; 6 = 1/2; 12 = 1/1 jährig	G = Gewerbe; P = Privat; K = keine	

AUSWERTUNG:	IN ATS	in %
Kundenzinssatz:	66.000,00	6,600%
incl. Zuzählgebühr/Laufzeit		
Verr.Zinssatz:	48.826,94	4,883%
Zinssatz am Interbankmarkt		
Z K B :	17.173,06	1,717%
Zinskonditionenbeitrag		
Dienstleistung:	400,00	0,040%
Stückkosten – Lohn:	– 1.200,00	– 0,120%
Risikokosten:	– 1.100,00	– 0,110%
Haftkapitalkosten:	– 200,00	– 0,020%
Deckungsbeitrag 1	15.073,06	1,507%
Jahresertrag 1. Jahr		
Deckungsbeitrag 1	15.773,06	1,577%
Jahresertrag Folgejahr		
Stückkosten – 2 :	– 799,11	– 0,080%
(Sachaufwand & Afa)		
Deckungsbeitrag 2	14.273,95	1,427%
Jahresertrag 1. Jahr		
Deckungsbeitrag 2	→ 15.440,10	→ 1,544%
Jahresertrag Folgejahr		
Mindest-DB 2 / OHB	15.000,00	1,500%
Differenz	440,10	0,044%

Diesen Kredit über S 1 Mio. erhält ein bonitätsmäßig durchschnittlicher Kunde, der allerdings einwandfreie Sicherheiten bietet (W = 3; S = 1). Die Zuzählgebühr beträgt 1 % einmalig, der Zinssatz 6,5 %.

Für die Bank ergibt sich ein DB2 von ca. S 15.440.– p. a., der knapp über dem Mindest DB2 von S 15.000,– liegt.

4. Kalkulation Kundeneinlage

27. 3. 2001

Deckungsbeitrag – Einzelgeschäft   Geldmarkt vom: **23. 3. 2001**

Einlagehöhe	1.000.000	**Zinssatz**	3,125 %
Laufzeit	24	**ART**	5
Tag = T Woche = W		Termingeld = 1	
Monate: 01 ; 02 ; 03 ; 06 ; 09 ; 12		Sparbuch variabel = 3	Girokonto = 2
24 ; 36 ; 48 ; 60 ; 72 ; 84		Vermög.Spar & Spar fix = 5	Prämien = 4
96 ; 108 ; 120		R.K.O. Floater = 8	R.K.O. Fix = 9

AUSWERTUNG:	IN ATS		in %
Kundenaufwand:	31.250,00		3,125 %
Verrechnungszinssatz:	43.004,10		4,300 %
Z K B : (Zins-Konditionen-Beitrag)	11.754,10		1,175 %
Dienstleistung: (Provisionen;Gebühren;Agio; etc.)	0,00		0,000 %
Stückkosten – Lohn :	– 100,00		– 0,010 %
Deckungsbeitrag 1 : Jahresertrag – Neugeschäft	11.654,10		1,165 %
Deckungsbeitrag 1 : Jahresertrag – Folgegeschäft	11.754,10		1,175 %
Stückkosten – 2 : (Sachaufwand; Verbundkosten & AFA)	– 66,59		– 0,007 %
Deckungsbeitrag 2 : Jahresertrag – Neugeschäft	11.587,51		1,159%
Deckungsbeitrag 2 : Jahresertrag – Folgegeschäft	11.654,10		1,165%

RKG-Controlling/Sailer   V 6.0   **Raika Guntramsdorf**

Fallstudie 3

Werner Wess

Produktkalkulation in der Österreichischen Volksbanken-AG

Problemfelder:

- Einfache Divisionskalkulation

Inhaltsverzeichnis

1. Vorwort 35

2. Vorgehen 35
   2.1 Devisenzahlung 36
   2.2 Abwicklung Termingeschäft Auslandsbörsen 37
   2.3 Wechselinkasso Import 38
   2.4 Kalkulation Girokonto Privat 39

1. Vorwort

Dem Wissen um Stückkosten wird in der Österreichischen Volksbanken AG große Bedeutung beigemessen. Dies liegt einerseits natürlich im Streben nach dem Wissen um die Kosten der einzelnen Produkte/Prozesse, andererseits im Bemühen um eine aussagekräftige Profit-Center-Rechnung, in welche diese Stückkostenergebnisse einmünden.

2. Vorgehen

Wie sieht das Vorgehen beim Ermitteln von Stückkosten aus?

Nach Produktdefinition und Sicherstellung einer automatisierten, periodischen Mengenermittlung wurde in den betroffenen Organisationseinheiten (OE's) eine Kapazitätserhebung und Zuordnung zu den Produkten durchgeführt. Diese Kapazitätserhebung betrifft einerseits die direkt mit der Produktabwicklung betroffenen MA, andererseits auch die leitenden Personen/Führungskräfte.

Entsprechend dieser Erhebungsgebnisse wurden die verursachten Personal- und Sachkosten eingerechnet.

Direkt zuordenbare bzw. weitere anteilige Sachkosten (Raum, EDV etc.) und anteilige Abschreibung vervollständigen die Gesamtkosten für das Produkt.

Auf Basis von Planmengen kommt es dann zur Ermittlung der Kosten je Stück. Plausibilitätsschecks und Summen-Kontrollen vervollständigen dann die Kalkulation.

In weiterer Folge werden der Aufbau und die Ergebnisse einiger Kalkulationen vorgestellt.

2.1 Devisenzahlung (Zahlungen ins bzw. vom Ausland)

Planmengen (in 1.000 Stk)	515	
Bearbeitungszeiten (in Min) / Stk	1,75	
MA-Bedarf direkt in Stunden	15.021	
MA-Bedarf direkt (bei ø 1.540 Std/Jahr je MA)	9,8 (ohne Leitung)	
	Jahreskosten (in ATS 1.000)	Stückkosten in ATS/Stk
PK direkt	5.050	**9,81**
PK Gruppenleitung	480	**0,93**
PK Abteilungsleitung	814	**1,58**
PK Korrespondenz	3.920	**7,61**
PK Kontoführung	145	**0,28**
Personalkosten	**10.409**	**20,21**
SK Gruppenleitung	54	**0,10**
SK Abteilungsleitung	265	**0,51**
SK Korrespondenz	4.430	**8,60**
SK Kontoführung	651	**1,26**
EDV-Rechenzentrum	3.255	**6,32**
SWIFT-Rechenzentrum	4.320	**8,39**
SWIFT direkt	1.232	**2,39**
Verr. PC/Netz/Infosysteme allg.	483	**0,94**
Verr. VB 91	157	**0,30**
Verr. Poststelle/Dokumentation	491	**0,95**
Raumkosten	255	**0,49**
sonstige Sachkosten	990	**1,92**
Summe Sachkosten	**16.583**	**32,20**
kalk. Abschreibung	175	**0,34**
GESAMT	**27.167**	**52,75**

PK direkt:	direkte, in der KST anfallende Personalkosten
PK Gruppenleitung:	anteilige Personalkosten der Gruppenleitung
PK Korrespondenz:	anteilige Personalkosten der KST Korrespondenz (allgemeiner Schriftverkehr, Rückfragen, Reklamationen)
PK Kontoführung:	anteilige Personalkosten der KST Kontoführung
SK – Sachkosten:	Gliederung siehe PK
EDV-Rechenzentrum:	anteilige Kosten des Rechenzentrums
SWIFT Kosten:	Kosten des EDV-Systems für Devisenzahlungen
Verr. PC/Netz/Infosyst allg.:	anteilige Kosten der innerbetrieblichen Verrechnung für PCs inkl. Netzwerk/Lotus Notes/Internet etc.
Verr. VB 91:	anteilige Kosten des Banken-Buchungssystems
Verr. Poststelle/Dokumentation:	anteilige Kosten der Poststelle bzw. des Scanning
Raumkosten:	anteilige Kosten für Räume inkl. Afa, Instandhaltung, Reinigung, Bewachung etc.
Sonstige Sachkosten:	anteilige allgemeine Sachkosten, wie Büromaterial etc.

2.2 Abwicklung Termingeschäft Auslandsbörsen

	Jahreskosten in ATS 1.000	Stückkosten in ATS/Stk
Planmengen	5.000	
Kapazitätsbeanspruchung d. MA	2,6	
Bearbeitungszeiten (in Min) / Stk	48	
Summe Personalkosten	**2.200**	**440,00**
64 kBit Handelsleitung, div. Leitungen		0,00
Poolvertrag	620	124,00
ÖTOB HW	24	4,80
ÖTOB SW	366	73,20
ÖTOB Handel- und Clearinggebühr		0,00
Betreuung ORG	15	3,00
Verr. Börse / Derivate	**963**	**205,00**
Verr. PC/Netz/Infosysteme allg.	134	26,77
Verr. VB 91	47	9,31
Summe EDV-Kosten	**1.143**	**241,08**
Raumkosten	128	25,60
Leitungskosten	122	24,40
Verr. Poststelle/Dokumentation	8	1,60
Verr. Allgemein & Rechnungsw.	46	9,14
Sonstige Sachkosten	215	43,08
Summe Sachkosten	**1.713**	**344,90**
kalk. Abschreibung	487	97,35
Summe Kosten	**4.529**	**882**

Summe Personalkosten: anteilige direkte Personalkosten
Poolvertrag: anteilige Kosten für die Handelsleitung
ÖTOB HW: anteilige Kosten der ÖTOB-Hardware
ÖTOB SW: anteilige Kosten der ÖTOB-Software
Betreuung ORG: anteilige Betreuungskosten durch das interne EDV-Competence-Center
Verr. PC/Netz/Infosyst allg.: anteilige Kosten der innerbetrieblichen Verrechnung für PC's inkl. Netzwerk/Lotus Notes/Internet etc.
Verr. VB 91: anteilige Kosten des Banken-Buchungssystems
Raumkosten: anteilige Kosten für Räume inkl. Afa, Instandhaltung, Reinigung, Bewachung etc.
Leitungskosten: anteilige Kosten der KST-Leitung
Verr. Poststelle/Dokumentation: anteilige Kosten der Poststelle bzw. des Scanning
Verr. Allgemein & Rechnungsw.: anteilige Kosten des Rechnungswesens sowie des allg. Overheads
Kalkulatorische Abschreibung: anteilige Abschreibung für Abnutzung

2.3 Wechselinkasso Import

Planmengen	800	
Bearbeitungszeiten (in Min) / Stk	55	
MA-Bedarf direkt in Stunden	733	
Schlüssel SWIFT (Anzahl Nachr.)	1.764	
	Jahreskosten (in ATS 1000)	Stückkosten i. ATS/Stk
Summe Personalkosten	**370**	**463**
EDV-Kosten ARZ	52	65
Verr. PC/Netz/Infosysteme allg.	30	38
Verr. VB 91	10	13
Sonstige EDV-Kosten	18	23
Raumkosten	25	31
Leitungskosten	11	14
Sonstige Sachkosten (MA-Schlüssel)	20	25
Sonstige Sachkosten (Stk-Schlüssel)	9	12
Sonstige Sachkosten (SWIFT-Schlüssel)	8	10
Summe Sonstige Sachkosten	37	46
Summe Sachkosten	**220**	**276**
GESAMT	**590**	**738**

Summe Personalkosten: anteilige direkte Personalkosten
EDV-Kosten ARZ: anteilige EDV-Kosten vom Rechenzentrum
Verr. PC/Netz/Infosyst allg.: anteilige Kosten der innerbetrieblichen Verrechnung für PC's inkl. Netzwerk/Lotus Notes/Internet etc.
Verr. VB 91: anteilige Kosten des Banken-Buchungssystems
Sonstige EDV-Kosten. anteilige sonstige EDV-Kosten wie z. B. Wartung
Raumkosten: anteilige Kosten für Räume inkl. Afa, Instandhaltung, Reinigung, Bewachung etc.
Leitungskosten: anteilige Kosten der KST-Leitung
Sonst. Sachkosten (MA-Schlüssel): Sonstige personalabhängige Sachkosten (Verteiliungsbasis ist die MA-Kapazität)
Sonst. Sachkosten (Stk-Schlüssel): Sonstige mengenabhängige Sachkosten (Verteilungsbasis ist die zugrundegelegte Menge)
Sonst. Sachkosten (SWIFT-Schlüssel): Sonstige SWIFT-Schlüssel abhängige Sachkosten (Verteilungsbasis ist der zugrundegelegte SWIFT-Schlüssel)

2.4 Kalkulation Girokonto Privat

Kalkulationsprämissen:	
Durchschnittl. Guthaben Girokonto (OZ: 4%)	ATS 20.000,–
4 telefonische Überweisungen p.m.	
2 Dauerauftragsbuchungen p.m.	
5 Lastschrift / Bankomat-Abbuchungen p.m.	
3 Gutschriften p.m.	
	Jahresbetrag in ATS
ERTRÄGE	
Zins-Konditionsbeitrag Girokonto (1%)	**600,00**
Provisionserträge Konto (Kontoführungsgebühr ATS 80,– / Quartal)	**320,00**
SUMME ERTRÄGE	**920,00**
AUFWENDUNGEN	
Telefonische Überweisungen (à ATS 6,-)	**288,00**
DA-Transaktionen (à 3,-)	**72,00**
Lastschrift / ec-Transaktionen (à 3,-)	**180,00**
Gutschriften (à 2,-)	**72,00**
SUMME AUFWENDUNGEN	**612,00**
Kalkulat. Risikokosten – Kunde in Bonitätsklasse 3 blanko (unbesichert) = 1,25%	**250,00**
SUMME AUFWENDUNGEN INKL. RISIKOKOSTEN	**862,00**
Summe Deckungsbeitrag I – p.a.	**308**

Zins-Konditionsbeitrag:	Differenz Kundenkondition und Opportunitätszins
Provisionserträge:	Kontoführungsgebühr p. a.
Telefonische Überweisungen:	anteilige Stückkosten p. a.
DA-Transaktionen:	Kosten p. a. für Dauerauftrags-Transaktionen
Lastschrift/ec-Transaktionen:	Kosten p. a. für durchgeführte Lastschriften
Gutschriften:	Kosten p. a. für durchgeführte Gutschriften
Kalk. Risikokosten:	aufgrund der Bonitätsklasse und der Besicherung werden Risikokosten in % des durchschnittlichen Volumens kalkuliert.

Fallstudie 4

Stefan Bogensberger

Plankosten- und Leistungsrechnung für ein Schispital in einem Wintersportzentrum

Problemfelder:

- Betriebsüberleitung
- Kostenrechnung
- Kalkulationsverfahren zu Vollkosten
- Stufenweise Divisionskalkulation
- Differenzierte Zuschlagskalkulation
- Teilkostenrechnung
- Kostenauflösung
- Kalkulationsverfahren zu Teilkosten
- Ermittlung des optimalen Absatz- oder Produktionsprogramms
- Stufenweise Fixkostendeckungsrechnung
- Ermittlung von Gewinnschwellen
- Plankostenrechnung

Inhaltsverzeichnis

1. Zielsetzung und Aufbau der Fallstudie 43
2. Planung von Leistungen, Einzelkosten und Leistungsstunden 43
3. Betriebsüberleitung, Kostenartenrechnung, Betriebsabrechnungsbogen zu Voll- und Teilkosten 43
4. Kalkulation der Leistungen zu Vollkosten 44
5. Kalkulation der Leistungen zu Teilkosten 44
6. Stufenweise Fixkostendeckungsrechnung (stufenweise BE-Rechnung) 44
7. Break-Even-Analyse 44
8. Optimales Leistungsprogramm 44
9. Tabellenverzeichnis (Anhang) 45
10. Literaturhinweise 45

1. Zielsetzung und Aufbau der Fallstudie

Zielsetzung der vorliegenden Fallstudie ist, das zusammenhängende System der Kosten- und Leistungsrechnung anhand eines übersichtlichen Unternehmens darzustellen und dabei folgende Instrumente der Kosten- und Leistungsrechnung zu vernetzen:
- Planung der Leistungen, der Einzelkosten und der Leistungsstunden
- Betriebsüberleitung, Kostenartenrechnung, Betriebsabrechnungsbogen zu Voll- und Teilkosten
- Kalkulation der Leistungen zu Vollkosten
- Kalkulation der Leistungen zu Teilkosten
- Stufenweise Fixkostendeckungsrechnung (stufenweise BE-Rechnung)
- Break-Even-Analyse
- Optimales Leistungsprogramm

Alle Daten, die in der Fallstudie verwendet werden, sind aus Gründen des Datenschutzes verändert worden, und können daher nicht für die Umsetzung eines solchen Projektes herangezogen werden.

2. Planung von Leistungen, Einzelkosten und Leistungsstunden

Bei der Planung der Leistungen ist zu berücksichtigen, welche medizinischen Leistungen sinnvollerweise in einem Schispital direkt in einem Wintersportzentrum angeboten werden können, um damit den Gästen eine medizinische Nahversorgung zu bieten. Alle in Tabelle 1 angeführten Werte beziehen sich auf ein durchschnittliches Monat in der Wintersaison von Mitte Dezember bis Mitte April. Bei der Planung der Erlöse wird berücksichtigt, das sowohl Kassen- als auch Privatpatienten versorgt werden sollen. Als Einzelkosten werden Medikamente und Arzthonorare erfasst, alle anderen Kosten stellen Gemeinkosten dar.

3. Betriebsüberleitung, Kostenartenrechnung, Betriebsabrechnungsbogen zu Voll- und Teilkosten

Bei der Betriebsüberleitung werden kalkulatorische Eigenkapitalzinsen und ein kalkulatorisches Entgelt für den Unternehmer berücksichtigt. In der Kostenartenrechnung werden die Gemeinkosten mit Hilfe der Variatormethode in variable und fixe Bestandteile aufgespalten und den einzelnen Kostenstellen entsprechend der jeweiligen Inanspruchnahme zugewiesen. Dadurch können in den einzelnen Kostenstellen sowohl variable als auch volle Gemeinkostenzuschlagssätze ermittelt werden, die in der Folge in der Kalkulation der Leistung verwendet werden.

4. Kalkulation der Leistungen zu Vollkosten

Im Anschluss an die Kalkulation der Leistungen zu Vollkosten werden die Stückerfolge sowie das Betriebsergebnis ermittelt.

5. Kalkulation der Leistungen zu Teilkosten

Im Anschluss an die Kalkulation der Leistungen zu Teilkosten werden die Deckungsbeiträge sowie das Betriebsergebnis ermittelt.

6. Stufenweise Fixkostendeckungsrechnung (stufenweise BE-Rechnung)

Im Rahmen der stufenweisen Fixkostendeckungsrechnung wird der Fixkostenblock aufgespalten und nach der Verursachung den Leistungsgruppen zugerechnet.

7. Break-Even-Analyse

Die Break-Even-Analyse wird dreistufig durchgeführt, d.h. es werden jene Leistungsmengen berechnet, die unter der Annahme erforderlich sind, dass jeweils eine Leistungsart die Fixkosten der betroffenen Kostenstelle(n) decken muss.

8. Optimales Leistungsprogramm

Beim optimalen Leistungsprogramm werden die relativen Deckungsbeiträge ermittelt, die die Erstellung einer ökonomisch indizierten Rangfolge der medizinischen Leistungen zur Deckung der Fixkosten bzw. zur Erzielung eines positiven Betriebsergebnisses ermöglichen.

9. Tabellenverzeichnis (Anhang)

Tabelle 1: Planung der Leistungen, der Einzelkosten und der Leistungsstunden
Tabelle 2: Betriebsüberleitung, Kostenartenrechnung, Betriebsabrechnungsbogen zu Voll- und Teilkosten
Tabelle 3: Kalkulation der Leistungen zu Vollkosten
Tabelle 4: Kalkulation der Leistungen zu Teilkosten
Tabelle 5: Stufenweise Fixkostendeckungsrechnung (stufenweise BE-Rechnung)
Tabelle 6: Break-Even-Analyse
Tabelle 7: Optimales Leistungsprogramm

10. Literaturhinweise

Kemmetmüller W., Bogensberger S.: Handbuch der Kostenrechnung, 6. Auflage, Wien 2000

Kemmetmüller W., Bogensberger S.: Übungsbeispiele Kostenrechnung 1, 5. Auflage, Wien 2000

Kemmetmüller W., Bogensberger S.: Übungsbeispiele Kostenrechnung 2, 3. Auflage, Wien 2000

Tabelle 1: Planung der Leistungen (LE), der Einzelkosten (EK) und der Leistungsstunden (Lh)

Leistungen (LE)	Anzahl LE pro Monat	Nettoerlös pro LE	Nettoerlös in Summe	Minuten pro LE/ Ambulanz	Summe Minuten Ambulanz	Minuten/ Röntgen	Summe Minuten Röntgen	Minuten pro LE/ Reposition	Summe Minuten Reposition	Material-EK/LE	Summe Material-EK	Summe Lh
Erweiterte Erste Hilfe	600,00	500,00	300.000,00	20,00	12.000,00	–	–	–	–	–	–	–
Wundversorgung	60,00	1.000,00	60.000,00	25,00	1.500,00	–	–	–	–	200,00	12.000,00	
Röntgen	450,00	1.000,00	450.000,00	–	–	20,00	9.000,00	–	–	100,00	45.000,00	
Reposition	60,00	3.000,00	180.000,00	–	–	–	–	30,00	1.800,00	–	–	
Gips	200,00	1.000,00	200.000,00	20,00	4.000,00	–	–	–	–	100,00	20.000,00	
Notarztversorgung	30,00	5.000,00	150.000,00	50,00	1.500,00	–	–	–	–	500,00	15.000,00	
EKG	200,00	500,00	100.000,00	20,00	4.000,00	–	–	–	–	–	–	
			1.440.000,00		23.000,00		9.000,00		1.800,00		**92.000,00**	
					383,33		150,00		30,00			563,33
							600,00		600,00		Summe Personal-EK	
	100%	Gewinn	282.000,00		230.000,00		90.000,00		18.000,00		**338.000,00**	
Planbeschäftigungsgrad											Summe EK	
											430.000,00	

Plankosten- und Leistungsrechnung für ein „Schispital" in einem Wintersportzentrum

Tabelle 2: Betriebsüberleitung, Kostenartenrechnung, Betriebsabrechnungsbogen zu Voll- und Teilkosten

Aufwandsarten	Aufwand	Betriebs-über-leitung	Kosten pro Monat	variable Einzel-kosten	variable Gemein-kosten	Fixe Gemein-kosten	Ambulanz variable GK	Ambulanz fixe GK	Röntgen variable GK	Röntgen fixe GK	Reposition variable GK	Reposition fixe GK	Verwaltung variable GK	Verwaltung fixe GK	Apotheke variable GK	Apotheke fixe GK
Medizinisches Material	92.000,00	–	92.000,00	92.000,00												
Arzthonorare	338.000,00	–	338.000,00	338.000,00												
Hilfsstoffe	50.000,00	–	50.000,00		50.000,00		25.000,00		10.000,00		10.000,00		5.000,00			
Pflegepersonal	174.000,00	–	174.000,00		174.000,00		120.000,00		40.000,00		14.000,00					
Containermanager	75.000,00	–	75.000,00			75.000,00		10.000,00						50.000,00		15.000,00
Miete med. Geräte	90.000,00	–	90.000,00			90.000,00		30.000,00		30.000,00		30.000,00				
Miete Container/Ausstattung	10.000,00	–	10.000,00			10.000,00		4.000,00		1.500,00		1.500,00		1.500,00		1.500,00
Miete Grundstück	10.000,00	–	10.000,00			10.000,00		2.000,00		2.000,00		2.000,00		2.000,00		2.000,00
Energie	10.000,00	–	10.000,00		5.000,00	5.000,00	1.000,00	1.000,00	1.000,00	1.000,00	1.000,00	1.000,00	1.000,00	1.000,00	1.000,00	1.000,00
Wasser	1.000,00	–	1.000,00		500,00	500,00	100,00	100,00	100,00	100,00	100,00	100,00	100,00	100,00	100,00	100,00
Abfall	3.000,00	–	3.000,00		2.000,00	1.000,00	2.000,00	500,00						500,00		
Reinigung	10.000,00	–	10.000,00			10.000,00		6.000,00		1.000,00		1.000,00		1.000,00		1.000,00
Kommunikation	5.000,00	–	5.000,00		2.000,00	3.000,00							2.000,00	3.000,00		
Versicherungen	20.000,00	–	20.000,00			20.000,00		5.000,00		5.000,00		5.000,00		2.000,00		3.000,00
Sonstige Fremdleistungen	10.000,00	–	10.000,00			10.000,00								10.000,00		
Fremdkap.-/Eigenkap.zinsen	5.000,00	5.000,00	10.000,00			10.000,00								7.000,00		3.000,00
kalkulatorisches Entgelt	–	200.000,00	200.000,00			200.000,00								200.000,00		
Sonstige Aufwendungen	50.000,00	–	50.000,00			50.000,00								50.000,00		
Summe Aufwendungen	953.000,00	205.000,00	1.158.000,00	430.000,00	233.500,00	494.500,00	148.100,00	58.600,00	51.100,00	40.600,00	25.100,00	40.600,00	8.100,00	328.100,00	1.100,00	26.600,00
						Basis ZS/VS	230.000,00	Vollkosten-ZS	90.000,00	Vollkosten-ZS	18.000,00	Vollkosten-ZS	655.400,00	821.800,00	92.000,00	Vollkosten-ZS
						GK-ZS/VS	64,39%	89,87%	56,78%	101,89%	139,44%	365,00%	1,24%	40,91%	1,20%	30,11%

GK ... Gemeinkosten, ZS ... Zuschlagssatz, VS ... Verrechnungssatz

Tabelle 3: Kalkulation der Leistungen zu Vollkosten

EK und GK	Kalkulation der Leistungen zu Vollkosten (Kostenträgerrechnung/Kostenträgererfolgsrechnung)							
	Erweiterte Erste Hilfe	Wundversorgung	Röntgen	Reposition	Gips	Notarztversorgung	EKG	
Materialeinzelkosten	–	200,00	100,00	–	100,00	500,00	–	
GKZS 30,11%	–	60,22	30,11	–	30,11	150,54	–	
Ambulanzeinzelkosten	200,00	250,00	–	–	200,00	500,00	200,00	
GKZS 89,87%	179,74	224,67	–	–	179,74	449,35	179,74	
Röntgeneinzelkosten	–	–	200,00	–	–	–	–	
GKZS 101,89%	–	–	203,78	–	–	–	–	
Repositionseinzelkosten	–	–	–	300,00	–	–	–	
GKZS 365,00%	–	–	–	1.095,00	–	–	–	
Herstellkosten	379,74	734,89	533,89	1.395,00	509,85	1.599,89	379,74	
GKZS 40,91%	155,35	300,65	218,41	570,70	208,58	654,52	155,35	
vollen Selbstkosten/LE	535,09	1.035,54	752,30	1.965,70	718,43	2.254,41	535,09	
Summe volle SK	321.054,69	62.132,21	338.535,22	117.941,83	143.685,51	67.632,30	107.018,23	
Nettoerlöse/LE	500,00	1.000,00	1.000,00	3.000,00	1.000,00	5.000,00	500,00	
Summe Erlöse	300.000,00	60.000,00	450.000,00	180.000,00	200.000,00	150.000,00	100.000,00	
Stückerfolg	**– 35,09**	**– 35,54**	**247,70**	**1.034,30**	**281,57**	**2.745,59**	**– 35,09**	
Stückzahl	600,00	60,00	450,00	60,00	200,00	30,00	200,00	
Erfolgsumme	– 21.054,69	– 2.132,21	111.464,78	62.058,17	56.314,49	82.367,70	– 7.018,23	282.000,01

GKZS ... Gemeinkostenzuschlagssatz
EK ... Einzelkosten
GK ... Gemeinkosten
SK ... Selbstkosten
LE ... Leistungseinheit

Tabelle 4: Kalkulation der Leistungen zu Teilkosten

EK und GK	Kalkulation der Leistungen zu Teilkosten (Kostenträgerrechnung/Kostenträgererfolgsrechnung)							
	Erweiterte Erste Hilfe	Wundversorgung	Röntgen	Reposition	Gips	Notarztversorgung	EKG	
Materialeinzelkosten	–	200,00	100,00	–	100,00	500,00	–	
GKZS 1,20%	–	2,39	1,20	–	1,20	5,98	–	
Ambulanzeinzelkosten	200,00	250,00	–	–	200,00	500,00	200,00	
GKZS 64,39%	128,78	160,98	–	–	128,78	321,96	128,78	
Röntgeneinzelkosten	–	–	200,00	–	–	–	–	
GKZS 56,78%	–	–	113,56	–	–	–	–	
Repositionseinzelkosten	–	–	–	300,00	–	–	–	
GKZS 139,44%	–	–	–	418,33	–	–	–	
variable Herstellkosten/LE	328,78	613,37	414,75	718,33	429,98	1.327,93	328,78	
GKZS 1,24%	4,06	7,58	5,13	8,88	5,31	16,41	4,06	
var. SK/LE = kurzfr. PUG	332,85	620,95	419,88	727,21	435,29	1.344,35	332,85	
Summe variable SK	199.707,59	37.257,01	188.944,68	43.632,67	87.058,46	40.330,40	66.569,20	663.500,00
Nettoerlöse	500,00	1.000,00	1.000,00	3.000,00	1.000,00	5.000,00	500,00	
Summe Erlöse	300.000,00	60.000,00	450.000,00	180.000,00	200.000,00	150.000,00	100.000,00	1.440.000,00
Stückdeckungsbeitrag	**167,15**	**379,05**	**580,12**	**2.272,79**	**564,71**	**3.655,65**	**167,15**	
Stückzahl	600,00	60,00	450,00	60,00	200,00	30,00	200,00	
Deckungsbeitragssumme	100.292,41	22.742,99	261.055,32	136.367,33	112.941,54	109.669,60	33.430,80	776.500,00
Fixkosten								494.500,00
Gewinn								**282.000,00**

EK ... Einzelkosten
GK ... Gemeinkosten
GKZS ... Gemeinkostenzuschlagssatz
LE ... Leistungseinheit
var. SK ... variable Selbstkosten
kurzfr. PUG ... kurzfristige Preisuntergrenze

Tabelle 5: Stufenweise Fixkostendeckungsrechnung (stufenweise BE-Rechnung)

Stufenweise BE-Rechnung	Ambulanz	Röntgen	Reposition	Summe
Deckungsbeitragssumme 1	379.077,35	261.055,32	136.367,33	776.500,00
Fixkosten der PG	− 58.600,00	− 40.600,00	− 40.600,00	− 139.800,00
Deckungsbeitragssumme 2	320.477,35	220.455,32	95.767,33	636.700,00
Fixkosten Apotheke		− 26.600,00		− 26.600,00
Deckungsbeitragssumme 3		514.332,67	95.767,33	610.100,00
Fixkosten Verwaltung		− 328.100,00		− 328.100,00
Betriebsergebnis		282.000,01		282.000,01

Tabelle 6: Break-Even-Analyse

Break-Even-Analyse Kfix PG	Ambulanz	Röntgen	Reposition	BEA Kfix PG/Apotheke	Ambulanz	Röntgen	Reposition
Erweiterte Erste Hilfe	351	70	18	Erweiterte Erste Hilfe	351	116	18
Wundversorgung	155			Wundversorgung	225		
Gips	104			Gips	151		
Notarztversorgung	16			Notarztversorgung	23		
EKG	351			EKG	351		

BEA Kfix PG/Apotheke/Vw	Ambulanz	Röntgen	Reposition	Mindest-umsatz	Mindestauslastung der LE in %	
Erweiterte Erste Hilfe	2.313	681	170	917.037,99	63,68%	
Wundversorgung	1.090					
Gips	732					
Notarztversorgung	113					
EKG	2.313					

BE ... Betriebsergebnis
PG ... Produktgruppe
BEA ... Break-Even-Analyse
Vw ... Verwaltung
Kfix ... Fixkosten

Tabelle 7: Optimales Leistungsprogramm

	Optimales Leistungsprogramm (relative Deckungsbeiträge)						
	Erweiterte Erste Hilfe	Wundver- sorgung	Röntgen	Reposition	Gips	Notarzt- versorgung	EKG
Minuten Ambulanz	20,00	25,00	–	–	20,00	50,00	20,00
Relativer DB	8,36	15,16	–	–	28,24	73,11	8,36
Minuten Röngten	–	–	20,00	–	–	–	–
Relativer DB	–	–	29,01	–	–	–	–
Minuten Reposition	–	–	–	30,00	–	–	–
Relativer DB	–	–	–	75,76	–	–	–

Fallstudie 5

Werner Eibler, Roland Lavaulx-Vrécourt

Kostenrechnung für das St. Anna-Kinderspital

Problemfelder:

- Personalkosten
- Kalkulationsverfahren zu Vollkosten

Inhaltsverzeichnis

1. Einleitung 55

2. Ziele 55

3. Vorgehensweise 56

4. Ergebnisse 58
   4.1 Ergebnisse hinsichtlich der Fragestellungen 59

5. Conclusio 61

6. Abbildungsverzeichnis 61

7. Literatur 62

8. Kalkulationsbeispiel 62
   8.1 Tabelle: Einzelkalkulation der Hauptdiagnosegruppe 09.02:
       Wilms Tumor 63
   8.2 Tabelle: Übersicht der Hauptdiagnosegruppe 09.02:
       Wilms Tumor, 10 Fälle 70

1. Einleitung

Einführend muß der Begriff Kostenträger im Krankenhaus erläutert werden: Spricht man im Krankenanstaltenbereich von „Kostenträgern", so sind jene Einrichtungen gemeint, welche die Kosten der ambulanten oder stationären Therapie übernehmen (bzw. tragen).[1]

In der Folge wird hier aber der betriebswirtschaftliche Begriff des Kostenträgers in Zusammenhang mit der Kostenträgerrechnung verstanden und verwendet.

Die Einführung einer Kostenträgerrechnung in Krankenanstalten stellt eine äußerst schwierige Thematik dar: es besteht, anders als etwa im Industriesektor, nicht in allen Fällen eine Korrelation zwischen der Höhe der Kosten und der Erkrankung des Patienten. Während das Drehen einer Kurbelwelle in der Regel immer die gleichen Kosten verursachen wird (unter gegebenen technischen Prämissen), verursacht die gleiche Erkrankung nicht immer die gleichen Kosten bei einem Patienten. Untersuchungen im Zusammenhang mit einer Kostenträgerrechnung im St. Anna Kinderspital haben ergeben, daß dieselbe Grunderkrankung unterschiedliche, ja sogar stark abweichende, Kosten ergeben.[2]

Das Ergebnis zeigte deutlich, daß bei den ausgewählten Erkrankungen jeweils nur von–bis-Werte angegeben werden konnten. Die zentrale Frage lautet also: Wer ist Kostenträger im Krankenhaus? Der Krankenhausaufenthalt, der Krankenhausfall (Patient), die Behandlungs- bzw. Therapieform, oder gar die Diagnose selbst?

2. Ziele

Bei Beginn der Kalkulation standen zunächst drei zentrale Hauptziele bzw. Fragen im Vordergrund:
1. Was kostet ein Langzeitpatient, während seiner gesamten stationären Therapie, unabhängig von seinen wiederkehrenden Aufnahmen und Entlassungen?
2. Wie korrelieren diese Kosten mit dem seit dem 1. 1. 1997 eingeführten LKF-System[3]?
3. Können die gewonnenen Ergebnisse bzw. Daten als Grundlage für eine Nachkalkulation im Bereich der Referenzkrankenanstalten für den KRAZAF[4] herangezogen werden?

---

1 Dieser, etwas irreführende Begriff, wurde auch in der Leistungsbezogenen Krankenhausfinanzierung für jene Einrichtungen übernommen, welche die Kosten der stationären Behandlung übernehmen. Gemeint waren aber vorwiegend die Versicherungen. So hat der Patient, der bei der Gebietskrankenkasse versichert ist, den Kostenträger Gebietskrankenkasse. Dieser Begriff ist aber allein schon deshalb falsch, da die Kassen nur einen Bruchteil der Kosten übernehmen und somit die Kosten des Patienten ohnehin nicht zur Gänze tragen.
2 So wurden jeweils 10 Patienten der häufigsten 10 hämatologisch- onkologischen Grunderkrankungen kalkuliert und brachten zum Teil sehr unterschiedliche Ergebnisse.
3 LKF- System: Leistungsorientierte Krankenhausfinanzierung; System, daß durch Bewertung von bestimmten Krankheitsfällen bzw. Medizinischen Leistungen, die Einnahmen einer Krankenanstalt darstellen soll.
4 Krankenanstaltenfinanzierungsfonds

3. Vorgehensweise

Eine laufende Datenerhebung im St. Anna Kinderspital war, aufgrund der noch nicht zur Gänze implementierten Software, die eine Kostenträgerrechnung unterstützen soll, nicht möglich.

So wurden die Kosten retrospektiv aus der Krankengeschichte eines Patienten erhoben. Folgende Prämissen wurden dabei vorgegeben:
1. Alle Kosten, die direkt dem Patienten zurechenbar sind sollten auch als Einzelkosten zugeordnet werden.
2. Die Kosten des Pflegepersonals werden nach folgender Berechnung zugeordnet:

Aufteilung Personalkosten des Pflegedienstes Tag/Nacht

- ❏ Wochenarbeitszeit am Tag
    - 1A, 2A, 2B[5]

Stationsführung und Vertretung	80 Stunden
Mo–So 4 TD[6] á 12 Stunden	336 Stunden
	416 Stunden

    - 3A, 3B, 4A

Stationsführung und Vertretung	80 Stunden
Mo–So 3,5 TD[7] á 12 Stunden	284 Stunden
	374 Stunden

    - 4B

Stationsführung und Vertretung	80 Stunden
Mo–So 3 TD á 12 Stunden	252 Stunden
	332 Stunden

    - 4BI

Stationsführung und 50 % Vertretung	60 Stunden
Mo–So 4 TD á 12 Stunden	336 Stunden
	386 Stunden

- ❏ Wochenarbeitszeit in der Nacht für alle Stationen

Mo–So 2 ND á 12 Stunden	168 Stunden

- ❏ Verhältnis Tagesarbeitszeit zu Tages + Nachtarbeitszeit
    - 1A, 2A, 2B   71 %[8] ⎤
    - 3A, 3B, 4A   69 %   ⎬ ca. 70 %
    - 4B   66 %   ⎪
    - 4Bi   70 %   ⎦

---

5 Die Bezeichnung folgt der im St. Anna-Kinderspital üblichen Stationsbezeichnung wie z.B.: 1A= 1A Station oder 4BI = 4B Intensiv-Station
6 TD = Tagdienst
7 ND = Nachtdienst
8 71 % = ((416h/(416h+168h)) x 100

❏ Aufteilung der Personalkosten
  x Personalkosten
  y Zahl der Belagstage (Arbeit am Tag und Nachts)
  z Zahl der Aufnahmen = Zahl der Eintagesfälle + Zahl der Aufnahmetage
    (Arbeit nur tagsüber)
  A Arbeitsaufwand für 24 Stunden (Tag + Nacht)

  $0{,}7\,A$ = Arbeitsaufwand am Tag
  $y\,A + z\,0{,}7\,A$ = Gesamter Arbeitsaufwand

  Beispiel: Ein Patient ist 6 Tage im Haus, damit ergeben sich 5 Belagstage (5 Nächte) und ein Aufnahmetag, zusammen also 6 Pflegetage. Der Arbeitsaufwand beträgt angenommene 6 Stunden pro Patient von 00 Uhr bis 24 Uhr.
- Arbeitsaufwand am Tag = $0{,}7 \leftrightarrow 6 = 4{,}20$ h
- Gesamter Arbeitsaufwand = $5 \leftrightarrow 6 + 1 \leftrightarrow (0{,}7 \cdot 6) = 34{,}20$ h

Anteil des Arbeitsaufwandes für 24 Stunden vom Gesamtaufwand:
  $A / (yA + z\,0{,}7A) = 1/(y + 0{,}7z)$

Ergibt anteilsmäßige Kosten von (= Kosten pro Belagstag):
  $x / (y + 0{,}7z)$

Anteil des Arbeitsaufwand tagsüber vom Gesamtaufwand:
  $0{,}7A / (yA + 0{,}7Az) = 0{,}7 / (y + 0{,}7z)$

Ergibt anteilsmäßige Kosten:
  $0{,}7x / (y + 0{,}7z)$

Kosten aller Belagstage: $\dfrac{x}{y + 0{,}7\,z} \times y$ ⎫
⎬ Verhältnis $y / 0{,}7\,z$
Kosten aller Eintagesfälle: $\dfrac{0{,}7x}{y + 0{,}7\,z} \times z$ ⎭
und Aufnahmetage

Kontrolle: $\dfrac{x}{y + 0{,}7z} \times y + \dfrac{0{,}7x}{y + 0{,}7z} \times z = x$

3. Die Kosten der Ärzte werden nach der Anzahl von Pflegetagen, die der einzelne Patient verursacht, zugeordnet:

  Ärztekosten = $\dfrac{\text{Gesamtkosten der Ärzte pro Kostenstelle}}{\text{Pflegetage der Kostenstelle}}$ ↔ Pflegetage des Aufenthalts

4. Der Gemeinkostenzuschlag soll so gering als möglich gehalten werden.
5. Die Kalkulation soll den gesamten stationären Therapieverlauf eines Patienten bis hin zur Entlassung in die ambulante Behandlung umfassen.
6. Da aufgrund der hohen Spezialisierung des St. Anna Kinderspitals vor allem hämatologische-onkologische Fälle von großer Bedeutung sind, wurden zunächst auch Patienten mit solchen Erkrankungen kalkuliert. Wie bereits unter Fußnote 2 erwähnt, wurden die jeweils zehn Patienten aus den zehn häufigsten hämatologisch-onkologischen Erkrankungen kalkuliert.
7. Um dem Vollständigkeitsprinzip Rechnung zu tragen müssen alle Leistungen, unabhängig ob sie im Haus oder extern erbracht bzw. durchgeführt werden, in die Kalkulation miteinfließen.

4. Ergebnisse

Die Ergebnisse dieser Arbeit zeigten deutlich die bereits eingangs erwähnte Problematik: Es besteht nicht in allen Fällen eine Korrelation zwischen der Höhe der Kosten und der Erkrankung des Patienten. Die Kosten für eine bestimmte Diagnose sind bei verschiedenen Patienten relativ schwankend. Auch der Versuch eine Einteilung der Patienten in Altersgruppen vorzunehmen um das unterschiedliche Gewicht der verschiedenen Entwicklungsstufen eines Kindes zu berücksichtigen scheiterte. Die Patienten sprechen derart unterschiedlich auf eine hämatologische-onkologische Therapie an, dass die Kosten bezogen auf den Kostenträger Patient immer ein anderes Ergebnis brachten (siehe Abbildung 1).

Name des Patienten	xxx	xxx	xxx
HDG Gruppe	09.02	09.02	09.02
ICD 9 Code	189.0	189.0	189.0
Diagnose / Stadium	Wilms Tumor	Wilms Tumor	Wilms Tumor
	ATS	ATS	ATS
Gesamtkosten	**654.766,88**	**245.016,76**	**1.403.991,76**

Abb. 1.: Gesamtkosten bei der gleichen Diagnose

Es stellt sich somit die Frage, ob die Definition des Kostenträgers über den Patient (mit allen Aufenthalten im Krankenhaus während seiner Behandlung) für Krankenanstalten überhaupt zielführend ist. Gewiß ist die Kenntnis aller Kosten eines Patienten in Gesundheitssystemen, in denen eine direkte Verrechnung dieser Kosten stattfindet (Kostenrechnung als Instrument der Preisfindung) wie z. B. in den USA unbedingt notwendig. Betrachtet man aber den Patienten nur während eines Aufenthaltes (zwischen einer Aufnahme und Entlassung) so wird der Patient zum „Fall", d.h. während seiner gesamten Therapie, bei der es mehrere Aufnahmen und Entlassungen geben kann, stellt ein Patient mehrere Fälle[9] dar. Als nächsten Schritt müssen daher die Kosten pro Fall ermittelt werden.

Auch der Gesetzgeber in Österreich ist bei der leistungsorientierten Krankenhausfinanzierung davon ausgegangen, daß der einzelne Behandlungsfall kostenverursachend ist. Eine bestimmte Diagnose oder medizinische Leistung wird in Diagnosefall- bzw. medizinischen Einzelleistungsgruppen eingeteilt, und diesen Fallgruppen werden Punkte zugeordnet[10], die von den verschiedenen Landesfonds gewichtet, dem Krankenhaus refundiert werden.[11]

4.1 Ergebnisse hinsichtlich der Fragestellungen

Die Frage nach den Kosten eines Patienten während seines gesamten Aufenthaltes konnte nur insoferne unzureichend beantwortet werden, als daß sich kein eindeutiges Ergebnis pro Diagnose und Patient ergab. Die Streuung der Daten ist derart hoch, daß man nur einen Mittelwert nennen kann: die Gesamtkosten einer hämatologischen-onkologischen Behandlung bei der Diagnose „Wilms Tumor" betragen ca. 770.000 Schillinge. Durch die unterschiedliche Reaktion der Patienten auf eine Therapie entstehen unterschiedlich lange Therapiedauern (siehe Abbildung 2), so daß eine Beantwortung der ersten Frage (Was kostet ein Langzeitpatient, während seiner gesamten stationären Therapie, unabhängig von seinen wiederkehrenden Aufnahmen und Entlassungen?) auch aus diesem Grunde niemals exakt sein kann.

Name des Patienten HDG Gruppe ICD 9 Code	xxx 09.02 189.0	xxx 09.02 189.0	xxx 09.02 189.0
Diagnose / Stadium	Wilms Tumor	Wilms Tumor	Wilms Tumor
	ATS	ATS	ATS
Anzahl der Pflegetage	112	49	174
Gesamtkosten	654.766,88	245.016,76	1.403.991,76

Abb. 2.: Anzahl Pflegetage

Zielführender ist hier die Frage nach den Kosten pro Pflegetag (bzw. pro Belagstag): aus den Ergebnissen der Kalkulation ist deutlich sichtbar, daß die Kosten pro Pflegetag sich nicht wesentlich voneinander unterscheiden. Einzige Ausnahme bilden sogenannte „The-

---

9 Die Summe aller Fälle ergibt also erst den Kostenträger „Patient".
10 Systembeschreibung der Leistungsorientierten Krankenhausfinanzierung LKF: (LKF-Systembeschreibung) S. 8f. u. S.11f.
11 Der Patient ist nicht Mittelpunkt der Betrachtung, denn es spielt keine Rolle ob derselbe Patient ein- oder mehrmals in die Krankenanstalt kommt: er repräsentiert immer einen anderen Fall.

rapieversager", dies sind Patienten, bei denen eine Standardtherapie zu so schweren Nebenwirkungen und Komplikationen führt, daß die Therapie entweder abgebrochen werden muß oder völlig umgestellt wird. Es ist einsichtig, daß die Kosten pro Pflegetag bei diesen Fällen immer höher sind als bei den übrigen Fällen der selben Diagnosegruppe.

Wenn die Kosten pro Pflegetag aber ähnliche Ergebnisse aufweisen, dann kann die Annahme, daß innerhalb einer Diagnosegruppe der Fall einen bestimmten variablen und fixen Kostenanteil hat, nicht falsch sein. Dies spricht sehr für sogenannte „Diagnosis Related Groups" wie sie auch die LKF in Österreich darstellt. Die Abweichungen der LKF-Kernpunkte zu den Istkosten pro Patient (siehe Abbildung 3), die sich bei den einzelnen Diagnosegruppen der LKF in Österreich ergeben, dürften eher von den unterschiedlichen Kostenerfassungsansätzen kommen, die innerhalb der einzelnen Referenzkrankenhäuser in Österreich vorherrschte und somit bei der statistischen Auswertung der Daten zu unterschiedlichen Ergebnissen führte.

Außerdem gibt es systemimmanente Unterschiede zwischen den Kosten einzelner Diagnosegruppen und den mit einem Schilling bewerteten Kernpunkten.

Name des Patienten HDG Gruppe ICD 9 Code Diagnose / Stadium	**xxx** 14.01 170.6 Maligne Neoplasie (Knochen)	**xxx** 14.01 170.7 Maligne Neoplasie (Knochen)
	ATS	ATS
Gesamtkosten	1.501.075,01	593.630,40
Anzahl der Pflegetage Gesamtkosten ohne Medikamentenkosten pro Pflegetag	184,00 6.681,03	68,00 6.851,39
Gesamtkosten pro Pflegetag (GK/Pflt) LKF-Kernpunkte LKF-Kernpunkte pro Pflegetag	**8.158,02** 1.005.161,00 5.462,83	**8.729,86** 356.691,00 5.245,46
Abweichung Gesamtkosten zu LKF-Kernpunkte absolut	**2.695,18**	**3.484,40**

Abb. 3.: Abweichung der Istkosten zu den LKF-Kernpunkten

Da die Ergebnisse aber dennoch stark mit der Annahme des Gesetzgebers, daß der einzelne Behandlungsfall kostenverursachend ist, korrelierten konnten die Ergebnisse schließlich zur Nachkalkulation im Bereich der Chemotherapieschemata herangezogen werden.

Als nicht zufriedenstellend mußten die Ergebnisse hinsichtlich der Prämisse: direkte Zuordnung der Kosten gewertet werden. Im Schnitt ließen sich nur ca. 30 Prozent der Kosten direkt dem Kostenträger Patient zuordnen. Der verbleibende Rest von 70 Prozent konnte nur als Gemeinkosten zugeordnet werden (siehe Anlage). Allerdings überrascht dieser Umstand nicht sonderlich, da eine korrekte Zuordnung z.B. von Behandlungsminuten pro Arzt oder Pflegepersonal pro Minute nur mittels komplizierter Software und hohen Arbeitsaufwand in Krankenanstalten möglich ist.

Etwas besser sind die Gemeinkosten des Pflegepersonals im Bereich der Internen Medizin zuordbar, da man dort die sogenannte Plegekategorisierung bereits vor Jahren etablierte. Mit Hilfe der Pflegekategorisierung ist es möglich den bestimmten Schweregraden eines erkrankten Patienten unterschiedliche Punkte zuzuteilen, die dann gewichtet ermöglichen, den Sollbedarf in Stunden an Pflegekräfte zu ermitteln.

Da die Pflegekategorisierung im Bereich hämatologischer-onkologischer Erkrankungen aber erst versuchsweise erprobt wird, war eine Zuordnung der Personalkosten der Pflege zum Zeitpunkt der Kalkulation nicht möglich.

5. Conclusio

Trotz unterschiedlicher Ansätze des Kostenträgerverständnisses ist die Einführung einer Kostenträgerrechnung ein wertvoller Beitrag zur Steuerung einer Krankenanstalt.

Als für unbedingt notwendig muß die Etablierung einer Kostenträgerrechnung für den einzelnen Fall erwähnt werden, da nicht nur ein permanenter Vergleich der Kosten zu den LKF-Punkten möglich ist, sondern auch ein Betriebsvergleich von zwei oder mehreren Krankenanstalten über die Fallkosten letztendlich einfacher durchzuführen ist.

Da, die derzeit durch den Gesetzgeber implementierte, Vollkostenrechnung die Kosten auf die Kostenträger zuordnet, die nach dem Verursachungsprinzip eigentlich nicht zurechenbar sind[12], bedeutet dies, daß bei der Verrechnung der Kosten das Verursachungsprinzip durch das Durchschnittsprinzip bzw. Kostentragfähigkeitsprinzip zu ersetzen ist.[13]

Die so vorgenommene Verrechnung von Kosten gemäß Kostenstellenrechnung, die bereits alle Fixkosten beinhaltet, kann zu falschen Entscheidungen der Krankenhausleitung führen, da sich die Kostenbetrachtung nicht auf relevante Kosten beschränkt.[14]

Eine Kostenträgerrechnung für Patienten sollte jedenfalls in all jenen Krankenanstalten eingeführt werden, die Kostenwahrheit bei der Preisgestaltung (Verrechnung aller zuordbaren Leistungen) anstreben.

6. Abbildungsverzeichnis

Abbildung 1: Gesamtkosten bei der gleichen Diagnose
Abbildung 2: Anzahl Pflegetage
Abbildung 3: Abweichung der Istkosten zu den LKF-Kernpunkten

---

12 Nicht zurechenbar deshalb, weil nicht alle Kosten eines Unternehmens, im direkten Ver-ursachungszusammenhang mit der Leistungserstellung stehen.
13 Vgl. dazu: Hentze, Joachim u. Kehres, Erich: (Kosten- und Leistungsrechnung) S. 42.
14 Vgl. dazu: ebenda S. 42.

7. Literatur

Hentze Joachim und Kehres, Erich: (Kosten- und Leistungsrechnung) Kosten- und Leistungsrechnung in Krankenhäusern. 3. Aufl., W. Kohlhammer Verlag, Stuttgart-Berlin-Köln 1995.

Systembeschreibung der Leistungsorientierten Krankenhausfinanzierung LKF: (LKF-Systembeschreibung) Leistungsorientierte Krankenhausfinanzierung. Herausgegeben von Bundesministerium für Arbeit, Gesundheit und Soziales, Wien 2000.

8. Kalkulationsbeispiel

8.1 Einzelkalkulation der Hauptdiagnosegruppe 09.02: Wilms Tumor

8.2 Übersicht über 10 Fälle der Hauptdiagnosegruppe 09.02: Wilms Tumor

8.1 Tabelle: Einzelkalkulation der Hauptdiagnosegruppe 09.02: Wilms Tumor

Interne Untersuchungen	Summe (Station 2A/B)	Summe (Tagesklinik)	Menge (gesamt)	ATS / Einheit	Wert (Station 2A/2B)	Wert (TKL)	Gesamt ATS	% Anteil an d. K_Ges
Visite	25	64	89	0,00	0,00	0,00	0,00	
Arztgespräch	1	1	2	0,00	0,00	0,00	0,00	
Augenarzt Bulbusstellung, Linse, Hintergrund)	2	0	2	200,00	400,00	0,00	400,00	
Röntgen (Thorax) ap.	1	3	4	477,60	477,60	1.432,80	1.910,40	
Röntgen (Thorax) ap. und seitl.	1	1	2	578,18	578,18	578,18	1.156,36	
Röntgen (beide Kniegelenke)	1	0	1	611,20	611,20	0,00	611,20	
Röntgen (beide Unterschenkel)	1	0	1	693,20	693,20	0,00	693,20	
Röntgen (Handwurzel)	1	0	1	293,50	293,50	0,00	293,50	
Röntgen (Abdomen)	1	1	2	547,85	547,85	0,00	547,85	
Herz Echo	3	1	4	695,20	695,20	695,20	1.390,40	
EKG	2	0	2	200,00	600,00	200,00	800,00	
KMP	1	0	1	560,00	1.120,00	0,00	1.120,00	
Ultraschall (Abdomen – Leber, Niere, Milz, Pancreas)	2	6	8	338,00	338,00	0,00	338,00	
				830,00	1.660,00	4.980,00	6.640,00	
Ultraschall (Blase)	1	0	1	330,00	330,00	0,00	330,00	
Ultraschall (Blase und Niere)	1	0	1	330,00	330,00	0,00	330,00	
Strahlentherapie AKH – Vorstellung	0	1	1	0,00	0,00	0,00	0,00	
Strahlentherapie AKH	11	2	13	0,00	0,00	0,00	0,00	

Medizinische Dienstleistungen	Summe (Station 2A/B)	Summe (Tagesklinik)	Menge (gesamt)	ATS / Einheit	Wert (Station 2A/2B)	Wert (TKL)	Gesamt ATS	% Anteil an d. KGes
Einfuhr/Ausfuhrbilanz	64	0	64	0,00	0,00	0,00	0,00	
Pulsmessung	89	72	161	0,00	0,00	0,00	0,00	
Blutdruckmessung	70	74	144	0,00	0,00	0,00	0,00	
Temperaturmessung	135	8	143	0,00	0,00	0,00	0,00	
Atemfrequenz	1	0	1	0,00	0,00	0,00	0,00	
BID Mundpflege	15	0	15	3,50	52,50	0,00	52,50	
Venflon	6	1	7	14,35	86,10	14,35	100,45	
Teilsumme Int. Untersuchungen & mediz. Dienstleistungen					8.813,33	7.900,53	16.713,86	2,55%
Laborleistungen St. Anna					0,00	0,00	0,00	0,00%

8.1 Tabelle: Einzelkalkulation (Fortsetzung)

Medikamente	Summe (Station 2A/B)	Summe (Tagesklinik)	Menge (gesamt)	ATS / Einheit	Wert (Station 2A/2B)	Wert (TKL)	Gesamt ATS	% Anteil an d. K_{Ges}	FAP / Einheit	Gesamt / FAP	ABW z. FAB
Aqua Bidest 50ml Ampullen	4	0	4	4,10 / Amp	16,40	0,00	16,40		9,00 / Amp	36,00	19,60
Ampho Moronal Suspension	24	0	24	3,94 / ml	94,56	0,00	94,56		3,94 / ml	94,56	0,00
Ampho Moronal Tabletten	146,5	0	146,5	7,25 / Tbl	1.062,13	0,00	1.062,13		7,30 / Tbl	1.069,45	7,33
Allopurinol 200mg Amp (=Zyloric)	9	0	9	102,00 / Amp	918,00	0,00	918,00		102,00 / Amp	918,00	0,00
Augmentin 312,5mg Saft	45	0	45	1,25 / FL	56,25	0,00	56,25		1,23 / FL	55,35	-0,90
Augmentin 550mg Trockenstechamp.	9	0	9	32,68 / Amp	294,12	0,00	294,12		32,04 / Amp	288,36	-5,76
Augmentin 625mg Tabletten	3	0	3	10,73 / Tbl	32,19	0,00	32,19		9,98 / Tbl	29,94	-2,25
Cormagnesin 200mg Amp.	3	0	3	8,65 / Amp	25,95	0,00	25,95		8,63 / Amp	25,89	-0,06
Cosmegen 0,5mg/1ml Amp.	5	33	38	39,10 / Amp	195,50	1.290,30	1.485,80		38,33 / Amp	1.456,54	-29,26
Erykonzentrat (filtriert)	0	3	3	1.400,52 / Btl	0,00	4.201,56	4.201,56		1.400,52 / Btl	4.201,56	0,00
Glucose 5% 100ml Infusionsflasche	9	0	9	13,00 / FL	117,00	0,00	117,00		13,00 / FL	117,00	0,00
Glucose 5% 500ml Flaschen	4	0	4	13,20 / FL	52,80	0,00	52,80		19,41 / FL	77,64	24,84
Glucose 5% 1.000ml Flaschen	30	0	30	17,77 / FL	533,10	0,00	533,10		22,33 / FL	669,90	136,80
KCl 20ml Ampullen	7	0	7	4,90 / Amp	34,30	0,00	34,30		4,90 / Amp	34,30	0,00

Medikamente	Summe (Station 2A/B)	Summe (Tagesklinik)	Menge (gesamt)	ATS / Einheit	Wert (Station 2A/2B)	Wert (TKL)	Gesamt ATS	% Anteil an d. K_{Ges}	FAP / Einheit	Gesamt / FAP	ABW z. FAB
Lasix 20mg Ampulle (= 2ml)	2	0	2	4,42 / Amp	8,84	0,00	8,84		4,03 / Amp	8,06	-0,78
Mexalen Saft (5ml = 200mg)	0	5	5	0,19 / ml	0,00	0,95	0,95		0,16 / ml	0,80	-0,15
Mexalen 250mg Zäpfchen	1	0	1	1,56 / supp	1,56	0,00	1,56		1,53 / supp	1,53	-0,03
Nabic 20ml Ampullen	41	0	41	5,50 / Amp	225,50	0,00	225,50		5,50 / Amp	225,50	0,00
NaCl 0,9% - 20ml Lösung	63	102	165	3,81 / Amp	240,03	388,62	628,65		4,01 / Amp	661,65	33,00
NaCl 0,9% - 100ml Lösung	14	41	55	23,30 / FL	326,20	955,30	1.281,50		17,36 / FL	954,80	-326,70
NaCl 0,9% - 1.000ml Lösung	3	0	3	13,40 / FL	40,20	0,00	40,20		17,10 / FL	51,30	11,10
Nautisan (Kd.) 300mg Supp.	1	0	1	2,45 / supp	2,45	0,00	2,45		2,45 / supp	2,45	0,00
Nembutal = Pentobarbital Ca 60mg supp	3	0	3	7,01 / supp	21,03	0,00	21,03		7,01 / supp	21,03	0,00
Oecotrim forte Suspension	37,5	0	37,5	0,43 / ml	16,13	0,00	16,13		0,43 / ml	16,13	0,00
Oecotrim forte Tabletten	37,25	0	37,25	2,61 / Tbl	97,22	0,00	97,22		2,61 / Tbl	97,22	0,00
Oncovin (1ml=1mg) 2mg Injekt.lös.	3	17	20	234,60 / Amp	703,80	3.988,20	4.692,00		230,00 / Amp	4.600,00	-92,00
Paraplatin 150mg / 15ml Amp.	6	3	9	665,00 / Amp	3.990,00	1.995,00	5.985,00		1.482,08 / Amp	13.338,72	7.353,72
Paraplatin 450mg / 45ml Amp.	0	8	8	1.540,95 / Amp	0,00	12.327,60	12.327,60		4.223,75 / Amp	33.790,00	21.462,40
Thrombokonzentrat	0	4	4	8.955,95 / Btl	0,00	35.823,80	35.823,80		8.955,95 / Btl	35.823,80	0,00
Vepesid (1ml=20mg) 5ml Amp.	8	17	25	321,00 / Amp	2.568,00	5.457,00	8.025,00		449,67 / Amp	11.241,75	3.216,75
Zofran 4mg Ampullen i.V.	30	4	34	85,37 / Amp	2.561,10	341,48	2.902,58		209,25 / Amp	7.114,50	4.211,92
Teilsumme Medikamente					14.234,35	66.769,81	81.004,16	12,37%		117.023,73	36.019,57

Kostenrechnung für das St. Anna-Kinderspital, Einzelkalkulation

Auswärtige Untersuchungen	Summe (Station 2A/B)	Summe (Tagesklinik)	Menge (gesamt)	ATS / Einheit	Wert (Station 2A/2B)	Wert (TKL)	Gesamt ATS	% Anteil an d. K_{Ges}
[Virologie Hofmann/Kunz]								
Adeno Virus (KBR)	1		1	95,00	95,00			
Anti HAV (ELH)	1	1	2	130,00	130,00	130,00		
Anti HAV IGM Antikörper (ELH)	2		2	203,00	203,00	203,00		
Cytomegalie Virus (KBR)	2		2	95,00	190,00			
Cytomegalie Virus IGG (ELA)	3	1	4	120,00	360,00	120,00		
Cytomegalie Virus IGM (ELA)	3	1	4	120,00	360,00	120,00		
Epstein-Barr Virus IGA (IFT)	2		2	203,00	406,00			
Epstein-Barr Virus IGG (IFT)	2		2	203,00	406,00			
Epstein-Barr Virus IGM (IFT)	3		3	203,00	609,00			
FSME Virus IGG (ELA)		1	1	120,00		120,00		
FSME Virus IGM (ELA)		1	1	120,00		120,00		
HBC Antikörper (ELH)	1		1	130,00	130,00			
HBS Antigen (ELH)	1	1	2	91,00	91,00	91,00		
HBS Antikörper (ELH)	1	1	2	112,00	112,00	112,00		
Hepatitis C Antikörper (ELH)	1	1	2	147,00	147,00	147,00		
Herpes Simplex (KBR)	3		3	95,00	285,00			
Herpes Simplex Virus IGG (ELA)	3		3	120,00	360,00			
Herpes Simplex Virus IGM (ELA)	3		3	120,00	360,00			
Influenza A Virus (KBR)	1		1	95,00	95,00			
Masern Virus (KBR)	3		3	95,00	95,00			
Masern Virus IGG (ELA)	3		3	120,00	360,00			
Masern Virus IGM (ELA)	4		4	120,00	480,00			
Mumps Virus (KBR)	1		1	95,00	95,00			
Mumps Virus IGG (ELA)	3	1	4	120,00	360,00	120,00		
Mumps Virus IGM (ELA)	3	1	4	120,00	360,00	120,00		
Polio Virus 1 (NT)	1	1	2	448,00	448,00	448,00		
Polio Virus 2 (NT)	1	1	2	448,00	448,00	448,00		
Polio Virus 3 (NT)	1	1	2	448,00	448,00	448,00		

8.1 Tabelle: Einzelkalkulation (Fortsetzung)

Auswärtige Untersuchungen	Summe (Station 2A/B)	Summe (Tagesklinik)	Menge (gesamt)	ATS / Einheit	Wert (Station 2A/2B)	Wert (TKL)	Gesamt ATS	% Anteil an d. K_{Ges}
[Virologie Hofmann/Kunz]								
Röteln Virus IGG (ELA)	1	1	2	168,00	168,00	168,00		
Röteln Virus (HHT)	1	1	2	98,00	98,00	98,00		
Röteln Virus IGM (ELA)	3		3	168,00	504,00			
Varizellen Zoster Virus (KBR)	3		3	95,00	285,00			
Varizellen Zoster Virus IGG (ELA)	3	1	4	120,00	360,00	120,00		
Varizellen Zoster Virus IGM (ELA)	3	1	4	120,00	360,00	120,00		
Teilsumme Virologie	64	18	82		9.208,00	3.253,00		
[Uni Klinik Toxoplasmoselabor – Dr. Pollak]								
Toxoplasmosetest	1		1	160,00	160,00			
Teilsumme Uni Klinik	1		1		160,00	0,00		
[AKH Dermatologie] – Syphilis		1	1	85,45	0,00	85,45		
Teilsumme Dermatologie	0	1	1		0,00	85,45		
[Urania – Prof. Riedl / Doz. Prayer]								
MRT Oberbauch	1		1	6.600,00		6.600,00		
MRT Retroperitoneum	1		1	6.600,00		6.600,00		
Teilsumme Urania	2		2		0,00	13.200,00		
[AKH Uni Klinik f. Radiodiagnostik]								
CT d. Thorax & Abdomen	2		2	2.462,00	4.924,00			
CT Schichten	72		72	25,45	1.832,40			
Teilsumme Radiodiagnostik	74		74		6.756,40	0,00		
[Univ. Klinik f. Nuklearmedizin]								
Ganzkörperknochenszintigramm	2		2	2.001,80	4.003,60			
Teilsumme Nuklearmedizin					4.003,60	0,00		
[AKH MR Institut]								
MRT der Nieren (inkl. 4 Segmente & Kontrastmittel)	1		1	9.387,00	9.387,00			
Teilsumme MRT					9.387,00	0,00		
[AKH – Inst. f. Labordiagnostik]								
In vivo Untersuchung	1		1	1.820,00	1.820,00			
Teilsumme Labordiagnostik					1.820,00	0,00		
[Pharmakologisches Institut d. Uni Wien] Vanillinmandelsäure, Homovanillinsäure, 5-Hydro-, xyindolessigsäure, Adrenalin, Noradrenalin, Dopamin	1		1	0,00	0,00			
Teilsumme MRT					0,00	0,00		

Auswärtige Untersuchungen	Summe (Station 2A/B)	Summe (Tagesklinik)	Menge (gesamt)	ATS / Einheit	Wert (Station 2A/2B)	Wert (TKL)	Gesamt ATS	% Anteil an d. K_{Ges}
[AKH - Strahlentherapie]								
Simulation	1			1.601,82	1.601,82			
Großfeldtherapie	11			917,76	10.095,36			
Irreg. Großfeldtherapie	2			921,82	1.843,64			
Teilsumme Strahlentherapie					13.540,82	0,00		
[AKH - Pathologie]								
Histologische Untersuchung	1			840,00	840,00			
Teilsumme Pathologie	1				840,00	0,00		
[AKH - Institut für med. Labordiagnostik]								
Blutgruppen mit Rhesusfaktor	2			324,00	648,00			
Rhesusantikörper	2			175,00	350,00			
Coombs Test	2			216,00	432,00			
Kreuzprobe	2			162,00	324,00			
			Laborkosten pro Erykonzentrat		1.754,00			
Anzahl der verabreichten Erykonzentrate					0,00	3,00		
Labordiagnostik gesamt					0,00	5.262,00		
Teilsumme externe Untersuchungen					45.715,82	21.800,45	67.516,27	10,31%

Sonstige Leistungen	Pflegetage			ATS / Einheit	Wert (Station 2A/2B)	Wert (TKL)	Gesamt ATS	% Anteil an d. K_{Ges}
Med. Geb.- und Verbrauchsgüter inkl. Einmalbedarf 2A	32			277,47	8.879,04			
Tagesklinik 2A	75			277,47		20.810,25		
Station 2B	5			306,43	1.532,15			
Nichtmed. Gebrauchs- und Verbrauchsgüter 2A	32			28,89	924,41			
Tagesklinik 2A	75			28,89		2.166,58		
Station 2B	5			34,21	171,05			
Kosten für nichtmed. Fremdleistungen 2A	32			40,25	1.288,04			
Tagesklinik 2A	75			40,25		3.018,84		
Station 2B	5			52,61	263,05			
Abgaben, Beitr., Gebühren und sonst. Kosten 2A	32			0,34	11,00			
Tagesklinik 2A	75			0,34		25,78		
Station 2B	5			1,64	8,20			
Kalk. Zusatzkosten (Abschr., Zinsen) 2A	32			79,40	2.540,75			
Tagesklinik 2A	75			79,40		5.954,88		
Station 2B	5			82,96	414,80			
Teilsumme					16.032,49	31.976,33	48.008,82	7,33%

8.1 Tabelle: Einzelkalkulation (Fortsetzung)

Ärztl. Personal	Pflegetage	ATS / Einheit	Wert (Station 2A/2B)	Wert (TKL)	Gesamt ATS	% Anteil an d. K_{Ges}
Station 2A	26	864,09	22.466,34			
Entlassungstage 2A	6	604,86	3.629,18			
Tagesklinik 2A	75	604,86		45.364,73		
Station 2B	4	1.056,9	4.227,80			
Entlassungstage 2B	1	739,87	739,87			
Teilsumme Ärzte			31.063,18	45.364,73	76.427,91	11,67%

Betreuungspersonal	Pflegetage	ATS / Einheit	Wert (Station 2A/2B)	Wert (TKL)	Gesamt ATS	% Anteil an d. K_{Ges}
Station 2A	26	182,31	4.740,06			
Entlassungstage 2A	6	127,62	765,70			
Tagesklinik 2A	75	127,62		9.571,28		
Station 2B	4	213,82	855,28			
Entlassungstage 2B	1	149,67	149,67			
Teilsumme Betreuungspersonal			6.510,72	9.571,28	16.081,99	2,46%

Krankenpflegepersonal	Pflegetage	ATS / Einheit	Wert (Station 2A/2B)	Wert (TKL)	Gesamt ATS	% Anteil an d. K_{Ges}
Station 2A	26	1.738,36	45.197,36			
Entlassungstage 2A	6	1.216,85	7.301,11			
Tagesklinik 2A	75	1.216,85		91.263,90		
Station 2B	4	2.159,00	8.636,00			
Entlassungstage 2B	1	1.511,30	1.511,30			
Teilsumme Krankenpflegefachdienstpersonal			62.645,77	91.263,90	153.909,67	23,51%

Medizinisch-technisches Dienstpersonal	Pflegetage	ATS / Einheit	Wert (Station 2A/2B)	Wert (TKL)	Gesamt ATS	% Anteil an d. K_{Ges}
Station 2A	32	22,33	714,56			
Tagesklinik 2A	75	22,33		1.674,75		
Station 2B	5	27,21	136,05			
Teilsumme Medizinisch-techn. Personal			850,61	1.674,75	2.525,36	0,39%

Betriebspersonal	Pflegetage	ATS / Wert Einheit	(Station 2A/2B)	Wert (TKL)	Gesamt ATS	% Anteil an d. K_{Ges}
Station 2A	32	77,72	2.487,04			
Tagesklinik 2A	75	77,72		5.829,00		
Station 2B	5	104,87	524,35			
Teilsumme Betriebspersonal			**3.011,39**	**5.829,00**	**8.840,39**	**1,35%**
Umlage Wäsche, Küche, Milchküche & Zentralsterilisation	Pflegetage	ATS / Wert Einheit	(Station 2A/2B)	Wert (TKL)	Gesamt ATS	% Anteil an d. K_{Ges}
Station 2A	32	396,27	12.680,64			
Tagesklinik 2A	75	396,27		29.720,25		
Station 2B	5	427,03	2.135,15			
Teilsumme Umlage			**14.815,79**	**29.720,25**	**44.536,04**	**6,80%**
Summe Kosten			203.693,45	311.871,02	515.564,47	
Gemeinkostenfaktor			1,27	1,27		
Gemeinkostenzuschlag			54.997,23	84.205,18	139.202,41	21,26%
Gesamtkosten der Station / Tagesklinik			258.690,68	396.076,20		
Gesamtkosten des Patienten					654.766,88	100,00%

	Gesamt	Stationärer Bereich	Tagesklinik
Anzahl der Aufnahmen	82	7	75
Aufnahmen in Prozent		8,54%	91,46%
Anzahl Pflegetage (Station 2A & 2B) Tagesklinik (A/E)	112	37	75
Pflegetage je Aufnahme	1,37	5,29	1
Gesamtkosten des Patienten je Bereich ohne GK	515.564,47	203.693,45	311.871,02
Durchschnittliche Kosten pro Aufnahme ohne GK	6.287,37	29.099,06	4.158,28
Gesamtkosten des Patienten je Bereich mit GK	**654.766,88**	**258.690,68**	**396.076,20**
Kostenverteilung in %	100,00%	39,51%	60,49%
Durchschnittliche Kosten pro Aufnahme mit GK	**7.984,96**	**36.955,81**	**5.281,02**
Durchschnittliche Kosten / Pflegetag ohne GK	4.603,25	5.505,23	4.158,28
Durchschnittliche Kosten / Pflegetag mit GK	**5.846,13**	**6.991,64**	**5.281,02**

8.2 Tabelle: Übersicht der Hauptdiagnosegruppe 09.02 Wilms Tumor, 10 Fälle

Name des Patienten HDG Gruppe ICD 9 Code	XXX 09.02 189.0		XXX 09.02 189.0		XXX 09.02 189.0		XXX 09.02 189.0		XXX 09.02 189.0	
Diagnose / Stadium	Wilms Tumor Stadium I		Wilms Tumor Stadium I		Wilms Tumor Stadium I		Wilms Tumor Stadium I		Wilms Tumor Stadium III	
	ATS	%	ATS	%	ATS	%	ATS	%	ATS	%
Interne Untersuchungen & medizinische Dienstleistungen	16.713,86	2,55%	7.670,78	3,13%	10.346,46	5,92%	12.941,80	4,53%	86.512,58	13,21%
Laborleistungen	–	0,00%	–	0,00%	–	0,00%	–	0,00%	–	0,00%
Medikamente	81.004,16	12,37%	8.522,25	3,48%	6.066,39	3,47%	21.598,06	7,56%	45.913,02	7,01%
Externe Untersuchungen	67.516,27	10,31%	19.296,73	7,88%	21.243,89	12,16%	36.382,81	12,73%	38.204,07	5,83%
Einzelkosten	**165.234,29**	**25,24%**	**35.489,76**	**14,48%**	**37.656,74**	**21,56%**	**70.922,67**	**24,82%**	**170.629,67**	**26,05%**
Sonstige Leistungen	48.008,82	7,33%	20.891,18	8,53%	13.216,85	7,57%	12.687,84	4,44%	42.528,65	6,49%
Ärztliches Personal	76.427,91	11,67%	34.823,01	14,21%	22.120,70	12,66%	27.407,16	9,59%	76.628,88	11,70%
Betreuungspersonal	16.081,99	2,46%	7.347,17	3,00%	4.667,14	2,67%	2.165,46	0,76%	15.501,95	2,37%
Krankenpflegefachdienstpersonal	153.909,67	23,51%	70.055,77	28,59%	44.502,02	25,48%	67.428,90	23,59%	156.590,58	23,91%
Medizinisch–technisches Personal	2.525,36	0,39%	1.094,22	0,45%	692,23	0,40%	1.099,44	0,38%	2.421,69	0,37%
Sanitätshilfspersonal	–	–	–	–	–	–	14.126,40	0,05	–	–
Betriebspersonal	8.840,39	1,35%	3.808,26	1,55%	2.409,32	1,38%	4.821,84	1,69%	9.333,43	1,43%
Umlage Wäsche, Küche, Milchküche & Zentralsterilisation	44.536,04	6,80%	19.417,23	7,92%	12.284,37	7,03%	33.597,36	11,76%	38.005,67	5,80%
Gemeinkosten der Bereiche	139.202,41	21,26%	52.090,18	21,26%	37.138,33	21,26%	51.536,56	18,03%	143.259,34	21,88%
Gemeinkosten (gesamt)	**489.532,59**	**74,76%**	**209.527,01**	**85,52%**	**137.030,95**	**78,44%**	**214.870,96**	**75,18%**	**484.270,18**	**73,95%**
Gesamtkosten	**654.766,88**	**100,00%**	**245.016,76**	**100,00%**	**174.687,69**	**100,00%**	**285.793,63**	**100,00%**	**654.899,86**	**100,00%**
Anzahl der Pflegetage	112		49		31		72		89	
Gesamtkosten ohne Medikamentenkosten pro Pflegetag	5.122,88		4.826,42		5.439,40		3.669,38		6.842,55	
Gesamtkosten pro Pflegetag (GK/Pflt)	5.846,13		5.000,34		5.635,09		3.969,36		7.358,43	
Durchschnittliche Einzelkosten	140.027,88	21,41%								
Durchschnittliche Gemeinkosten	502.420,53	78,59%								
Durchschnittliche Gesamtkosten	642.448,41	100,00%								

Kostenrechnung für das St. Anna-Kinderspital, Übersicht

Name des Patienten HDG Gruppe ICD 9 Code	XXX 09.02 189.0		XXX 09.02 189.0		XXX 09.02 189.0		XXX 09.02 189.0		XXX 09.02 189.0	
Diagnose / Stadium	Wilms Tumor Stadium IV		Wilms Tumor Stadium IV		Wilms Tumor Stadium V		Neuroblastom Stadium II		Neuroblastom Stadium III	
	ATS	%	ATS	%	ATS	%	ATS	%	ATS	%
Interne Untersuchungen & medizinische Dienstleistungen	21.817,20	1,55%	10.523,23	2,05%	19.159,53	2,22%	38.779,32	2,99%	24.319,55	4,071%
Laborleistungen	–	0,00%	–	0,00%	–	0,00%	–	0,00%	–	0,00%
Medikamente	169.979,20	12,11%	49.438,43	9,62%	24.333,41	2,82%	136.537,02	13,25%	47.323,38	7,92%
Externe Untersuchungen	99.690,26	7,10%	38.625,52	7,52%	52.580,10	6,09%	143.304,07	13,91%	51.935,45	8,70%
Einzelkosten	**291.486,66**	**20,76%**	**98.587,18**	**19,19%**	**96.073,04**	**211,12%**	**310.620,41**	**30,14%**	**123.578,38**	**20,69%**
Sonstige Leistungen	86.405,40	6,15%	42.830,60	8,34%	67.854,70	7,85%	65.174,83	6,32%	14.153,22	2,37%
Ärztliches Personal	197.789,64	14,09%	67.177,00	13,08%	132.964,31	15,39%	116.783,39	11,33%	84.118,00	14,08%
Betreuungspersonal	36.860,03	2,63%	13.968,91	2,72%	26.898,56	3,11%	19.356,45	1,88%	15.436,26	2,58%
Krankenpflegefachdienstpersonal	366.662,79	26,12%	132.949,32	25,88%	271.711,65	31,45%	231.241,33	22,44%	179.303,53	30,02%
Medizinisch–technisches Personal	5.244,54	0,37%	2.263,65	0,44%	3.863,82	0,45%	2.802,51	0,27%	2.403,60	0,40%
Sanitätshilfspersonal	–	–	–	–	–	–	–	–	407,40	0,00
Betriebspersonal	19.000,88	1,35%	7.817,19	1,52%	14.891,54	1,72%	12.815,65	1,24%	10.690,21	1,79%
Umlage Wäsche, Küche, Milchküche & Zentralsterilisation	75.460,22	5,37%	39.696,42	7,73%	60.638,26	7,02%	44.306,89	4,30%	40.766,97	6,83%
Gemeinkosten der Bereiche	325.081,61	23,15%	108.448,41	21,11%	188.970,84	21,88%	227.379,46	22,07%	126.383,65	21,16%
Gemeinkosten (gesamt)	**1.112.505,10**	**79,24%**	**415.151,50**	**80,81%**	**767.793,67**	**88,88%**	**719.860,50**	**69,86%**	**473.662,84**	**79,30%**
Gesamtkosten	**1.403.991,76**	**100,00%**	**513.738,69**	**100,00%**	**863.866,71**	**100,00%**	**1.030.480,91**	**100,00%**	**597.241,22**	**99,99%**
Anzahl der Pflegetage	174		100		142		95		92	
Gesamtkosten ohne Medikamentenkosten pro Pflegetag	7.092,03		4.643,00		5.912,21		9.409,94		5.977,37	
Gesamtkosten pro Pflegetag (GK/Pflt)	8.068,92		5.137,39		6.083,57		10.847,17		6.491,75	

Fallstudie 6

Wolfgang Kemmetmüller

Kalkulation der Stundenkosten zahnärztlicher Leistungen

Problemfelder:

- Betriebsüberleitung
- Kalkulationsverfahren zu Vollkosten

Inhaltsverzeichnis

1. Ausgangsbasis 75

2. Kalkulationsbasis 1995 76

3. Kalkulationsbasis 1997 76

4. Beispiele in öS für 1997 77

Die nachstehenden Ausführungen basieren zahlenmäßig auf einer empirischen Erhebung repräsentativ ausgewählter Zahnarztpraxen. Das Zahlenmaterial stammt aus dem Jahr 1995 und wurde für 1997 um 4 % erhöht. Auch wurde die Umstellung auf die unechte Mehrwertsteuerbefreiung berücksichtigt.

Als Kosten wurden nebenstehende Positionen angesetzt:
Variabler Aufwand, das sind im wesentlichen Verbrauchs- und Gebrauchsmaterial ohne Laborkosten.

Ausgabenwirksamer fixer Aufwand, das sind im wesentlichen Personal- und Raumkosten ohne Fremdkapitalzinsen.

Der Ansatz der kalkulatorischen Zinsen, der kalkulatorischen Abschreibungen und des kalkulatorischen Unternehmerlohnes ist nachfolgend im einzelnen ersichtlich.

Die empirische Untersuchung des Jahres 1995 ergab eine durchschnittliche Öffnungszeit von 1.362 Stunden.

Bezieht man die Gemeinkosten und das Arzteinkommen auf die Praxisöffnungszeit, dann ergeben sich für das Jahr 1997 rund öS 2.750,– pro Stunde.

Aufwandsstruktur 1995 (ohne Umsatzsteuer)

Einzelkosten	(Fremdtechnik)	390,–
		390,–
Gemeinkosten	Material	248,–
	Personal	615,–
	Raum	121,–
	Büro, Porto, Telefon	23,–
	Versicherungen	32,–
	Wohlfahrtsfonds, Steuerberatung und	
	Mitgliedsbeiträge, Pflichtversicherung	405,–
	Fortbildung	19,–
	Kfz	58,–
	Sonstiges	153,–
	Abschreibungen	253,–
		1.927,–
Arzteinkommen vor Steuern		**839,–**
Umsatz		**3.156,–**

1. Ausgangsbasis (in öS 1.000,–)

Die folgenden Beispiele basieren auf der Aufwandserhebung für das Jahr 1995 und werden für 1997 um 4 % Inflationsrate aufgewertet.

Die dargestellten Werte sind **Durchschnittswerte**, die je nach Praxis individuell unterschiedlich ausfallen, da die Höhe der Kosten im wesentlichen abhängig ist von der Betriebsgröße (Zahl der Stühle, Zahl der Röntgengeräte, Zahl der Assistentinnen etc.), vom Standort (Stephansplatz, Randlage), von der Praxisöffnungszeit und vielen anderen Faktoren, wie Fortbildung, Kfz, Gehaltsniveau, Patientenbetreuung etc.

2. Kalkulationsbasis 1995

Die Aufwandszahlen für 1995 wurden wie folgt in Kosten übergeleitet:

	Aufwand 1995 in öS 1.000,-	Berichtigung in öS 1.000,–	Kosten 1995 in öS 1.000,–
Einzelkosten	390,–	0,–	390,–
Gemeinkosten	1.927,–		
– buchhalterische Abschreibungen		– 253,–	
+ kalkulatorische Abschreibungen (lt. Erläuterungen)		+ 467,–	
– Zinsenaufwand		– 110,–	
+ kalkulatorische Zinsen (lt. Erläuterungen)		+ 225,–	
+ Kalkulatorischer Unternehmerlohn (lt. Erläuterungen)		+ 1.150,–	3.406,–
Summe	**2.317,–**	**+ 1.479,–**	**3.796,–**

3. Kalkulationsbasis 1997

Die Gemeinkosten inkl. Unternehmerlohn (öS 3.406.000,–) aus 1995 wurden um 4 % für 1997 ausgewertet und ergeben somit öS 3.542.000,–. Dazu kommt noch die Vorsteuerbelastung von 6 %, woraus für 1997 öS 3.754.000,– resultieren.
Bezogen auf die Stuhlzeit von 1.362 aus der Erhebung für 95 ergibt sich ein Stundensatz von ca. öS 2.750,–, der die Gemeinkosten und das Arzteinkommen beinhaltet.

4. Beispiele in öS für 1997

Verblendkrone:	Durchschnitt öS
Laborkosten	2.056,–
Spargoldlegierung	400,–
Einzelkosten	2.456,–
Gemeinkosten und Ärzteeinkommen vor Steuern für 1,6 Stunden (à öS 2.750,–) Stuhlzeit	4.400,–
Zwischensumme	6.856,–
+ 10 % Risikozuschlag	686,–
Summe	7.542,–
rund	**7.540,–**

Gußkrone mit keramischer Verblendung aus edelmetallfreier Legierung:	Durchschnitt öS
Laborkosten = Einzelkosten	2.215,–
Gemeinkosten und Ärzteeinkommen vor Steuern für 1,6 Stunden (à öS 2.750,–) Stuhlzeit	4.400,–
Zwischensumme	6.615,–
+ 10 % Risikozuschlag	662,–
Summe	7.277,–
rund	**7.280,–**

3-Flächen Inlay:	Durchschnitt öS
Laborkosten	1.000,–
Spargoldlegierung	400,–
Einzelkosten	1.400,–
Gemeinkosten und Ärzteeinkommen vor Steuern für 1,6 Stunden (à öS 2.750,–) Stuhlzeit	4.400,–
Zwischensumme	5.800,–
+ 10 % Risikozuschlag	580,–
Summe	**6.380,–**

Erläuterungen

Kalkulatorische Zinsen
Zinssatz: 5 % p. a.
Durchschnittlich gebundenes Kapital: 4,500.000,–
Kalkulatorische Zinsen: 5 %   225.000,–

Kalkulatorische Abschreibungen
Durchschnittliche Abschreibungsbasis: 3,500.000,–
Nutzungsdauer: 7,5 Jahre
Kalkulatorische Abschreibungen p. a.:   467.000,–

Kalkulatorischer Unternehmerlohn
Gehalt Ambulatoriumszahnarzt B III/13
(ca. 18 anzurechnende Dienstjahre) 1997
mtl. 66.035,– x 14 Gehälter p. a.   924.490,–
15 % Dispositionszuschlag
+ 10 % Krankheitswagnis   231.123,–

Kalkulatorischer Unternehmerlohn   1,155.613,–

Fallstudie 7

Birgit Richter-Schrenk

Kalkulation medizinischer Einzelleistungen am Beispiel ausgewählter nuklearmedizinischer Leistungen

Problemfelder:

- Materialkosten
- Personalkosten
- Kalkulatorische Abschreibungen
- Kalkulationsverfahren zu Vollkosten

Inhaltsverzeichnis

1. Einleitung und Zielsetzung 81

2. Definition Nuklearmedizin 81

3. Begriffserklärungen 81

4. Beschreibung der Medizinischen Einzelleistungen (MEL) 82
   4.1 MEL 6350 Schilddrüsenszintigraphie 82
   4.2 MEL 6328 Nierenfunktionsszintigraphie 83
   4.3 MEL 6326 Radionuklidventrikulographie 83
   4.4 MEL 6316 Myokardszintigraphie 83
   4.5 MEL 6327 kombinierte Perfusions-/Ventilationsszintigraphie 84
   4.6 MEL 6301 Ganzkörper-Knochenszintigraphie/3-Phasen-Szintigramm .. 84
        4.6.1 Ganzkörper-Knochenszintigraphie 84
        4.6.2 3-Phasen-Szintigraphie 84

5. Leistungsstatistik 85

6. Personal 86
   6.1 Personalausstattung des Institutes für Nuklearmedizin (1998) 86
   6.2 Personalzeitenermittlung 86
   6.3 Personalbedarfsberechnung 87
   6.4 Personalkosten im KES 89

7. Anlage-, Raum-, Energie- und Materialkosten 89
   7.1 Anlagekosten 89
   7.2 Raumkosten 92
   7.3 Material 92

8. Ergebnisse 93

9. Diskussion und Zusammenfassung 94

10. Literaturliste 94

11. Anhang (Zusammenstellung der kalkulierten MEL) 95

1. Einleitung

Anfang Dezember 1998 wurde ich vom Leiter der Abteilung Finanz, Herrn Weigelhofer gebeten, bei der Kalkulation von medizinischen Einzelleistungen (MEL) mitzuarbeiten. Unser Haus, das Kaiserin Elisabeth Spital wurde von der Generaldirektion mit einigen Kalkulationen beauftragt. Wir entschieden uns, die sechs häufigsten MEL unseres Institutes zu kalkulieren.

Ziel dieser Arbeit ist es die Durchführung einer Kalkulation zu beschreiben.

2. Definition Nuklearmedizin

Nuklearmedizin ist die Anwendung radioaktiv markierter Stoffe zu diagnostischen und therapeutischen Zwecken an Patienten und zur Erforschung von Krankheiten (Zum Winkel, Nuklearmedizin). Nuklearmedizin ist seit einigen Jahren ein eigenes Fachgebiet.

Das Institut für Nuklearmedizin im Kaiserin Elisabeth Spital hat folgende Ausstattung:
- Schalter/Sekretariat
- 3 Untersuchungsräume mit 2 Ultraschallgeräten
- 3 Gammakameras (2 SPECT fähige Doppelkopf-Gammakameras, 1 Schilddrüsenkamera)
- Heißes Labor für die Präparation der Radiopharmaka
- Applikationsraum
- Labor (für die Bestimmung der Schilddrüsenhormon, Antikörper und Tumormarker)

Der Schwerpunkt liegt in der Schilddrüsendiagnostik und -therapie.

3. Begriffserklärungen

Gammakamera: ist ein universell einsetzbarer Detektor zur gleichzeitigen Registrierung der räumlichen und zeitlichen Aktivitätsverteilung im Körper des Patienten mit guter räumlicher Auflösung (Büll/Hör Seite 48).
- Szintigraphie: ist ein Überbegriff für alle nuklearmedizinischen Untersuchungen am Patienten.
- Sonographie: ist eine Untersuchung mit Ultraschall
- SPECT (single photon emission tomography): es handelt sich um eine dreidimensionale Aufnahmetechnik.
- Radiopharmaka: sind radioaktiv markierte Stoffe, die für die Diagnose und Therapie von menschlichen Erkrankungen verwendet werden (Büll/Hör Seite 31).

- FT3 (freies Trijodthyronin), FT4 (freies Thyroxin): sind Hormone, die in der Schilddrüse gebildet werden.
- TSH (Thyreoidea stimulierendes Hormon): ist ein Hormon, das in der Hypophyse gebildet wird und die Prouktion von Schilddrüsenhormonen steuert.
- TG (Thyreoglobulin): ist ein Glykoprotein, das eine zentrae Rolle bei der Produktion und Speicherung der Schilddrüsenhormone spielt.
- a-TPO (anti-Thyreoidea Peroxidase): ist ein Antikörper, der bei Autoimmunerkrankungen der Schilddrüse gebildet wird.
- TRAK (TSH-Rezeptor Antikörper): ist ein Antikörper, der bei Autoimmunerkrankungen der Schilddrüse gebildet wird.
- HCT (humanes Calcitonin): ist ein spezifischer und sensitiver Tumormarker in Diagnostik und Verlaufskontrolle des medullären Schilddrüsenkarzinoms (Thomas S 1234)

4. Beschreibung der 6 berechneten MEL

4.1 MEL 6350/Schilddrüsenszintigraphie

Darunter verstehen wir eine vollständige Schilddrüsenuntersuchung inklusive Szintigraphie, Sonographie, Bestimmung von FT3, FT4, und TSH sowie falls erforderlich von Antikörper (a-TPO, TRAK) bzw. TG und hCT, Befundung und Therapievorschlag.
Im Jahr 1998 folgenden die Schilddrüse betreffenden Untersuchungen durchgeführt:

FT4:	23969
TSH:	24165
FT3:	14095
a-TPO:	2965
TRAK:	1320
TG:	3606
HCT:	415
Schilddrüsenszintigraphien:	4652
Schilddrüsensonographien:	6184

Im Jahr 1998 wurden 10 303 Patienten an der Schilddrüse untersucht. Davon waren 3959 Patienten zum erstem mal in unserem Institut und 6344 Kontrolluntersuchungen wurden durchgeführt.
Alle die Schilddrüse betreffenden Kosten wurden auf die Gesamtzahl der Schilddrüsenpatienten umgerechnet, da im Einzelfall sehr unterschiedliche Kosten anfallen, d.h. die **Durchschnittskosten pro Patient wurden berechnet.**
Unser Labor untersucht nicht nur das Serum der Patienten der Schilddrüsenambulanz, sondern auch eingesandtes Blut stationärer Patienten des Kaiserin Elisabeth Spitals, bzw. anderer Krankenhäuser und Pflegeheime. Die Laborkosten pro eingesandten Röhrchen sind unterschiedlich und hängen von der Anzahl der zu bestimmenden Parameter ab. Zur Vereinfachung wurden die Durchschnittskosten pro eingesandtem Röhrchen berechnet.

Gesamtzahl der eingesandten Röhrchen: 24165
Gesamtzahl der bestimmten Parameter: 70731
Durchschnittlich wurden pro Röhrchen 2,93 Parameter bestimmt.

4.2 MEL 6328/Nierenfunktionsszintigraphie

Darunter verstehen wir die Funktionsszintigraphie der Niere mit Tc99mMAG3 in liegender oder sitzender Position mit dynamischen Aufnahmen über 30 Minuten.

Zusätzlich werden zur Bestimmung der Nierenlage 2 laterale Aufnahmen mit Markierung angefertigt.

Die Messung der vollen und leeren Spritze sowohl an der Gammakamera als auch im Aktivimeter ist obligat, ebenso 1 Blutabnahme während der Untersuchung und die Messung dieser im Gammacounter.

Je nach Fragestellung werden auch Diurese- und Captoprilnephrogramme angefertigt.

Die Auswertung erfolgt über standardisierte Auswerteprogramme.

Die Gesamtkosten des Radiopharmakons MAG3 wurden durch die Gesamtanzahl der durchgeführten Nierenszintigraphien (175) berechnet.

4.3 MEL 6326/Radionuklidventrikulographie

Die Radionuklidventrikulographie (RNV) ist eine EKG-getriggerte Aufnahme des linken Ventrikels des Herzens zur Bestimmung der globalen und regionalen EF (ejection fraction), des enddiastolischen und endsystolischen Volumens, sowie zur Darstellung der Wandbewegung.

Bei der RNV wird das Radiopharmakon TCK7 ca. 20 min vor der Tc99m-Gabe i.v. verabreicht (zur Markierung der Erytrozyten um das Tc99m länger im Kreislauf zu halten). Auch bei dieser Untersuchung wurden die Radiopharmakakosten durch die Anzahl der Patienten (191) gerechnet.

4.4 MEL 6316/Myokardszintigraphie nach Belastung und in Ruhe (SPECT)

Bei der Myokardszintigraphie wird bei uns je nach Fragestellung und Zustand des Patienten entweder eine pharmakologische (mit Dipyridamol) oder eine ergometrische Belastung im Institut durchgeführt. Anschließend werden nach Verabreichung von 74MBq Tl201 SPECT (singlephoton emission computertomography) – Aufnahmen des Myokards angefertigt.

Die SPECT-Technik ermöglicht eine dreidimensionale Beurteilung des linken Herzventrikels.

Folgende Standardschnittbilder werden angefertigt: horizontale Lang- und Kurzachsenschnitte und vertikale Langachsenschnitte.

Die Gesamtkosten für Tl201 wurden durch die Gesamtanzahl der Patienten zur Herzszintigraphie (515) gerechnet.

4.5 MEL 6327/kombinierte Perfusions-/Ventilationsszintigraphie

Bei dieser Untersuchung der Lunge werden sowohl die Lungenbelüftung (Ventilation) als auch die Lungendurchblutung (Perfusion) dargestellt.

Bei der, für diese Untersuchung am häufigsten Fragestellung, Pulmonalembolie, werden routinemäßig zuerst die Ventilation bzw. Inhalation mit Tc99m-DTPA-Aerosol und anschließend die Perfusionsszintigraphie mit Tc99m-MAA durchgeführt.

Bei beiden Szintigraphien werden Aufnahmen in 6 Projektionen (anterior, posterior, RAO, LAO, RPO und LPO) angefertigt.

Sowohl die Materialkosten für Ventilationsschläuche, als auch die Radiopharmakakosten für DTPA-Aerosol und MAA wurden durch die Gesamtzahl der Patienten (192) gerechnet.

4.6 MEL 6301/Ganzkörper-Knochenszintigraphie/ 3 Phasen-Szintigraphie

4.6.1 Ganzkörper-Knochenszintigraphie

3 Stunden nach Verabreichung von Tc99m-HDP wird ein Ganzkörperszintigramm in anteriorer und posteriorer Projektion angefertigt.

Die Radiopharmakakosten für HDP wurden durch die Gesamtzahl der Patienten (424) gerechnet.

Bei bestimmten Fragestellungen und unklaren Befunden werden im Einzelfall zusätzliche planare Aufnahmen bzw. gezielte SPECT-Aufnahmen durchgeführt.

4.6.2 3-Phasen-Szintigraphie

Unmittelbar nach der Injektion von Tc99m-HDP werden dynamische Aufnahmen über einer bestimmten Körperregion und anschließend sowohl nach 20 min als auch nach 2 Stunden statische Aufnahmen angefertigt.

Danach wird eine Ganzkörperszintigraphie angeschlossen.

Die Arbeitszeit und die Gerätezeit verlängert sich bei dieser Untersuchung

5. Leistungsstatistik 1998

Jahr 1998	Jänn.	Feb.	März	April	Mai	Juni	Juli	Aug.	Sept.	Okt.	Nov.	Dez.	Summe
FT4	1915	1788	2165	2073	2098	2065	2046	1655	2030	2097	2334	1703	**23969**
TSH	1920	1798	2176	2083	2122	2088	2080	1666	2042	2110	2360	1720	**24165**
FT3	1034	1000	1273	1218	1239	1209	1238	976	1226	1227	1414	1041	**14095**
α-TPO	352	220	268	231	274	245	252	186	195	306	263	173	**2965**
TRAK	162	88	123	103	103	106	109	78	94	148	118	88	**1320**
TG	206	314	364	311	347	306	316	275	252	392	284	239	**3606**
hCT	33	39	46	32	39	30	24	32	19	31	41	49	**415**
TRH													**196**
Summe Labor	5622	5247	6415	6051	6222	6049	6065	4868	5858	6311	6814	5013	**70731**
RJ-Therapie	2	6	2	2			1					2	**15**
SD-Szint.	317	375	471	450	489	406	402	318	349	352	405	318	**4652**
SD-Sono	473	507	596	568	587	515	535	422	434	541	582	424	**6184**
SD-Uptake	11	6	3	3	3	6	4	4	4	5	3	7	**59**
SD J123		1	2			1		2	1				**7**
Punktionen	14	11	14	17	11	7	9	6	17	30	21	7	**164**
Kno GK	53	37	46	45	51	32	52	26	41	41	43	40	**507**
3-P-Kno	5	3	6	1	4		4	3	1	4	3	2	**37**
Knomark													**0**
zus. plan.A	8	4	5	14	14	7	6	4	7		6	14	**89**
zus. SPECT	4	2	15	6	11	8	5	3	7	2	6	5	**74**
Tl-ErgoSPECT	22	22	33	14	18	23	31	20	21	26	24	22	**276**
Tl-PersSPECT	9	13	17	24	12	10	13	11	11	7	10	8	**145**
Reinj.	1	4	4	9	2	1				4	1		**26**
Tl-RuheSPECT	9	7	10	12	6	10	4	7	7	10	8	4	**94**
Redistribution	8	1	6	7	4	4	4	7	7	10	1	1	**60**
Gated SPECT					14	16							**30**
Tl-Pers.plan													**0**
Tl-Ruhe plan													**0**
RNV	13	11	20	17	22	29	9	10	9	16	22	13	**191**
Leber/HIDA						1	1		1	1			
Lu-Vent	19	16	15	16	8	14	17	12	20	18	16	19	**190**
Lu-Perf	19	16	15	16	9	14	18	12	20	18	16	19	**192**
Lymphoszinti													**0**
ING	2	4		1	3	5	4	1	6	6	8	4	**44**
DMSA					1	1			1			7	**10**
Lasix	9	13	9	17	7	7	8	6	7	9	8		**100**
Captopril	2	3	5	3	3	2	6		2		5		**31**
Speicheldr.									1			1	
TU-Szinti *			3	3	5	4					3		**18**
Epithelkp.		1	5	2	4		2		3	3			**20**
Octreotide													**0**
Entzündung.						1						1	
GI-Blutung		1			1		1			1			**4**
HMPAO													**0**
Gehirnperf.													**0**
Shunt Le Veen													**0**
Lunge quant.			2	1								1	**4**
MIBG-NN										1			**1**
MAK431					2								**2**
Strontium			1							1		1	**3**
GK J131													**0**
Summe Organe	183	158	217	208	201	190	186	122	174	176	180	159	**2154**
Ges Summe	6622	6311	7720	7299	7513	7174	7201	5743	6837	7415	8005	5930	**83770**
MEL	58	68	62	67	58	63	56	44	61	59	55	44	**695**
Pat. Frequenz	866	903	1105	1072	1074	1006	1011	784	1023	1019	1119	866	**11848**

Die Tabelle zeigt die Gesamtstatistik 1998 des Institutes für Nuklearmedizin im Kaiserin Elisabethspital.

6. Personal

6.1 Personalausstattung des Institutes für Nuklearmedizin (1998)

1 Primararzt
2 Fachärzte
2 Ärzte in Ausbildung zum Facharzt für Nuklearmedizin
1 Physiker halbtags
1 Leitende medizinisch technische Analytikerin
5 medizinisch technische Analytiker (davon 1 Person halbtags)
1 radiologisch technischer Assistent
1 Pflegehelferin
2 Schreibkräfte
1 Amtsgehilfe
1 Hausarbeiterin

6.2 Personalzeitenermittlung

Die durchschnittlichen pro Patient (MEL -bezogen) aufgewendeten Zeiten wurden von beteiligten Personen selbst geschätzt und der Durchschnittswert der Schätzung berechnet. Auffallend war, dass sich die Schätzungen nur minimal voneinander unterschieden ohne, dass es zu einer Absprache zwischen den Schätzenden kam. Die Zeiten der medizinisch-technischen Analytiker und radiologisch-technischen Assistenten (MTD) wurden bereits im Jahr 1993 zur Personalbedarfsberechnung gemessen und jetzt aktualisiert.

Die Zeiten des Physikers (halbtags) wurden über die Jahresarbeitszeit von 41000 min/Jahr über alle Patienten gemittelt. Ebenso die Arbeitszeit der Pflegehelferin.

Die Arbeitszeit der Reinigungskraft ist in den Raumkosten enthalten.

Nicht berücksichtigt wurden folgenden Tätigkeiten, da sie keiner bestimmten MEL zuzuordnen sind:
- Leitungsfunktion Institutsvorstand und leitende Angehörige der medizinisch-technischen Dienste
- Terminvergabe, telefonische Auskünfte
- Materialbestellung, Übernahme und Kontrolle von Lieferung
- Hol- und Bringdienst (Träger)

Nuklearmedizin Ärztearbeitszeit in min					
MEL	Anamnese	App./Ergo/Sono	Befundung	Vidierung	SUMME
6326	6	6	7,5	5	**24,5**
6328	10,50	16	13	6	**45,50**
6316	10	33	10	6	**59**
6327	7,75	6	10	5	**28,75**
6301	9,5	5	8	4	**26,5**
6350	10	12	5,5	2,5	**30**

Nuklearmedizin Arbeitszeit MTD in min	Telefon	Präparation	Aufnahme	Auswertung	SUMME
6326	3	10	20	20	**53**
6328	3	25	45	25	**98**
6316	3	2	95	25	**125**
6327	2	20	40	10	**72**
6301	2	5	30	5	**42**
6350		1	7	22 (inkl. Labor)	**30**

Nuklearmedizin Schreibkräftearbeitszeit in min				
MEL	Administration	Befundschreibung	Post&Archiv	SUMME
6326	8	3	8	**19**
6328	8	20	8	**36**
6316	8	3	8	**19**
6327	8	3	8	**19**
6301	8	8	8	**24**
6350	8	7	5	**20**

6.3 Personalbedarfsberechnung

Ausgehend von den anfallenden Leistungen und den von den durchführenden Personen zur Leistungserbringung benötigten Zeiten, ist auch eine Personalbedarfsschätzung möglich. Diese wurde auch durchgeführt und zur Überprüfung der Plausibilität der geschätzten Zeiten verwendet.

Folgende Faktoren bestimmen den Personalbedarf:
- *Tätigkeiten/Arbeitsvorgang*
- *Fallzahl*
- *Mittlere Arbeitszeit in Minuten pro Tätigkeit/Arbeitsvorgang*
- *Arbeitszeit einer Normalarbeitskraft*
- *Persönlich bedingter Arbeitsausfall*

(E. Hauke, Seite 107)

Die Tätigkeiten sind gleichzusetzen mit den MEL (häufigste Untersuchungen).
Die Fallzahl ist aus der Leistungsstatistik zu entnehmen.
Die mittlere Arbeitszeit entspricht den Schätzwerten der befragten Mitarbeiter.
Arbeitszeit einer Normalarbeitskraft berechnet sich:

Jahr	365 Tage
– Samstage, Sonn und Feiertage	– 115 Tage
– Urlaube, Pflegefreistellung	– 31 Tage
– durchschnittliche Krankenstandstage	– 14 Tage
– Fortbildungen, Dienstfreistellungen	– 5 Tage
	200 Tage

Dies entspricht bei einer durchschnittlichen täglichen Arbeitszeit von 7,5 Stunden **90.000 Arbeitsminuten pro Jahr**. Die effektive Arbeitszeit (ohne persönliche Verteilzeiten und Leerlaufzeiten) wird für die 38 Stunden Woche mit 78.000 Minuten und für die 40 Stunden-Woche mit 81.000 Minuten angenommen.

Das medizinisch-technische Personal und die Ärzte haben eine Wochenarbeitszeit von 38 Stunden, die Schreibkräfte eine 40 Stunden-Woche.

Die durchschnittliche Jahresarbeitszeit beträgt:

78.000 min für MTD und Ärzte
81.000 min für Schreibkräfte

Die Rückrechnung auf die angegebenen Schätzzeiten ergab folgende Auslastungen:

MEL		Anzahl	Ärzte	MTD	Schreibkräfte
6326	RNV	191	24,5	53	19
6328	Niere	175	45,5	98	36
6316	Myocard	515	59	125	19
6327	Lunge	192	28,75	72	19
6301	Knochen	424	26,5	42	24
6350	Schilddrüse	10303	30	30	20
Gesamtarbeitszeit:			368873	432370	239598
Anzahl der Personen:			4,7	5,5	3,0

Durch die Rückrechnung kann bewiesen werden, dass die Schätzungen der einzelnen Berufsgruppen den tatsächlich benötigten Zeiten sehr Nahe kommen.

6.4 Personalkosten im KES

DAHER: PERSONALKATEGORIE MLV	PERSONALKOSTEN 1998 (vorl.): BEZEICHNUNG:	KOSTEN P.A.:	KOSTEN/ STUNDE:	KOSTEN JE MINUTE:
..1	Ärzte:	761.026	603,99	10,07
..2	Apotheker, Chemiker Physiker, Psychologen, ...	774.336	614,55	10,24
..4	Krankenpflegefach Dienstpersonal	398.829	316,53	5,28
..5	Med.-techn.Fachkräfte; MTD	398.683	316,42	5,27
..6	Sanitätshilfsdienstpersonal Stationsgehilfen	377.403	299,53	4,99
..7	Verwaltungs- und Kanzleipersonal	376.111	298,50	4,98
..8	Betriebspersonal in handw. Verwendung	324.252	257,34	4,29
..9	Teilzeitbeschäftiges u. Sonstiges Personal:	298.933	237,25	3,95

7. Anlage-, Raum-, Energie und Materialkosten

7.1 Anlagenkosten

Bei den Anlagenkosten wurden zunächst der Anschaffungswert, die Nutzungsdauer in Jahren, die Kosten pro Jahr erhoben, anschließend die Blockadezeit pro Jahr, sofern dies für die einzelnen Geräte möglich war. Bei manchen Geräten wie z.B. für die Werkbank wurden die von der Generaldirektion im Erlaß KAV-GD –216/98/W/RW angegebenen 78.000 Betriebsminuten eingesetzt.

Weiters wurde die Blockadezeit pro Leistung ermittelt und die sich daraus ergebenden Gesamtkosten berechnet.

ANLAGENKOSTEN						
Anl.-Nr./Bezeichnung	Ansch.-wert	Nutzd. (in J.)	Kosten p.a.	Blockade-zeit p.a.	Blockade-zeit p.L.	GESAMT-KOSTEN
7064 Werkbank Medi 2000-4R	383.150,00	10	95.787,50	78.000	20,00	24,56
7745 Carpintec	–	10	–	78.000	4,00	0,00
7610 Aerosolinhalator	171.000,00	10	42.750,00	78.000	25,00	13,70
6621 Gammakamera Helix	5.795.730,00	10	1.448.932,50	88.991	50,00	814,09
6149 EKG	113.490,00	10	28.372,50	9.060	30,00	93,95
7161 Ergometrieeinheit	39.847,60	10	9.961,90	9.060	30,00	32,99
7614 Defibrilator	16.286,30	8	4.478,73	78.000	30,00	1,72
4833 Gammakamera 409	1.537.450,00	10	384.362,50	61.130	25,00	157,19
4300 Polaroid	6.790,00	10	1.697,50	78.000	2,00	0,04
EDV-9603594 Bildschirm	6.224,95	6	1.971,23	78.000	8,0	0,20
EDV-9701546 PC	16.160,20	6	5.117,40	78.000	3,0	0,20
EDV-9701567 Bildschirm	6.536,60	6	2.069,92	78.000	3,0	0,08
EDV-9701551 PC	16.160,20	6	5.117,40	78.000	15,0	0,98
EDV-9701561 Bildschirm	6.536,60	6	2.069,92	78.000	15,0	0,40
EDV-031564 Ampex	12.139,00	6	3.844,02	78.000	2,0	0,10
7172 Sonoline Prima	400.000,00	10	100.000,00	37.962	12,0	31,61
6264 Sonoline SI450	321.563,25	10	80.390,81	37.962	12,0	25,41
6621Z Codonics	150.000,00	10	15.000,00	22.000	5,0	7,50
6148 Varifuge Heraeus	96.095,96	10	24.023,99	78.000	10,0	3,08
7292 Elecsys2010	1.230.000,00	8	338.250,00	66.540	20,0	101,67
5528 Cobra	422.507,75	10	105.626,94	78.000	10,0	13,54
7155 Kühlschrank	12.128,00	10	3.032,00	78.000	7,0	0,27
5473 Kühl/Gefrier	7.335,14	10	1.833,79	78.000	7,0	0,16
4433 Wasserbad	9.506,00	10	2.376,50	78.000	7,0	0,21
6073 SMI Vortexer	18.915,00	8	5.201,63	78.000	7,0	0,47

Die Geräteauslastung wurde mit Hilfe der Leistungsstatistik 1997 und den Untersuchungs- und Auswertezeiten für folgende Geräte berechnet:

Geräteauslastung Statistik 1997: Und 210 Betriebstagen/Jahr Zeiten in min					
Untersuchung	Anzahl	Untersuchung	Auswertung	Helix	Apex 409
Schilddrüsenszintigraphie	4005	7	4		44055
Schilddrüsen Uptake	64	30			1920
Epithelkörperchenscan	15	30			450
3-Phasenknochenscan	31	30			930
Nierenszintigraphie	151	45	25	3775	6795
Radionuklidventrikulographie	139	20	20	2780	2780
Myocardszintigraphie Ruhe und Belastung	372	95	25	44640	
Myocardszintigraphie in Ruhe inkl. Redistibution	73	60	25	6205	
Lunge Perf.+Vent.	199	40	10	9950	
Knochenszintigraphien	465	30	5	16275	
Snst. Szintigraphien	71	30	10	2840	
Zus. Plan. Aufnahmen	71	5	1	426	
				86891	56930
Qualitätskontrolle täglich Helix		10		2100	
Qualitätskontrolle täglich Apex 409		20			4200
				88991	**61130**
Tägliche Auslastung in min.				**424**	**291**
Sonographien	6327	12		75924	
Sono Prima + Sl450					**37962 je Gerät**
Tägliche Auslastung in min.				**181min/Gerät**	
Elecsys 2010	24336	2,5		60840	
Quako	210	20		4200	
Reinigung	26	30		780	
Calibration	60	12		720	
				66540	
Tägliche Auslastung in min.				**317**	

Die Auslastungsberechung ergab zusammengefasst:

Gammakamera Helix	88.991 min/Jahr
Gammakamera Apex 409	61.130 min/Jahr
Ultraschallgeräte	37.962 min/Jahr pro Gerät
Laborautomat Elecsys	66.540 min/Jahr

Bei allen anderen Anlagen/Geräten wurde mit 78.000 Betriebsminuten/Jahr gerechnet.

7.2 Raumkosten

Die Raumkosten wurden von der Abteilung Finanz nach dem Erlaß KAV-GD –216/98/W/RW ermittelt und zur Verfügung gestellt.

RAUMKOSTEN				
	M2 pro Leist.	Kosten je M2/Min	Blockadezeit/ Leist.	GESAMT= KOSTEN:
Sekretariat (04)	13,50	0,06	24,00	19,44
Heisses Labor (06)	11,67	0,06	5,00	3,50
Applikation (07)	10,37	0,06	14,50	9,02
Kameraraum 1 (09)	25,39	0,06	35,00	53,32
Unters.Raum/Ärztez. (13)	13,51	0,06	12,00	9,73
Kameraraum 2 (16)	18,23	0,06	50,00	54,69

7.3 Materialkosten

Für die Kalkulation wurden folgende Sachverhalte vorausgesetzt:

1. Grundlage für die Berechnungen ist Jänner bis Oktober 1998, sowohl vom Verbrauch Material und Apotheke, als auch von der Leistungsstatistik. In Einzelfällen wie z.B. bei der Geräteauslastung wurde die Leistungsstatistik 1997 herangezogen.

2. Der Summe des Material- und Apothekenbedarf Jänner bis Oktober 1998 entspricht dem tatsächlichen Verbrauch in diesen 10 Monaten. Die im Institut auf Lager liegenden Materialen wurden vernachlässigt in der Annahme, dass der Lagerstand immer gleich ist und im selben Maße nachbestellt wird. Nur Material das eindeutig einer bestimmten MEL zugeordnet werden kann, wurde einzeln berechnet. Für Verbrauchsmaterial wie Tupfer, Hansaplast, Handschuhe etc. wurde ein Durchschnittspreis pro Patient errechnet (Gesamtpreis/Gesamtpatienten).

3. Das Isotop, das am häufigsten verwendet wird ist Technetium 99 m (Tc99m). Dieses wird vor Ort einem Generator entnommen, der 2 x pro Woche geliefert wird. Durch die Eigenschaft jedes Isotops innerhalb einer bestimmten Zeit zu zerfallen, ist es schwierig die genauen Kosten pro mCi zu berechnen. Die Kosten für Tc99m wurden unter der Annahme berechnet, daß pro Tag 8 GBq zur Verfügung stehen. (Wir verwenden 2 Generatoren zu 4 GBq/Woche).
Preis pro Generator: 4531 öS
Dies entspricht einem Tc-99m Tagespreis von 1813 öS.
   1GBq = 226   öS
   1MBq = 0,226 öS
   1mCi = 8,36 öS

4. Bei Markierungsbestecken für die einzelnen Untersuchungen wurde auch ein Durchschnittspreis (Anzahl der Untersuchungen durch Anzahl der verwendeten Markierungsbestecke) berechnet, da aus einem Besteck bis zu x Untersuchungen durchgeführt werden können. Zum Beispiel bei Knochenszintigraphien ist der Durchschnittspreis pro Markierungsbesteck ca. 1800 öS, bis zu 10 Untersuchungen können damit an einem Tag durchgeführt werden. Wir können jedoch aus Zeit und Geräteauslastungsgründen durchschnittlich nur 3–4 Untersuchungen durchführen.

8. Ergebnisse

Die detaillierten Ergebnisse sind der Beilage zu entnehmen, folgende Tabelle und Grafik enthält eine Zusammenfassung der kalkulierten Kosten:

MEL-Kalkulation Nuklearmedizin	MEL 6328	MEL 6326	MEL 6316	MEL 6327	MEL 6301	MEL 6301	MEL 6350
	Niere	RNV	Myoc.S/R	Lu V+P	Kno 3PH	Kno	SD
Personalkosten	1.278,53	694,42	1.421,52	860,72	908,11	697,31	626,2
Medizinischer Verbrauch	850,03	478,17	1.122,36	1.411,04	347,42	347,42	240,26
Kosten für med. Anlagen	750,73	533	2.109,49	1.261,06	1.118,37	682,54	304,66
Summe Einzelkosten	2.879,29	1.705,59	4.653,37	3.532,82	2.373,90	1.727,27	1.171,12
Verwaltungsgemeinkosten	428,95	232,98	476,92	288,77	304,67	233,95	210,09
Beschaffungs/Lagerungskosten	77,61	43,66	102,47	128,83	31,72	31,72	21,94
Raumkosten	167,3	90,21	218,79	134,41	90,96	90,96	63,16
11,1% Zuschlag	394,40	230,04	605,12	453,42	310,94	231,31	162,76
Gesamtkosten	3.947,55	2.302,48	6.056,67	4.538,25	3.112,19	2.315,21	1.629,07

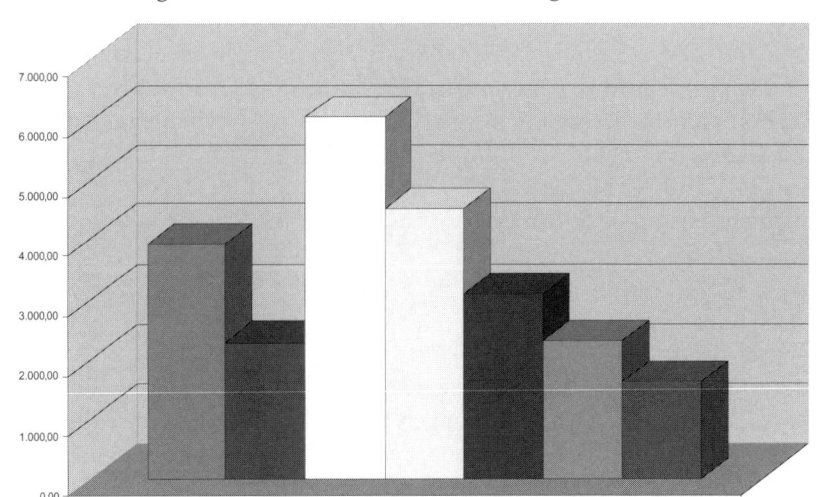

Grafische Darstellung der Kosten der einzelnen Leistungen

MEL6328 MEL6326 MEL6316 MEL6327 MEL6301a MEL6301b MEL 6350

9. Diskussion und Zusammenfassung

Die Kalkulation von Medizinischen Einzelleistungen ist von vielen Faktoren abhängig. Die teuersten Komponenten bei nuklearmedizinischen Untersuchungen sind Personal und Gerätezeiten, sowie in Einzelfällen die Isotopenkosten. Die Geräteausstattung der verschiedenen Institute ist sehr unterschiedlich und daher kann es zu sehr unterschiedlichen Berechnungen kommen. Die Personalzeit ist abhängig von der Geräteausstattung. An verschiedenen Geräten kann die Untersuchungszeit sehr unterschiedlich sein. Auch die Anlagenkosten sind unmittelbar mit der Geräteausstattung verbunden. Dieselben Untersuchungen können an unterschiedlichen Geräten durchgeführt werden.

Daher ist die Kalkulation immer im Zusammenhang mit der Geräteausstattung zu sehen und nicht von einem Institut auf eine anderes übertragbar.

10. Literaturliste

Zum Winkel, K.: „Nuklearmedizin", 2. Auflage, Springer Verlag ISBN 3-540-52280-8
Hermann, H. J.: „Nuklearmedizin", 2. Auflage, Urban-Schwarzenberg ISBN 3-541-10132-6
Büll/Schicha: „Nuklearmedizin", Georg Thieme Verlag ISBN 3-13-118501-5
Büll/Hör: „Nuklearmedizin", Georg Thieme Verlag ISBN 3-13-118501-3
Pfannenstiel, P.: „Schilddrüsenkrankheiten Diagnose und Therapie", BMV ISBN 3-88040-096-2
Thomas, L.: „Labor und Diagnose", Medizinische Verlagsgesellschaft Marburg, ISBN 3-921320-21-6
Hauke, E.: Organisatorische Gestaltung im Krankenhaus", Dieter Göschl, ISBN 3-85097-51-5
Kemmetmüller, Bogensberger: „Handbuch der Kostenrechnung" ISBN 3-85428-328-8
Richter-Schrenk, B.: „Grundlagen zur Kalkulation medizinischer Einzelleistungen", 1. Hausarbeit 30. Universitätslehrgang für Krankenhausmanagement

11. Anhang

11.1 Kalkulationsschema Schilddrüsenszintigraphie

KALKULATIONSSCHEMA B: NICHT-OPERATIVE LEISTUNGEN
Berechnung für: Katalog ausgewählter med. Einzelleistungen oder Ambulanz-Selbstzahlerkatalog (Kostenschätzung per 1998!)

LEISTUNGSBEZ.:	Schilddrüsenszintigraphie		
LNR.:	**6350**	Kat. 36:	X
KALKULIERT VON/IN:	Kaiserin Elisabeth-Spital/Nuklearmed. Institut Fr. Richter-Schrenk		

PERSONALKOSTEN: Art:	Anzahl	Min je Person	Leistungs- min ges.	Kosten je Min	GESAMT= KOSTEN:
Ärzte:	1,00	35,00	35,00	10,07	352,45
Apoth.,Chem.,Phys.u.ä.	1,00	3,40	3,40	10,24	34,82
Med.-tech.Dienstp./Fachkr.	1,00	20,00	20,00	5,27	105,40
Stationsgehilfen	1,00	6,80	6,80	4,99	33,93
Verw./Kanzleipersonal	1,00	20,00	20,00	4,98	99,60

SUMME PERSONALKOSTEN =   626,20

MED. VERBRAUCH: Art / Art.Nr.		VRV-Nr.	MLV-Nr.	Wert je Einheit	Menge	GESAMT= KOSTEN
A00726435 – ANTEPAN AMP 200MCG 1ML 10X5	5 ST	458.001.100	2111	293,86	0,002	0,70
A0813846 – AQUA BID SPÜLLSG PLFL 1000ML	10 ST	458.001.100	2111	146,35	0,003	0,40
A0815450 – AQUA BID.SPÜLLSG.PLFL. 1000ML	6 ST	458.001.100	2111	91,71	0,008	0,70
A0829633 – BM 1662970 ELECSYS CLEANCELL 380	6 ST	458.001.300	2211	638,26	0,005	3,50
A0829632 – BM 1662988 ELECSYS PROCELL 380ML	6 ST	458.001.300	2211	638,26	0,005	3,50
A0829625 – BM 1731297 ELECSYS FREE T4	200 BST	458.001.300	2211	4656	0,005	25,60
A0829624 – BM 1731386 ELECSYS FREE T3	200 BST	458.001.300	2211	4656	0,006	26,00
A0829628 – BM 1731416 ELECSYS PRECICONTR.3ML	4 ST	458.001.300	2211	343,38	0,000	0,12
A0829623 – BM 1731459 ELECSYS TSH	200 BST	458.001.300	2211	4656	0,005	25,40
A0829629 – BM 1776479 ELECSYS PRECICONTR.2ML	4 ST	458.001.300	2211	536,41	0,000	0,13
A01218238 – CELLTORK ZELLSTOFF TUPFER 500 ST	1 RL	458.001.800	2621	9,72	0,021	0,20
A0819921 – DYNO-TEST ANTI-TPO BRAHMS	100 BST	458.002.100	2211	3957,13	0,006	24,50
A0814751 – ELSA HCT-CALC.IRMA IC2008 BIOCIS	96 BST	458.002.100	2211	6750	0,001	7,00
A0814572 – ELSA-HCT TRACER IC7108 BIOCIS	1 PK	458.002.100	2211	3160	0,002	7,00
A0830091 – ELUMATIC-III TC99M IC3002 BIOCIS	100 MCI	458.002.100	2211	4531,9	0,004	18,00
A0817064 – GEROSONIC GEL 250ML	10 ST	458.001.100	2111	266,67	0,001	0,30
A00243085 – HANSAPL.INJ.PFLASTER 2990	100 ST	458.001.800	2669	36,6	0,008	0,30
A0822093 – MUREX BC04 IQAP1 BASIS F.1-100 P.	1 PK	458.001.300	2211	3000	0,000	0,40
A01876993 – OCTENISEPT LSG	450 ML	458.002.100	2211	75	0,007	0,50
A0841466 – PENTAGASTRIN 2ML AMP.	5 ST	458.001.100	2111	2350	0,000	0,50
A0823791 – SELCO Tg IRMA R04 MEDIPAN	100 BST	458.002.100	2211	4200	0,011	47,50
A0830779 – TDA RRA FT-TDA TATZBER	100 BST	458.002.100	2211	5700	0,003	17,30
A00293657 – TRANSPORE 9,14MX1,25CM	24 RL	458.001.800	2658	94	0,001	0,13
A00203631 – TRANSPORE 9,14MX2,5CM	12 RL	458.001.800	2658	94	0,001	0,13
A0810359 – ZELLSTOFF UNGEBL. 20X20 PEHAZELL	5 KG	458.001.800	2641	81,5	0,004	0,30
A0813346 – ZELLSTOFF UNGEBL.GESCHN.20X20CM	5 KG	458.001.800	2641	106,5	0,003	0,30
L170457 – 1xButterfly 21		458.003.200	27211	1,47	0,054	0,08
L173841 – 1xInj.Nadeln Nr. 2		458.003.200	27212	0,21	1,048	0,22
L173893 – 1xSchutzunterlagen blau 40x45 cm	200	458.003.600	272142	0,72	0,056	0,04
L170537 – 1xSpritzen, 2ml		458.003.200	27211	0,28	1,000	0,28
L171299 – 1xUntersuchungshandschuhe puderfrei M Innenbesch.		458.003.200	27214	0,56	0,179	0,10
L174064 – 1xUntersuchungshandschuhe, LATEX, large		458.003.200	27214	0,39	0,077	0,03
L174063 – 1xUntersuchungshandschuhe, LATEX, medium		458.003.200	27214	0,39	2,000	0,78
L174062 – 1xUntersuchungshandschuhe, LATEX, small		458.003.200	27214	0,88	0,489	0,43

➤

▶	L1704381 – Adapter m.Luer-Innenkonus,14.1112	100	458.003.300	281	0,56	1,000	0,56
	L170438 – Adapter m.Luer-Kon,u,Vent.,14.1205	100	458.003.300	281	2,07	0,068	0,14
	L174378 – Blutbildröhrchen (rot) EDTA 2,7 ml	50	458.003.300	281	1,56	0,096	0,15
	L173970 – Chemieröhrchen,braun,Ser.,011602001	50	458.003.200	2716	1,97	1,168	2,30
	L175483 – Elecsys Assay Cup Nr.: 170 6802		458.003.300	281	733,32	0,001	0,55
	L175484 – Elecsys Assay Tip Nr.: 170 06799		458.003.300	281	862,33	0,001	1,08
	L171900 – Endlos-Computer-Papier		458.003.100	2991	338,53	0,001	0,17
	L1777771 – Etiketten D11, RX ohne Perf.(Patientenetiketten)		456.000.100	4699	0,95	1,579	1,50
	L130056 – Farbbandkassetten		456.000.100	4699	210,49	0,000	0,04
	L170580 – Hitachi-Cups		458.003.300	281	0,13	0,077	0,01
	L136340 – Karteikarten		456.000.100	4611	1,18	1,000	1,18
	L1740191 – Monovettenkanülen 21 G	100	458.003.200	27212	1,03	0,388	0,40
	L1740192 – Monovettenkanülen 22 G	100	458.003.200	27212	1,54	0,019	0,03
	L1740190 – Monovettenkanülen 20 G	100	458.003.200	27212	1,15	0,435	0,50
	L1718303 – Objektträger, geschliffen, mit Mattrand		458.003.300	28191	0,64	0,047	0,03
	L171519 – Operationshandschuhe Gr. 6, unsteril	25	458.003.200	272141	7	0,010	0,07
	L171520 – Operationshandschuhe Gr. 6,5, unsteril	25	458.003.200	272141	2,63	0,019	0,05
	L171173 – Papier f. Mitsubishi Video Copy, K	61B	458.003.100	2991	94,58	0,012	1,10
	L171632 – Polaroidfilme 339		458.003.100	2921	148,85	0,116	17,30
	L171915 – Senkungspipetten 86.1996.062	100	458.003.300	281	2,58	0,023	0,06
	L172902 – Senkungsröhrchen (violett)	50	458.003.300	281	1,78	0,034	0,06
	L1777774 – Thermoetiketten, 48x36,GD-Elektronik/9913001		456.000.100	4699	144,01	0,004	0,61

SUMME VERBRAUCHSKOST.=   240,26

ANLAGENKOSTEN:
Art/Anl.-Nr./MLV-Nr.

	Ansch.-wert	Nutzd. (in J.)	Kosten p.a.	Blockade-zeit p.a.	Blockade-zeit p.L.	GESAMT= KOSTEN:
7064 Werkbank Medi 2000-4R	383.150,00	10	95.787,50	78.000	1,00	1,23
7745 Carpintec	122.355,80	10	30.588,95	12.000	1,00	2,55
EDV-9603594 Bildschrim	6.224,95	6	1.971,23	78.000	8,00	0,20
EDV-9701546 PC	16.160,20	6	5.117,40	78.000	7,00	0,46
EDV-9701567 Bildschirm	6.536,60	6	2.069,92	78.000	7,00	0,19
EDV-9701551 PC	16.160,20	6	5.117,40	78.000	10,00	0,66
EDV-9701561 Bildschirm	6.536,60	6	2.069,92	78.000	10,00	0,27
EDV-031564 Ampex	12.139,00	6	3.844,02	22.000	4,00	0,70
4833 Apex 409	1.537.450,00	10	384.362,50	61.130	11,00	69,16
4300 Polaroid	6.790,00	10	1.697,50	20.000	4,00	0,34
6148 Varifuge	96.096,00	10	24.024,00	78.000	10,00	3,08
5528 Cobra	422.507,00	10	105.626,75	16.000	10,00	66,02
7172 Sonoline Prima	400.000,00	10	100.000,00	37.962	12,00	31,61
6264 Sonoline S1450	321.563,00	10	80.390,75	37.962	12,00	25,41
7292 Elecsys2010	1.230.000,00	8	338.250,00	66.540	20,00	101,67
7155 Kühlschrank	12.128,00	10	3.032,00	78.000	10,00	0,39
5473 Kühl/Gefrier	7.335,14	10	1.833,79	78.000	10,00	0,24
4433 Wasserbad	9.506,00	10	2.376,50	78.000	5,00	0,15
6073 SMI Vortexer	18.915,00	8	5.201,63	78.000	5,00	0,33

SUMME ANLAGENKOSTEN =   304,66

SUMME EINZELKOSTEN =   **1171,12**

MED. FREMDLEISTUNGEN:
Art/ASZ-Kat.-Nr (Kat.36/Nr.):   Wert je   Anzahl   GESAMT=
                                                           Leist.   KOSTEN:

X/1000   0,00

SUMME FREMDLEISTUNGK.=   0,00

GEMEINKOSTENZUSCHLÄGE:
Verwaltungsgemeinkosten: 33,55% DER PERSONALKOSTEN =   210,09
Beschaffungs-/Lagerungs-Gemeinkosten: 9,13% DER MED.VERBRAUCHSKOSTEN =   21,94   ▶

► **RAUMKOSTEN:**

	M2 pro Leist.	Kosten je Blockadezeit/ M2/Min	Leist.	GESAMT= KOSTEN:
Sekretariat (04)	13,50	0,06	20,00	16,20
Heisses Labor (06)	11,67	0,06	1,00	0,70
Applikation (07)	10,37	0,06	2,00	1,24
Kameraraum 1 (09)	13,51	0,06	11,00	8,92
Unters.Raum/Ärztez.(13)	18,23	0,06	33,00	36,10

SUMME RAUMKOSTEN =   63,16

GESAMTKOSTEN DER LEISTUNG: **1466,31**
DAHER:
KOSTEN/TARIF NETTO =   **1466,25**
11,1 % =   *162,75*
KOSTEN/TARIF GESAMT =   **1.629,00**

KA/KSt/KURZZEICHEN   Datum: 5.3.01

KALKULATIONSSCHEMA B: NICHT-OPERATIVE LEISTUNGEN
Berechnung für: Katalog ausgewählter med. Einzelleistungen oder Ambulanz-Selbstzahlerkatalog (Kostenschätzung per 1998!)

LEISTUNGSBEZ.:   **Schilddrüsenszintigraphie**

LNR.:   **6350**   Kat. 36:   X

KALKULIERT VON/IN: **Kaiserin Elisabeth-Spital/Nuklearmed. Institut**
                                            Fr. Richter-Schrenk

EINZELKOSTEN:
PERSONAL: 626,20
MED. VERBRAUCH: 240,26
ANLAGEN: 304,66

SUMME EINZELKOSTEN =   1171,12

MED. FREMDLEISTUNGEN: 0,00

GEMEINKOSTEN:
VERWALTUNGSGEMEINKOSTEN DER LEISTUNG: 210,09
BESCHAFFUNGS-/LAGERUNGSGEMEINKOSTEN DER LEISTUNG: 21,94
SUMME GEMEINKOSTEN =   **232,03**

RAUMKOSTEN: 63,16

GESAMTKOSTEN =   **1466,31**

DAHER:
KOSTEN/TARIF NETTO =   **1466,25**
11,1 % =   *162,75*
KOSTEN/TARIF GESAMT =   **1.629,00**

Valorisierungsprämissen:
VERBRAUCHSKOSTEN:
Werte 1997 wurden erhöht um +   1,20   %

KA/KSt/KURZZEICHEN   Datum: 5.3.01

LEISTUNGSBESCHREIBUNG: Unter Schilddrüsenszintigraphie fällt eine vollständige Untersuchung der Schilddrüse: inclusive Ultraschall, Szintigraphie, Hormone (3), Antikörperbestimmung (wenn notwendig), Befundung und Therapievorschlag.

KA/KSt/KURZZEICHEN

11.2 Kalkulationsschema Nierenfunktionsszintigraphie

KALKULATIONSSCHEMA B: NICHT-OPERATIVE LEISTUNGEN
Berechnung für: Katalog ausgewählter med. Einzelleistungen oder Ambulanz-Selbstzahlerkatalog (Kostenschätzung per 1998!)

LEISTUNGSBEZ.: Nierenfunktionsszintigraphie mit/ohne Intervention

LNR.: **6328** Kat. 36: X

KALKULIERT VON/IN: **Kaiserin Elisabeth-Spital/Nuklearmed. Institut**
Fr. Richter-Schrenk

PERSONALKOSTEN: Art:	Anzahl	Min je Person	Leistungs- min ges.	Kosten je Min	GESAMT= KOSTEN:
Ärzte:	1,00	50,00	50,00	10,07	503,50
Apoth.,Chem.,Phys.u.ä.	1,00	3,40	3,40	10,24	34,82
Med.-tech.Dienstp./Fachkr.	1,00	100,00	100,00	5,27	527,00
Stationsgehilfen	1,00	6,80	6,80	4,99	33,93
Verw./Kanzleipersonal	1,00	36,00	36,00	4,98	179,28

SUMME PERSONALKOSTEN = 1278,53

MED. VERBRAUCH: Art / Art.Nr.	VRV-Nr.	MLV-Nr.	Wert je Einheit	Menge	GESAMT= KOSTEN:
A01218238 – CELLTORK ZELLSTOFF TUPFER 500 ST 1 RL	458.001.800	2621	9,72	0,021	0,20
A00543798 – ELASTOFIX NETZVERB 2140 GR.A 1 ST	458.001.800	2657	125,6	0,005	0,60
A0830091 – ELUMATIC-III TC99M IC3002 BIOCIS 100 MCI	458.002.100	2211	4531,9	0,012	54,00
A00243085 – HANSAPL.INJ.PFLASTER 2990 100 ST	458.001.800	2669	36,6	0,008	0,30
A01257209 – IRENAT TR 25 ML	458.001.100	2111	29,33	0,041	1,20
A00031118 – LASIX AMP 20MG 2ML BP5X5 5 ST	458.001.100	2111	12,07	0,539	6,50
A0822698 – MULLK.S 12-F.UNSTERIL 5X5CM 100 ST	458.001.800	2623	13,7	0,004	0,06
A00506998 – MULLK.S RAUC.16F 2ST 18X 8CM 50 SET	458.001.800	2623	286	0,001	0,22
A0826816 – MULLK.S.12-F.UNSTERIL 7,5X7,5CM 100 ST	458.001.800	2623	26,11	0,010	0,26
A0827043 – NATR.CHLOR.0,9% DSTFL 100ML 10 ST	458.001.100	2111	53,77	0,050	2,70
A0822166 – NIKO-GARD 49410-70 50 ST	458.001.800	2669	150	0,020	3,00
A01876993 – OCTENISEPT LSG 450 ML	458.002.100	2211	75	0,007	0,50
A0814757 – TECHNESCAN MAG3 34334 BSM 5 FL	458.002.100	2211	5500	0,120	660,00
A00293657 – TRANSPORE 9,14MX1,25CM 24 RL	458.001.800	2658	94	0,001	0,13
A00203631 – TRANSPORE 9,14MX2,5CM 12 RL	458.001.800	2658	94	0,001	0,13
A0816111 – VENIGARD SP 6,3X6,5CM 100 ST	458.001.800	2669	351,04	0,003	1,10
A0810359 – ZELLSTOFF UNGEBL. 20X20 PEHAZELL 5 KG	458.001.800	2641	81,5	0,004	0,30
A0813346 – ZELLSTOFF UNGEBL.GESCHN.20X20CM 5 KG	458.001.800	2641	106,5	0,003	0,30
L173841 – 1xInj.Nadeln Nr. 2	458.003.200	27212	0,21	3,000	0,63
L170536 – 1xSpritzen, 10 ml	458.003.200	27211	0,6	2,000	1,20
L170537 – 1xSpritzen, 2ml	458.003.200	27211	0,28	2,000	0,56
L170539 – 1xSpritzen, 5 ml	458.003.200	27211	0,39	4,000	1,56
L171299 – 1xUntersuchungshandschuhe puderfrei M Innenbesch.	458.003.200	27214	0,56	0,179	0,10
L174064 – 1xUntersuchungshandschuhe, LATEX, large	458.003.200	27214	0,39	0,077	0,03
L174063 – 1xUntersuchungshandschuhe, LATEX, medium	458.003.200	27214	0,39	2,000	0,78
L174062 – 1xUntersuchungshandschuhe, LATEX, small	458.003.200	27214	0,88	0,489	0,43
L1704381 – Adapter m.Luer-Innenkonus,14.1112 100	458.003.300	281	0,56	1,000	0,56
L173970 – Chemieröhrchen,braun,Ser.,011602001 50	458.003.200	27211	1,97	1,000	1,97
L175278 – Elscint-Maxtor OC800M 1/4	458.003.100	2991	3783	0,004	15,00
L175248 – Elscint-Papier,1600P/A4 (in Packungen)	458.003.100	2991	3492	0,020	70,00
L1777771 – Etiketten D11, RX ohne Perf.(Patientenetiketten)	456.000.100	4699	0,95	1,000	0,95
L135879 – Fotokopier- und Vervielf.Papier, A4	456.000.100	5414	0,06	5,500	0,33
L136340 – Karteikarten	456.000.100	4611	1,18	1,000	1,18
L171321 – Medikamentenbecher 75	458.003.200	27191	0,09	1,000	0,09

▶

➤ L1740191 – Monovettenkanülen 21 G 100	458.003.200	281	1,03	1,000	1,03
L130838 – Untersuchungstischrollen, weiß, 45 cm breit	458.003.600	4711	74,38	0,007	0,50
L130840 – Untersuchungstischrollen, weiß, 60 cm breit	458.003.600	4711	96,29	0,005	0,50
L174596 – Venenverweilkanülen 1,0 50	458.003.200	2719	12,42	0,998	12,40
L171313 – Verlängerungsschl./3-Wegh.150cm,714366	458.003.200	2921	8,73	1,000	8,73

SUMME VERBRAUCHSKOST.= 850,03

ANLAGENKOSTEN:

Art/Anl.-Nr./MLV-Nr.	Ansch.-wert	Nutzd. (in J.)	Kosten p.a.	Blockade-zeit p.a.	Blockade-zeit p.L.	GESAMT= KOSTEN:
7064 Werkbank Medi 2000-4R	383.150,00	10	95.787,50	78.000	25,00	30,70
7745 Carpintec	122.355,80	10	30.588,95	78.000	2,00	0,78
6621Z Codonics-Drucker	150.000,00	10	37.500,00	10.000	5,00	18,75
6621 Gammakamera Helix	5.795.730,00	10	1.448.932,50	88.901	25,00	407,46
EDV-9603594 Bildschirm	6.224,95	6	1.971,23	78.000	8,00	0,20
EDV-9701546 PC	16.160,20	6	5.117,40	78.000	20,00	1,31
EDV-9701567 Bildschirm	6.536,60	6	2.069,92	78.000	20,00	0,53
EDV-9701551 PC	16.160,20	6	5.117,40	78.000	19,00	1,25
EDV-9701561 Bildschirm	6.536,60	6	2.069,92	78.000	19,00	0,50
EDV-031564 Ampex	12.139,00	6	3.844,02	22.000	2,00	0,35
4833 Apex 409	1.537.450,00	10	384.362,50	61.130	45,00	282,94
4300 Polaroid	6.790,00	10	1.697,50	20.000	2,00	0,17
6148 Varifuge	96.096,00	10	24.024,00	78.000	10,00	3,08
5528 Cobra	422.507,00	10	105.626,75	78.000	2,00	2,71

SUMME ANLAGENKOSTEN = 750,73

SUMME EINZELKOSTEN = **2879,29**

MED. FREMDLEISTUNGEN:

Art/ASZ-Kat.-Nr (Kat.36/Nr.):	Wert je Leist.	Anzahl	GESAMT= KOSTEN:
X/1000			0,00

SUMME FREMDLEISTUNGK.= 0,00

GEMEINKOSTENZUSCHLÄGE:
Verwaltungsgemeinkosten: 33,55% DER PERSONALKOSTEN =   428,95
Beschaffungs-/Lagerungs-Gemeinkosten: 9,13% DER MED.VERBRAUCHSKOSTEN =
77,61

RAUMKOSTEN:

	M2 pro Leist.	Kosten je Blockadezeit/ M2/Min	Leist.	GESAMT= KOSTEN:
Sekretariat (04)	13,50	0,06	36,00	29,16
Heisses Labor (06)	11,67	0,06	25,00	17,51
Applikation (07)	10,37	0,06	15,00	9,33
Kameraraum 1 (09)	18,23	0,06	25,00	27,35
Kameraraum 2 (09)	25,39	0,06	45,00	68,55
Unters.Raum/Ärztez.(13)	13,51	0,06	19,00	15,40
	0,00	0,06	0,00	167,30

SUMME RAUMKOSTEN = 167,30 ➤

► **GESAMTKOSTEN DER LEISTUNG:** 3553,15
DAHER:
KOSTEN/TARIF NETTO = 3553,56
11,1 % = *394,44*
KOSTEN/TARIF GESAMT = **3.948,00**

KA/KSt/KURZZEICHEN Datum: 5.3.01

KALKULATIONSSCHEMA B: NICHT-OPERATIVE LEISTUNGEN
Berechnung für: Katalog ausgewählter med. Einzelleistungen oder Ambulanz-Selbstzahlerkatalog (Kostenschätzung per 1998!)

LEISTUNGSBEZ.:	**Nierenfunktionsszintigraphie mit/ohne Intervention**
LNR.:	**6328** Kat. 36: X
KALKULIERT VON/IN:	Kaiserin Elisabeth-Spital/Nuklearmed. Institut Fr. Richter-Schrenk

EINZELKOSTEN:
PERSONAL: 1278,53
MED. VERBRAUCH: 850,03
ANLAGEN: 750,73

SUMME EINZELKOSTEN =   2879,29

MED. FREMDLEISTUNGEN: 0,00

GEMEINKOSTEN:
VERWALTUNGSGEMEINKOSTEN DER LEISTUNG: 428,95
BESCHAFFUNGS-/LAGERUNGSGEMEINKOSTEN DER LEISTUNG: 77,61
SUMME GEMEINKOSTEN =   **506,56**

RAUMKOSTEN: 167,30

GESAMTKOSTEN =   3553,15

DAHER:
KOSTEN/TARIF NETTO =   3553,56
11,1 % =   *394,44*
KOSTEN/TARIF GESAMT =   **3.948,00**

Valorisierungsprämissen:
VERBRAUCHSKOSTEN:
Werte 1997 wurden erhöht um +   1,20   %

KA/KSt/KURZZEICHEN Datum: 5.3.01

LEISTUNGSBESCHREIBUNG: Bei der Nierenszintigraphie wird sowohl die Anflutung, als auch die Ausscheidung von MAG3 Tc99m beurteilt.

KA/KSt/KURZZEICHEN

11.3 Kalkulationsschema Radionuklidvetrikulographie

KALKULATIONSSCHEMA B: NICHT-OPERATIVE LEISTUNGEN
Berechnung für: Katalog ausgewählter med. Einzelleistungen oder Ambulanz-Selbstzahlerkatalog (Kostenschätzung per 1998!)

LEISTUNGSBEZ.:	Radionuklidventrikulographie			
LNR.:	**6326** Kat. 36: **X**			
KALKULIERT VON/IN:	Kaiserin Elisabeth-Spital/Nuklearmed. Institut Fr. Richter-Schrenk			

PERSONALKOSTEN: Art:	Anzahl	Min je Person	Leistungs- min ges.	Kosten je Min	GESAMT= KOSTEN:
Ärzte:	1,00	24,50	24,50	10,07	246,72
Apoth.,Chem.,Phys.u.ä.	1,00	3,40	3,40	10,24	34,82
Med.-tech.Dienstp./Fachkr.	1,00	54,00	54,00	5,27	284,58
Stationsgehilfen	1,00	6,75	6,75	4,99	33,68
Verw./Kanzleipersonal	1,00	19,00	19,00	4,98	94,62
SUMME PERSONALKOSTEN =					**694,42**

MED. VERBRAUCH: Art / Art.Nr.	VRV-Nr.	MLV-Nr.	Wert je Einheit	Menge	GESAMT= KOSTEN:
A01218238 – CELLTORK ZELLSTOFF TUPFER 500 ST 1 RL	458.001.800	2621	9,72	0,021	0,20
A00543798 – ELASTOFIX NETZVERB 2140 GR.A 1 ST	458.001.800	2657	125,6	0,005	0,60
A0815934 – ELEKTRODENCREME HELLIGE 100 G	458.002.100	2211	55,26	0,040	2,20
A0830091 – ELUMATIC-III TC99M IC3002 BIOCIS 100 MCI	458.002.100	2211	4531,9	0,029	130,00
A00243085 – HANSAPL.INJ.PFLASTER 2990 100 ST	458.001.800	2669	36,6	0,008	0,30
A01257209 – IRENAT TR 25 ML	458.001.100	2111	29,33	0,041	1,20
A0822698 – MULLK.S 12-F.UNSTERIL 5X5CM 100 ST	458.001.800	2623	13,7	0,004	0,06
A00506998 – MULLK.S RAUC.16F 2ST 18X 8CM 50 SET	458.001.800	2623	286	0,001	0,22
A0826816 – MULLK.S.12-F.UNSTERIL 7,5X7,5CM 100 ST	458.001.800	2623	26,11	0,010	0,26
A0827043 – NATR.CHLOR.0,9% DSTFL 100ML 10 ST	458.001.100	2111	53,77	0,050	2,70
A0822166 – NIKO-GARD 49410-70 50 ST	458.001.800	2669	150	0,020	3,00
A01876993 – OCTENISEPT LSG 450 ML	458.002.100	2211	75	0,007	0,50
A0825509 – TCK-7 IC3105 BIOCIS 5FL. 1 PK	458.002.100	2211	1852,5	0,128	237,00
A00293657 – TRANSPORE 9,14MX1,25CM 24 RL	458.001.800	2658	94	0,001	0,13
A00203631 – TRANSPORE 9,14MX2,5CM 12 RL	458.001.800	2658	94	0,001	0,13
A0816111 – VENIGARD SP 6,3X6,5CM 100 ST	458.001.800	2669	351,04	0,003	1,10
A0810359 – ZELLSTOFF UNGEBL. 20X20 PEHAZELL 5 KG	458.001.800	2641	81,5	0,004	0,30
A0813346 – ZELLSTOFF UNGEBL.GESCHN.20X20CM 5 KG	458.001.800	2641	106,5	0,003	0,30
L173841 – 1xInj.Nadeln Nr. 2	458.003.200	27212	0,21	3,000	0,63
L170537 – 1xSpritzen, 2ml	458.003.200	27211	0,28	2,000	0,56
L170539 – 1xSpritzen, 5 ml	458.003.200	27211	0,39	3,000	1,17
L171299 – 1xUntersuchungshandschuhe puderfrei M Innenbesch.	458.003.200	27214	0,56	0,179	0,10
L174064 – 1xUntersuchungshandschuhe, LATEX, large	458.003.200	27214	0,39	0,077	0,03
L174063 – 1xUntersuchungshandschuhe, LATEX, medium	458.003.200	27214	0,39	2,000	0,78
L174062 – 1xUntersuchungshandschuhe, LATEX, small	458.003.200	27214	0,88	0,489	0,43
L1704381 – Adapter m.Luer-Innenkonus,14.1112 100	458.003.300	281	0,56	2,143	1,20
L175278 – Elscint-Maxtor OC800M 1/4	458.003.100	2991	3783	0,004	15,00
L175248 – Elscint-Papier,1600P/A4 (in Packungen)	458.003.100	2991	3492	0,010	35,00
L1777771 – Etiketten D11, RX ohne Perf.(Patientenetiketten)	456.000.100	4699	0,95	1,000	0,95
L135879 – Fotokopier- und Vervielf.Papier, A4	456.000.100	5414	0,06	5,500	0,33
L136340 – Karteikarten	456.000.100	4611	1,18	1,000	1,18
L173885 – Klebeelektroden SD 50 30	458.003.200	27214	0,87	14,023	12,20
L171321 – Medikamentenbecher 75	458.003.200	27191	0,09	1,000	0,09
L171519 – Operationshandschuhe Gr. 6, unsteril 25	458.003.200	272141	7	0,010	0,07
L171520 – Operationshandschuhe Gr. 6,5, unsteril25	458.003.200	272141	2,63	0,019	0,05
L171632 – Polaroidfilme 339	456.000.100	4611	148,85	0,099	14,80
L130838 – Untersuchungstischrollen, weiß, 45 cm breit	458.003.600	4711	74,38	0,007	0,50
L130840 – Untersuchungstischrollen, weiß, 60 cm breit	458.003.600	4711	96,29	0,005	0,50
L174596 – Venenverweilkanülen 1,0 50	458.003.200	2719	12,42	0,998	12,40
SUMME VERBRAUCHSKOST.=					**478,17** ▶

▶ **ANLAGENKOSTEN:**

Art/Anl.-Nr./MLV-Nr.	Ansch.-wert	Nutzd. (in J.)	Kosten p.a.	Blockade-zeit p.a.	Blockade-zeit p.L.	GESAMT= KOSTEN:
7064 Werkbank Medi 2000-4R	383.150,00	10	95.787,50	78.000	10,00	12,28
7745 Carpintec	122.355,80	10	30.588,95	12.000	1,00	2,55
6621Z Codonics-Drucker	150.000,00	10	37.500,00	10.000	5,00	18,75
6621 Gammakamera Helix	5.795.730,00	10	1.448.932,50	78.000	20,00	371,52
EDV-9603594 Bildschrim	6.224,95	6	1.971,23	78.000	8,00	0,20
EDV-9701546 PC	16.160,20	6	5.117,40	78.000	3,00	0,20
EDV-9701567 Bildschirm	6.536,60	6	2.069,92	78.000	3,00	0,08
EDV-9701551 PC	16.160,20	6	5.117,40	78.000	12,50	0,82
EDV-9701561 Bildschirm	6.536,60	6	2.069,92	78.000	12,50	0,33
EDV-031564 Ampex	12.139,00	6	3.844,02	22.000	2,00	0,35
4833 Apex 409	1.537.450,00	10	384.362,50	61.130	20,00	125,75
4300 Polaroid	6.790,00	10	1.697,50	20.000	2,00	0,17

SUMME ANLAGENKOSTEN = 533,00

SUMME EINZELKOSTEN = **1705,59**

MED. FREMDLEISTUNGEN:

Art/ASZ-Kat.-Nr (Kat.36/Nr.):	Wert je Leist.	Anzahl	GESAMT= KOSTEN:
X/1000			0,00

SUMME FREMDLEISTUNGK.= 0,00

GEMEINKOSTENZUSCHLÄGE:

Verwaltungsgemeinkosten: 33,55% DER PERSONALKOSTEN =   232,98
Beschaffungs-/Lagerungs-Gemeinkosten: 9,13% DER MED.VERBRAUCHSKOSTEN =   43,66

RAUMKOSTEN:

	M2 pro Leist.	Kosten je M2/Min	Blockadezeit/ Leist.	GESAMT= KOSTEN:
Sekretariat (04)	13,50	0,06	19,00	15,39
Heisses Labor (06)	11,67	0,06	10,00	7,00
Applikation (07)	10,37	0,06	12,00	7,47
Kameraraum 1 (09)	13,51	0,06	20,00	16,21
Kameraraum 2 (09)	25,39	0,06	20,00	30,47
Unters.Raum/Ärztez.(13)	18,23	0,06	12,50	13,67

SUMME RAUMKOSTEN = 90,21

GESAMTKOSTEN DER LEISTUNG: **2072,44**
DAHER:
KOSTEN/TARIF NETTO =   **2072,01**
11,1 % =   *229,99*
KOSTEN/TARIF GESAMT =   **2.302,00**

KA/KSt/KURZZEICHEN   Datum: 5.3.01 ▶

KALKULATIONSSCHEMA B: NICHT-OPERATIVE LEISTUNGEN
Berechnung für: Katalog ausgewählter med. Einzelleistungen oder Ambulanz-Selbstzahlerkatalog (Kostenschätzung per 1998!)

LEISTUNGSBEZ.:	**Radionuklidventrikulographie**
LNR.:	**6326** Kat. 36: X
KALKULIERT VON/IN:	Kaiserin Elisabeth-Spital/Nuklearmed. Institut
	Fr. Richter-Schrenk

EINZELKOSTEN:
PERSONAL:	694,42
MED. VERBRAUCH:	478,17
ANLAGEN:	533,00
SUMME EINZELKOSTEN =	**1705,59**
MED. FREMDLEISTUNGEN:	0,00

GEMEINKOSTEN:
VERWALTUNGSGEMEINKOSTEN DER LEISTUNG:	232,98
BESCHAFFUNGS-/LAGERUNGSGEMEINKOSTEN DER LEISTUNG:	43,66
SUMME GEMEINKOSTEN =	**276,64**
RAUMKOSTEN:	90,21
G E S A M T K O S T E N =	**2072,44**

DAHER:
KOSTEN/TARIF NETTO =	**2072,01**
11,1 % =	*229,99*
KOSTEN/TARIF GESAMT =	**2.302,00**

Valorisierungsprämissen:
VERBRAUCHSKOSTEN:
Werte 1997 wurden erhöht um +   1,20   %

KA/KSt/KURZZEICHEN   Datum: 5.3.01

LEISTUNGSBESCHREIBUNG: Bei der Radionuklidventrikulographie werden EKG-getriggerte Aufnahmen des linken Ventrikels angefertigt und sowohl die globale Auswurffraktion, als auch die segmentale Auswurffraktion, das enddiastolische und endsystolische Volumen und die Wandbewegung beurteilt.

KA/KSt/KURZZEICHEN

11.4 Kalkulationsschema Myokardszintigraphie

KALKULATIONSSCHEMA B: NICHT-OPERATIVE LEISTUNGEN
Berechnung für: Katalog ausgewählter medizinischer Einzelleistungen oder Ambulanz-Selbstzahlerkatalog

LEISTUNGSBEZ.:   Myokardszintigraphie nach Belastung und in Ruhe (spect)
LNR.:   **6316**   Kat. 36:   X

KALKULIERT VON/IN: Kaiserin Elisabeth-Spital/Nuklearmed. Institut
                       Fr. Richter-Schrenk

PERSONALKOSTEN: Art:	Anzahl	Min je Person	Leistungs- min ges.	Kosten je Min	GESAMT= KOSTEN:
Ärzte:	1,00	59,00	59,00	10,07	594,13
Apoth.,Chem.,Phys.u.ä.	1,00	3,40	3,40	10,24	34,82
Med.-tech.Dienstp./Fachkr.	1,00	126,00	126,00	5,27	664,02
Stationsgehilfen	1,00	6,80	6,80	4,99	33,93
Verw./Kanzleipersonal	1,00	19,00	19,00	4,98	94,62

SUMME PERSONALKOSTEN =   **1421,52**

MED. VERBRAUCH: Art / Art.Nr.		VRV-Nr.	MLV-Nr.	Wert je Einheit	Menge	GESAMT= KOSTEN:
A01218238 - CELLTORK ZELLSTOFF TUPFER 500 ST	1 RL	458.001.800	2621	9,72	0,021	0,20
A00543798 - ELASTOFIX NETZVERB 2140 GR.A	1 ST	458.001.800	2657	125,6	0,005	0,60
A0815934 - ELEKTRODENCREME HELLIGE	100 G	458.002.100	2211	55,26	0,040	2,20
A00243085 - HANSAPL.INJ.PFLASTER 2990	100 ST	458.001.800	2669	36,6	0,008	0,30
A01257209 - IRENAT TR	25 ML	458.001.100	2111	29,33	0,041	1,20
A0822698 - MULLK.S 12-F.UNSTERIL 5X5CM	100 ST	458.001.800	2623	13,7	0,004	0,06
A00506998 - MULLK.S RAUC.16F 2ST 18X 8CM	50 SET	458.001.800	2623	286	0,001	0,22
A0826816 - MULLK.S.12-F.UNSTERIL 7,5X7,5CM	100 ST	458.001.800	2623	26,11	0,010	0,26
A0827043 - NATR.CHLOR.0,9% DSTFL 100ML	10 ST	458.001.100	2111	53,77	0,050	2,70
A0822166 - NIKO-GARD 49410-70	50 ST	458.001.800	2669	150	0,020	3,00
A01876993 - OCTENISEPT LSG	450 ML	458.002.100	2211	75	0,007	0,50
A00043564 - PERSANTIN AMP 2ML	5 ST	458.001.100	2111	17,73	0,338	6,00
A0814767 - THALLIUM-201 213MBQ/5,8MCI 43811	1 PK	458.002.100	2211	3150	0,000	0,00
A0821751 - THALLIUM-201 370MBQ/10MCI 43813	1 PK	458.002.100	2211	4950	0,202	998,40
A00293657 - TRANSPORE 9,14MX1,25CM	24 RL	458.001.800	2658	94	0,001	0,13
A00203631 - TRANSPORE 9,14MX2,5CM	12 RL	458.001.800	2658	94	0,001	0,13
A0816111 - VENIGARD SP 6,3X6,5CM	100 ST	458.001.800	2669	351,04	0,003	1,10
A0810359 - ZELLSTOFF UNGEBL. 20X20 PEHAZELL	5 KG	458.001.800	2641	81,5	0,004	0,30
A0813346 - ZELLSTOFF UNGEBL.GESCHN.20X20CM	5 KG	458.001.800	2641	106,5	0,003	0,30
L173841 - 1xInj.Nadeln Nr. 2		458.003.200	27212	0,21	2,095	0,44
L170522 - 1xPerfusionsbestecke		458.003.200	281	3,87	0,558	2,16
L174068 - 1xPerfusionsspritzen	100	458.003.200	281	3,77	1,000	3,77
L170537 - 1xSpritzen, 2ml		458.003.200	27211	0,28	1,000	0,28
L170539 - 1xSpritzen, 5 ml		458.003.200	27211	0,39	4,000	1,56
L171299 - 1xUntersuchungshandschuhe puderfrei M Innenbesch.		458.003.200	27214	0,56	0,179	0,10
L174064 - 1xUntersuchungshandschuhe, LATEX, large		458.003.200	27214	0,39	0,077	0,03
L174063 - 1xUntersuchungshandschuhe, LATEX, medium		458.003.200	27214	0,39	2,000	0,78
L174062 - 1xUntersuchungshandschuhe, LATEX, small		458.003.200	27214	0,88	0,489	0,43
L1704381 - Adapter m.Luer-Innenkonus,14.1112	100	458.003.300	281	0,56	1,000	0,56
L170593 - Ekg-Papier		458.003.100	27191	32,98	0,212	7,00
L175278 - Elscint-Maxtor OC800M 1/4		458.003.100	2991	3783	0,004	15,00
L175248 - Elscint-Papier,1600P/A4 (in Packungen)		458.003.100	2991	3492	0,010	35,00

➤

Kalkulation medizinischer Einzelleistungen am Beispiel ausgewählter nuklearmedizinischer Leistungen

L1777771 – Etiketten D11, RX ohne Perf.(Patientenetiketten)	456.000.100	4699	0,95	1,000	0,95
L171717 – Infusionsbestecke m.Tropf.reg.,Do.Flow 30 2590263	458.003.200	2719	25,41	0,279	7,10
L136340 – Karteikarten	456.000.100	4611	1,18	1,000	1,18
L171321 – Medikamentenbecher 75	458.003.200	27191	0,09	1,000	0,09
L171519 – Operationshandschuhe Gr. 6, unsteril 25	458.003.200	272141	7	0,011	0,08
L171520 – Operationshandschuhe Gr. 6,5, unsteril 25	458.003.200	272141	2,63	0,019	0,05
L171632 – Polaroidfilme 339	456.000.100	4611	148,85	0,099	14,80
L130838 – Untersuchungstischrollen, weiß, 45 cm breit	458.003.600	4711	74,38	0,007	0,50
L130840 – Untersuchungstischrollen, weiß, 60 cm breit	458.003.600	4711	96,29	0,005	0,50
L174596 – Venenverweilkanülen 1,0 50	458.003.200	2719	12,42	0,998	12,40

SUMME VERBRAUCHSKOST.= **1122,36**

ANLAGENKOSTEN:

Art/Anl.-Nr./MLV-Nr.	Ansch.-wert	Nutzd. (in J.)	Kosten p.a.	Blockade-zeit p.a.	Blockade-zeit p.L.	GESAMT= KOSTEN:
7064 Werkbank Medi 2000-4R	383.150,00	10	95.787,50	78.000	2,00	2,46
7745 Carpintec	122.355,80	10	30.588,95	12.000	2,00	5,10
6621Z Codonics-Drucker	150.000,00	10	37.500,00	10.000	5,00	18,75
6621 Gammakamera Helix	5.795.730,00	10	1.448.932,50	88.991	120,00	1953,81
EDV-9603594 Bildschrim	6.224,95	6	1.971,23	78.000	8,00	0,20
EDV-9701546 PC	16.160,20	6	5.117,40	78.000	3,00	0,20
EDV-9701567 Bildschirm	6.536,60	6	2.069,92	78.000	8,00	0,21
EDV-9701551 PC	16.160,20	6	5.117,40	78.000	16,00	1,05
EDV-9701561 Bildschirm	6.536,60	6	2.069,92	78.000	16,00	0,42
EDV-031564 Ampex	12.139,00	6	3.844,02	22.000	2,00	0,35
6149 EKG	113.490,00	10	28.372,50	9.060	30,00	93,95
7161 Ergometrieeinheit	39.848,00	10	9.962,00	9.060	30,00	32,99

SUMME ANLAGENKOSTEN = 2109,49

SUMME EINZELKOSTEN = **4653,37**

MED. FREMDLEISTUNGEN:

Art/ASZ-Kat.-Nr (Kat.36/Nr.):	Wert je Leist.	Anzahl	GESAMT= KOSTEN:
X/1000			0,00

SUMME FREMDLEISTUNGK.= 0,00

GEMEINKOSTENZUSCHLÄGE:

Verwaltungsgemeinkosten:	33,55% DER PERSONALKOSTEN =	476,92
Beschaffungs-/Lagerungs-Gemeinkosten:	9,13% DER MED.VERBRAUCHSKOSTEN =	102,47

RAUMKOSTEN:

	M2 pro Leist.	Kosten jeBlockadezeit/ M2/Min	Blockadezeit/ Leist.	GESAMT= KOSTEN:
Sekretariat (04)	13,50	0,06	19,00	15,39
Heisses Labor (06)	11,67	0,06	2,00	1,40
Applikation (07)	10,37	0,06	10,00	6,22
Kameraraum 1 (09)	25,39	0,06	120,00	182,81
Unters.Raum/Ärztez.(13)	13,51	0,06	16,00	12,97

SUMME RAUMKOSTEN = **218,79**

➤ **GESAMTKOSTEN DER LEISTUNG:** 5451,55
DAHER:
KOSTEN/TARIF NETTO = 5451,85
11,1 % = *605,15*
KOSTEN/TARIF GESAMT = **6.057,00**

KA/KSt/KURZZEICHEN Datum: 19.2.01

KALKULATIONSSCHEMA B: NICHT-OPERATIVE LEISTUNGEN
Berechnung für: Katalog ausgewählter medizinischer Einzelleistungen oder Ambulanz-Selbstzahlerkatalog

LEISTUNGSBEZ.: **Myokardszintigraphie nach Belastung und in Ruhe (spect)**

LNR.: **6316** Kat. 36: X

KALKULIERT VON/IN: **Kaiserin Elisabeth-Spital/Nuklearmed. Institut**
Fr. Richter-Schrenk

EINZELKOSTEN:
PERSONAL: 1421,52
MED. VERBRAUCH: 1122,36
ANLAGEN: 2109,49

SUMME EINZELKOSTEN = 4653,37

MED. FREMDLEISTUNGEN: 0,00

GEMEINKOSTEN:
VERWALTUNGSGEMEINKOSTEN DER LEISTUNG: 476,92
BESCHAFFUNGS-/LAGERUNGSGEMEINKOSTEN DER LEISTUNG: 102,47
SUMME GEMEINKOSTEN = **579,39**

RAUMKOSTEN: 218,79

GESAMTKOSTEN = 5451,55

DAHER:
KOSTEN/TARIF NETTO = 5451,85
11,1 % = *605,15*
KOSTEN/TARIF GESAMT = **6.057,00**

Valorisierungsprämissen:
VERBRAUCHSKOSTEN:
Werte 1997 wurden erhöht um + 1,20 %

KA/KSt/KURZZEICHEN Datum: 19.2.01

LEISTUNGSBESCHREIBUNG: Bei der Myocardszintigrphie werden SPECT-Aufnahmen des linken Ventrikels nach Belastung (ergometrisch oder pharmakologisch) und 3 Stunden später unter Ruhebdingungen angefertigt.

KA/KSt/KURZZEICHEN

11.5 Kalkulationsschema Perfusions-/Ventilationsszintigraphie

KALKULATIONSSCHEMA B: NICHT-OPERATIVE LEISTUNGEN
BERECHNUNG FÜR: KATALOG AUSGEWÄHLTER MED. EINZELLEISTUNGEN oder AMBULANZ-SELBSTZAHLERKATALOG
(KOSTENSCHÄTZUNG PER 1998!)

LEISTUNGSBEZ.: Komb.Perfusions-/Ventilationsszintigraphie der Lunge; ....

LNR.: **6327** Kat. 36: **X**

KALKULIERT VON/IN: Kaiserin Elisabeth-Spital/Nuklearmed. Institut
Fr. Richter-Schrenk

PERSONALKOSTEN: Art:	Anzahl	Min je Person	Leistungs- min ges.	Kosten je Min	GESAMT= KOSTEN:
Ärzte:	1,00	30,00	30,00	10,07	302,10
Apoth.,Chem.,Phys.u.ä.	1,00	3,40	3,40	10,24	34,82
Med.-tech.Dienstp./Fachkr.	1,00	75,00	75,00	5,27	395,25
Stationsgehilfen	1,00	6,80	6,80	4,99	33,93
Verw./Kanzleipersonal	1,00	19,00	19,00	4,98	94,62

SUMME PERSONALKOSTEN = **860,72**

MED. VERBRAUCH: Art / Art.Nr.		VRV-Nr.	MLV-Nr.	Wert je Einheit	Menge	GESAMT= KOSTEN:
A0814758 – AEROSOL-DTPA-L 34373 BSM	10 FL	458.002.100	2211	8400	0,058	487,70
A01218238 – CELLTORK ZELLSTOFF TUPFER 500 ST	1 RL	458.001.800	2621	9,72	0,021	0,20
A00543798 – ELASTOFIX NETZVERB 2140 GR.A	1 ST	458.001.800	2657	125,6	0,005	0,60
A0830091 – ELUMATIC-III TC99M IC3002 BIOCIS	100 MCI	458.002.100	2211	4531,9	0,050	226,00
A00243085 – HANSAPL.INJ.PFLASTER 2990	100 ST	458.001.800	2669	36,6	0,008	0,30
A01257209 – IRENAT TR	25 ML	458.001.100	2111	29,33	0,041	1,20
A0822698 – MULLK.S 12-F.UNSTERIL 5X5CM	100 ST	458.001.800	2623	13,7	0,004	0,06
A00506998 – MULLK.S RAUC.16F 2ST 18X 8CM	50 SET	458.001.800	2623	286	0,001	0,22
A0826816 – MULLK.S.12-F.UNSTERIL 7,5X7,5CM	100 ST	458.001.800	2623	26,11	0,010	0,26
A0827043 – NATR.CHLOR.0,9% DSTFL 100ML	10 ST	458.001.100	2111	53,77	0,050	2,70
A0822166 – NIKO-GARD 49410-70	50 ST	458.001.800	2669	150	0,020	3,00
A01876993 – OCTENISEPT LSG	450 ML	458.002.100	2211	75	0,007	0,50
A0814755 – TECHNESCAN LYO MAA 34092 BSM	5 FL	458.002.100	2211	1800	0,108	195,00
A00293657 – TRANSPORE 9,14MX1,25CM	24 RL	458.001.800	2658	94	0,001	0,13
A00203631 – TRANSPORE 9,14MX2,5CM	12 RL	458.001.800	2658	94	0,001	0,13
A0816111 – VENIGARD SP 6,3X6,5CM	100 ST	458.001.800	2669	351,04	0,003	1,10
A0810359 – ZELLSTOFF UNGEBL. 20X20 PEHAZELL	5 KG	458.001.800	2641	81,5	0,004	0,30
A0813346 – ZELLSTOFF UNGEBL.GESCHN.20X20CM	5 KG	458.001.800	2641	106,5	0,003	0,30
L130831 – 1xGesichtsmasken Sentinex Lite	50	458.003.600	4711	1,07	2,000	2,14
L173841 – 1xInj.Nadeln Nr. 2		458.003.200	27212	0,21	4,190	0,88
L130847 – 1xSchürzen, lang	100	458.003.600	4711	0,66	1,000	0,66
L170537 – 1xSpritzen, 2ml		458.003.200	27211	0,28	3,000	0,84
L170539 – 1xSpritzen, 5 ml		458.003.200	27211	0,39	4,000	1,56
L171299 – 1xUntersuchungshandschuhe puderfrei M Innenbesch.		458.003.200	27214	0,56	0,179	0,10
L174064 – 1xUntersuchungshandschuhe, LATEX, large		458.003.200	27214	0,39	0,077	0,03
L174063 – 1xUntersuchungshandschuhe, LATEX, medium		458.003.200	27214	0,39	2,000	0,78
L174062 – 1xUntersuchungshandschuhe, LATEX, small		458.003.200	27214	0,88	0,489	0,43
L1704381 – Adapter m.Luer-Innenkonus,14.1112	100	458.003.300	281	0,56	2,321	1,30
L171899 – BSM-Aerosolschläuche		458.003.200	281	339,5	0,999	339,00
L171940 – BSM-Ventilationsdüse f. APE, 9205		458.003.200	31243	4311,65	0,010	43,00

▶

L175278 – Elscint-Maxtor OC800M 1/4	458.003.100	2991	3783	0,004	15,00
L175248 – Elscint-Papier,1600P/A4 (in Packungen)	458.003.100	2991	3492	0,020	70,00
L1777771 – Etiketten D11, RX ohne Perf.(Patientenetiketten)	456.000.100	4699	0,95	1,000	0,95
L136340 – Karteikarten	456.000.100	4611	1,18	1,000	1,18
L171321 – Medikamentenbecher 75	458.003.200	27191	0,09	1,000	0,09
L130838 – Untersuchungstischrollen, weiß, 45 cm breit	458.003.600	4711	74,38	0,007	0,50
L130840 – Untersuchungstischrollen, weiß, 60 cm breit	458.003.600	4711	96,29	0,005	0,50
L174596 – Venenverweilkanülen 1,0 50	458.003.200	2719	12,42	0,998	12,40

SUMME VERBRAUCHSKOST.=   1411,04

ANLAGENKOSTEN: Ansch.-   Nutzd.   Kosten   Blockade-   Blockade-   GESAMT=
Art/Anl.-Nr./MLV-Nr.   wert   (in J.)   p.a.   zeit p.a.   zeit p.L.   KOSTEN:

	Ansch.-wert	Nutzd. (in J.)	Kosten p.a.	Blockadezeit p.a.	Blockadezeit p.L.	GESAMT=KOSTEN:
7064 Werkbank Medi 2000-4R	383.150,00	10	95.787,50	78.000	20,00	24,56
7745 Carpintec	122.355,80	10	30.588,95	12.000	4,00	10,20
6621Z Codonics-Drucker	150.000,00	10	37.500,00	10.000	10,00	37,50
6621 Gammakamera Helix	5.795.730,00	10	1.448.932,50	78.000	50,00	928,80
EDV-9603594 Bildschirm	6.224,95	6	1.971,23	78.000	8,00	0,20
EDV-9701546 PC	16.160,20	6	5.117,40	78.000	3,00	0,20
EDV-9701567 Bildschirm	6.536,60	6	2.069,92	78.000	3,00	0,08
EDV-9701551 PC	16.160,20	6	5.117,40	78.000	15,00	0,98
EDV-9701561 Bildschirm	6.536,60	6	2.069,92	78.000	15,00	0,40
EDV-031564 Ampex	12.139,00	6	3.844,02	22.000	2,00	0,35
7610 Aerosolinhalator	171.000,00	10	42.750,00	4.975	30,00	257,79

SUMME ANLAGENKOSTEN =   1261,06

SUMME EINZELKOSTEN =   **3532,82**

MED. FREMDLEISTUNGEN:
Art/ASZ-Kat.-Nr (Kat.36/Nr.):   Wert je   Anzahl   GESAMT=
                                                Leist.   KOSTEN:

X/1000   0,00

SUMME FREMDLEISTUNGK.=   0,00

GEMEINKOSTENZUSCHLÄGE:
Verwaltungsgemeinkosten: 33,55 % DER PERSONALKOSTEN =   288,77
Beschaffungs-/Lagerungs-Gemeinkosten: 9,13% DER MED.VERBRAUCHSKOSTEN =   128,83

RAUMKOSTEN:
                                   M2 pro   Kosten je   Blockadezeit/   GESAMT=
                                   Leist.   M2/Min   Leist.   KOSTEN:

	M2 pro Leist.	Kosten je M2/Min	Blockadezeit/Leist.		GESAMT=KOSTEN:
Sekretariat (04)	13,50	0,06	19,00		15,39
Heisses Labor (06)	11,67	0,06	20,00		14,00
Applikation (07)	10,37	0,06	20,00		12,44
Kameraraum 1 (09)	25,39	0,06	50,00		76,17
Unters.Raum/Ärztez.(13)	18,23	0,06	15,00		16,41

SUMME RAUMKOSTEN =   134,41

GESAMTKOSTEN DER LEISTUNG: **4084,83**
DAHER:
KOSTEN/TARIF NETTO =   **4084,61**
11,1 % =   *453,39*
KOSTEN/TARIF GESAMT =   **4.538,00**

KA/KSt/KURZZEICHEN   Datum: 26.8.01

➤ **KALKULATIONSSCHEMA B: NICHT-OPERATIVE LEISTUNGEN**
BERECHNUNG FÜR: KATALOG AUSGEWÄHLTER MED. EINZELLEISTUNGEN oder AMBULANZ-SELBSTZAHLERKATALOG
(KOSTENSCHÄTZUNG PER 1998!)

LEISTUNGSBEZ.:	Komb.Perfusions-/Ventilationsszintigraphie der Lunge; ....
LNR.:	**6327** Kat. 36: **X**
KALKULIERT VON/IN:	Kaiserin Elisabeth-Spital/Nuklearmed. Institut Fr. Richter-Schrenk

EINZELKOSTEN:
PERSONAL:	860,72
MED. VERBRAUCH:	1411,04
ANLAGEN:	1261,06
SUMME EINZELKOSTEN =	**3532,82**
MED. FREMDLEISTUNGEN:	0,00

GEMEINKOSTEN:
VERWALTUNGSGEMEINKOSTEN DER LEISTUNG:	288,77
BESCHAFFUNGS-/LAGERUNGSGEMEINKOSTEN DER LEISTUNG:	128,83
SUMME GEMEINKOSTEN =	**417,60**
RAUMKOSTEN:	134,41
G E S A M T K O S T E N =	**4084,83**

DAHER:
KOSTEN/TARIF NETTO =	**4084,61**
11,1 % =	*453,39*
KOSTEN/TARIF GESAMT =	**4.538,00**

Valorisierungsprämissen:
VERBRAUCHSKOSTEN:
Werte 1997 wurden erhöht um +   1,20   %

KA/KSt/KURZZEICHEN   Datum: 26.8.01

LEISTUNGSBESCHREIBUNG: Bei der kombinierten Perfusions/Ventialtionsszintigraphie der Lunge werde Aufnahmen in je 8 Projektionen nach Inhalation eines Aerosols und nach Injektion von MAA zur Perfusionsdarstellung angefertigt.

KA/KSt/KURZZEICHEN

11.6 Kalkulationsschema Ganzkörper-Knochenszintigraphie

KALKULATIONSSCHEMA B: NICHT-OPERATIVE LEISTUNGEN
Berechnung für: Katalog ausgewählter medizinischer Einzelleistungen oder Ambulanz-Selbstzahlerkatalog (Kostenschätzung 1998)
LEISTUNGSBEZ.: Ganzkörper-Knochenszintigraphie/ 3-Phasenszintigraphie

LNR.: **6301A** Kat. 36: X

KALKULIERT VON/IN: Kaiserin Elisabeth-Spital/Nuklearmed. Institut
Fr. Richter-Schrenk

PERSONALKOSTEN: Art:	Anzahl	Min je Person	Leistungs- min ges.	Kosten je Min	GESAMT= KOSTEN:
Ärzte:	1,00	27,00	27,00	10,07	271,89
Apoth.,Chem.,Phys.u.ä.	1,00	3,40	3,40	10,24	34,82
Med.-tech.Dienstp./Fachkr.	1,00	45,00	45,00	5,27	237,15
Stationsgehilfen	1,00	6,80	6,80	4,99	33,93
Verw./Kanzleipersonal	1,00	24,00	24,00	4,98	119,52

SUMME PERSONALKOSTEN = **697,31**

MED. VERBRAUCH: Art / Art.Nr.		VRV-Nr.	MLV-Nr.	Wert je Einheit	Menge	GESAMT= KOSTEN:
A01218238 – CELLTORK ZELLSTOFF TUPFER 500 ST	1 RL	458.001.800	2621	9,72	0,021	0,20
A00543798 – ELASTOFIX NETZVERB 2140 GR.A	1 ST	458.001.800	2657	125,6	0,005	0,60
A0830091 – ELUMATIC-III TC99M IC3002 BIOCIS	100 MCI	458.002.100	2211	4531,9	0,030	135,00
A00243085 – HANSAPL.INJ.PFLASTER 2990	100 ST	458.001.800	2669	36,6	0,008	0,30
A01257209 – IRENAT TR	25 ML	458.001.100	2111	29,33	0,041	1,20
A0822698 – MULLK.S 12-F.UNSTERIL 5X5CM	100 ST	458.001.800	2623	13,7	0,004	0,06
A00506998 – MULLK.S RAUC.16F 2ST 18X 8CM	50 SET	458.001.800	2623	286	0,001	0,22
A0826816 – MULLK.S.12-F.UNSTERIL 7,5X7,5CM	100 ST	458.001.800	2623	26,11	0,010	0,26
A0827043 – NATR.CHLOR.0,9% DSTFL 100ML	10 ST	458.001.100	2111	53,77	0,050	2,70
A01876993 – OCTENISEPT LSG	450 ML	458.002.100	2211	75	0,007	0,50
A0814756 – OSTEOSCAN HDP 34366 BSM	5 FL	458.002.100	2211	1.800,00	0,075	135,00
A00293657 – TRANSPORE 9,14MX1,25CM	24 RL	458.001.800	2658	94	0,001	0,13
A00203631 – TRANSPORE 9,14MX2,5CM	12 RL	458.001.800	2658	94	0,001	0,13
A0816111 – VENIGARD SP 6,3X6,5CM	100 ST	458.001.800	2669	351,04	0,003	1,10
A0810359 – ZELLSTOFF UNGEBL. 20X20 PEHAZELL	5 KG	458.001.800	2641	81,5	0,004	0,30
A0813346 – ZELLSTOFF UNGEBL.GESCHN.20X20CM	5 KG	458.001.800	2641	106,5	0,003	0,30
L173841 – 1xInj.Nadeln Nr. 2		458.003.200	27212	6000	0,000	0,44
L170537 – 1xSpritzen, 2ml		458.003.200	27211	9000	0,000	0,56
L170539 – 1xSpritzen, 5 ml		458.003.200	27211	5900	0,000	0,78
L171299 – 1xUntersuchungshandschuhe puderfrei M Innenbesch.		458.003.200	27214	1900	0,000	0,10
L174064 – 1xUntersuchungshandschuhe, LATEX, large		458.003.200	27214	1000	0,000	0,03
L174063 – 1xUntersuchungshandschuhe, LATEX, medium		458.003.200	27214	1900	0,000	0,78
L174062 – 1xUntersuchungshandschuhe, LATEX, small		458.003.200	27214	4800	0,000	0,43
L1704381 – Adapter m.Luer-Innenkonus,14.1112	100	458.003.300	281	7400	0,000	0,56
L175278 – Elscint-Maxtor OC800M 1/4		458.003.100	2991	5	3,000	15,00
L175248 – Elscint-Papier,1600P/A4 (in Packungen)		458.003.100	2991	20	1,750	35,00
L1777771 – Etiketten D11, RX ohne Perf.(Patientenetiketten)		456.000.100	4699	14000	0,000	0,95
L136340 – Karteikarten		456.000.100	4611	4500	0,000	1,18
L171321 – Medikamentenbecher	75	458.003.200	27191	2000	0,000	0,09
L171519 – Operationshandschuhe Gr. 6, unsteril	25	458.003.200	272141	100	0,001	0,07
L171520 – Operationshandschuhe Gr. 6,5, unsteril	25	458.003.200	272141	200	0,000	0,05
L130838 – Untersuchungstischrollen, weiß, 45 cm breit		458.003.600	4711	40	0,013	0,50
L130840 – Untersuchungstischrollen, weiß, 60 cm breit		458.003.600	4711	22	0,023	0,50
L174596 – Venenverweilkanülen 1,0	50	458.003.200	2719	1200	0,010	12,40

SUMME VERBRAUCHSKOST.= **347,42** ▶

Kalkulation medizinischer Einzelleistungen am Beispiel ausgewählter nuklearmedizinischer Leistungen

► ANLAGENKOSTEN:

Art/Anl.-Nr./MLV-Nr.	Ansch.-wert	Nutzd. (in J.)	Kosten p.a.	Blockade-zeit p.a.	Blockade-zeit p.L.	GESAMT= KOSTEN:
7064 Werkbank Medi 2000-4R	383.150,00	10	95.787,50	78.000	5,00	6,14
7745 Carpintec	122.355,80	10	30.588,95	12.000	2,00	5,10
6621Z Codonics-Drucker	150.000,00	10	37.500,00	10.000	5,00	18,75
6621 Gammakamera Helix	5.795.730,00	10	1.448.932,50	78.000	35,00	650,16
EDV-9603594 Bildschrim	6.224,95	6	1.971,23	78.000	8,00	0,20
EDV-9701546 PC	16.160,20	6	5.117,40	78.000	8,00	0,52
EDV-9701567 Bildschirm	6.536,60	6	2.069,92	78.000	8,00	0,21
EDV-9701551 PC	16.160,20	6	5.117,40	78.000	12,00	0,79
EDV-9701561 Bildschirm	6.536,60	6	2.069,92	78.000	12,00	0,32
EDV-031564 Ampex	12.139,00	6	3.844,02	22.000	2,00	0,35

SUMME ANLAGENKOSTEN = **682,54**

SUMME EINZELKOSTEN = **1727,27**

MED. FREMDLEISTUNGEN:

Art/ASZ-Kat.-Nr (Kat.36/Nr.):	Wert je Leist.	Anzahl	GESAMT= KOSTEN:
X/1000			0,00

SUMME FREMDLEISTUNGK.= 0,00

GEMEINKOSTENZUSCHLÄGE:
Verwaltungsgemeinkosten: 33,55% DER PERSONALKOSTEN = 233,95
Beschaffungs-/Lagerungs-Gemeinkosten: 9,13% DER MED.VERBRAUCHSKOSTEN = 31,72

RAUMKOSTEN:

	M2 pro Leist.	Kosten je Blockadezeit/ M2/Min	Leist.	GESAMT= KOSTEN:
Sekretariat (04)	13,50	0,06	19,00	15,39
Heisses Labor (06)	11,67	0,06	5,00	3,50
Applikation (07)	10,37	0,06	14,50	9,02
Kameraraum 1 (09)	25,39	0,06	35,00	53,32
Unters.Raum/Ärztez.(13)	13,51	0,06	12,00	9,73

SUMME RAUMKOSTEN = **90,96**

GESAMTKOSTEN DER LEISTUNG: **2.083,90**
DAHER:
KOSTEN/TARIF NETTO = **2.083,71**
11,1 % = *231,29*
KOSTEN/TARIF GESAMT = **2.315,00**

KA/KSt/KURZZEICHEN   Datum: 5.3.01 ►

➤ **KALKULATIONSSCHEMA B: NICHT-OPERATIVE LEISTUNGEN**
Berechnung für: Katalog ausgewählter med. Einzelleistungen oder Ambulanz-Selbstzahlerkatalog (Kostenschätzung per 1998!)

LEISTUNGSBEZ.:	Ganzkörper-Knochenszintigraphie/ 3-Phasenszintigraphie
LNR.:	**6301A** Kat. 36: **X**
KALKULIERT VON/IN:	Kaiserin Elisabeth-Spital/Nuklearmed. Institut Fr. Richter-Schrenk

EINZELKOSTEN:
PERSONAL:	697,31
MED. VERBRAUCH:	347,42
ANLAGEN:	682,54
SUMME EINZELKOSTEN =	1727,27
MED. FREMDLEISTUNGEN:	0,00

GEMEINKOSTEN:
VERWALTUNGSGEMEINKOSTEN DER LEISTUNG:	233,95
BESCHAFFUNGS-/LAGERUNGSGEMEINKOSTEN DER LEISTUNG:	31,72
SUMME GEMEINKOSTEN =	265,67
RAUMKOSTEN:	90,96
G E S A M T K O S T E N =	**2083,90**

DAHER:
KOSTEN/TARIF NETTO =	**2083,71**
11,1 % =	*231,29*
KOSTEN/TARIF GESAMT =	**2.315,00**

Valorisierungsprämissen:
VERBRAUCHSKOSTEN:
Werte 1997 wurden erhöht um +   1,20   %

LEISTUNGSBESCHREIBUNG: Bei der Ganzkörperknochenszintigraphie werden Aufnahmen des gesamten Sklettsystems in anteriorer und posteriorer Projektion angefertigt.

KA/KSt/KURZZEICHEN   9066/KES/Zdrazil

Kalkulation medizinischer Einzelleistungen am Beispiel ausgewählter nuklearmedizinischer Leistungen

11.7 Kalkulationsschema 3-Phasen-Szintigraphie

KALKULATIONSSCHEMA B: NICHT-OPERATIVE LEISTUNGEN
Berechnung für: Katalog ausgewählter med. Einzelleistungen oder Ambulanz-Selbstzahlerkatalog (Kostenschätzung per 1998!)

LEISTUNGSBEZ.: Ganzkörper-Knochenszintigraphie/ 3-Phasenszintigraphie

LNR.: **6301B** Kat. 36: X

KALKULIERT VON/IN: Kaiserin Elisabeth-Spital/Nuklearmed. Institut
Fr. Richter-Schrenk

PERSONALKOSTEN: Art:	Anzahl	Min je Person	Leistungs- min ges.	Kosten je Min	GESAMT= KOSTEN:
Ärzte:	1,00	27,00	27,00	10,07	271,89
Apoth.,Chem.,Phys.u.ä.	1,00	3,40	3,40	10,24	34,82
Med.-tech.Dienstp./Fachkr.	1,00	85,00	85,00	5,27	447,95
Stationsgehilfen	1,00	6,80	6,80	4,99	33,93
Verw./Kanzleipersonal	1,00	24,00	24,00	4,98	119,52
SUMME PERSONALKOSTEN =					**908,11**

MED. VERBRAUCH: Art / Art.Nr.		VRV-Nr.	MLV-Nr.	Wert je Einheit	Menge	GESAMT= KOSTEN:
A01218238 – CELLTORK ZELLSTOFF TUPFER 500 ST	1 RL	458.001.800	2621	9,72	0,021	0,20
A00543798 – ELASTOFIX NETZVERB 2140 GR.A	1 ST	458.001.800	2657	125,6	0,005	0,60
A0830091 – ELUMATIC-III TC99M IC3002 BIOCIS	100 MCI	458.002.100	2211	4531,9	0,030	135,00
A00243085 – HANSAPL.INJ.PFLASTER 2990	100 ST	458.001.800	2669	36,6	0,008	0,30
A01257209 – IRENAT TR	25 ML	458.001.100	2111	29,33	0,041	1,20
A0822698 – MULLK.S 12-F.UNSTERIL 5X5CM	100 ST	458.001.800	2623	13,7	0,004	0,06
A00506998 – MULLK.S RAUC.16F 2ST 18X 8CM	50 SET	458.001.800	2623	286	0,001	0,22
A0826816 – MULLK.S.12-F.UNSTERIL 7,5X7,5CM	100 ST	458.001.800	2623	26,11	0,010	0,26
A0827043 – NATR.CHLOR.0,9% DSTFL 100ML	10 ST	458.001.100	2111	53,77	0,050	2,70
A01876993 – OCTENISEPT LSG	450 ML	458.002.100	2211	75	0,007	0,50
A0814756 – OSTEOSCAN HDP 34366 BSM	5 FL	458.002.100	2211	1.800,00	0,075	135,00
A00293657 – TRANSPORE 9,14MX1,25CM	24 RL	458.001.800	2658	94	0,001	0,13
A00203631 – TRANSPORE 9,14MX2,5CM	12 RL	458.001.800	2658	94	0,001	0,13
A0816111 – VENIGARD SP 6,3X6,5CM	100 ST	458.001.800	2669	351,04	0,003	1,10
A0810359 – ZELLSTOFF UNGEBL. 20X20 PEHAZELL	5 KG	458.001.800	2641	81,5	0,004	0,30
A0813346 – ZELLSTOFF UNGEBL.GESCHN.20X20CM	5 KG	458.001.800	2641	106,5	0,003	0,30
L173841 – 1xInj.Nadeln Nr. 2		458.003.200	27212	6000	0,000	0,44
L170537 – 1xSpritzen, 2ml		458.003.200	27211	9000	0,000	0,56
L170539 – 1xSpritzen, 5 ml		458.003.200	27211	5900	0,000	0,78
L171299 – 1xUntersuchungshandschuhe puderfrei M Innenbesch.		458.003.200	27214	1900	0,000	0,10
L174064 – 1xUntersuchungshandschuhe, LATEX, large		458.003.200	27214	1000	0,000	0,03
L174063 – 1xUntersuchungshandschuhe, LATEX, medium		458.003.200	27214	1900	0,000	0,78
L174062 – 1xUntersuchungshandschuhe, LATEX, small		458.003.200	27214	4800	0,000	0,43
L1704381 – Adapter m.Luer-Innenkonus,14.1112 100		458.003.300	281	7400	0,000	0,56
L175278 – Elscint-Maxtor OC800M 1/4		458.003.100	2991	5	3,000	15,00
L175248 – Elscint-Papier,1600P/A4 (in Packungen)		458.003.100	2991	20	1,750	35,00
L1777771 – Etiketten D11, RX ohne Perf.(Patientenetiketten)		456.000.100	4699	14000	0,000	0,95
L136340 – Karteikarten		456.000.100	4611	4500	0,000	1,18
L171321 – Medikamentenbecher 75		458.003.200	27191	2000	0,000	0,09
L171519 – Operationshandschuhe Gr. 6, unsteril 25		458.003.200	272141	100	0,001	0,07
L171520 – Operationshandschuhe Gr. 6,5, unsteri l25		458.003.200	272141	200	0,000	0,05
L130838 – Untersuchungstischrollen, weiß, 45 cm breit		458.003.600	4711	40	0,013	0,50
L130840 – Untersuchungstischrollen, weiß, 60 cm breit		458.003.600	4711	22	0,023	0,50
L174596 – Venenverweilkanülen 1,0 50		458.003.200	2719	1200	0,010	12,40
SUMME VERBRAUCHSKOST.=						**347,42** ➤

➤ ANLAGENKOSTEN:
Art/Anl.-Nr./MLV-Nr.

Art/Anl.-Nr./MLV-Nr.	Ansch.-wert	Nutzd. (in J.)	Kosten p.a.	Blockade-zeit p.a.	Blockade-zeit p.L.	GESAMT=KOSTEN:
7064 Werkbank Medi 2000-4R	383.150,00	10	95.787,50	78.000	5,00	6,14
7745 Carpintec	122.355,80	10	30.588,95	12.000	2,00	5,10
6621Z Codonics-Drucker	150.000,00	10	37.500,00	10.000	5,00	18,75
6621 Gammakamera Helix	5.795.730,00	10	1.448.932,50	78.000	50,00	928,80
4833 Gammakamera 409	1.537.450,00	10	384.362,50	61.130	25,00	157,19
EDV-9603594 Bildschrim	6.224,95	6	1.971,23	78.000	8,00	0,20
EDV-9701546 PC	16.160,20	6	5.117,40	78.000	8,00	0,52
EDV-9701567 Bildschirm	6.536,60	6	2.069,92	78.000	8,00	0,21
EDV-9701551 PC	16.160,20	6	5.117,40	78.000	12,00	0,79
EDV-9701561 Bildschirm	6.536,60	6	2.069,92	78.000	12,00	0,32
EDV-031564 Ampex	12.139,00	6	3.844,02	22.000	2,00	0,35

SUMME ANLAGENKOSTEN =   **1.118,37**

SUMME EINZELKOSTEN =   **2373,90**

MED. FREMDLEISTUNGEN:
Art/ASZ-Kat.-Nr (Kat.36/Nr.):   Wert je Leist.   Anzahl   GESAMT=KOSTEN:

X/1000   0,00

SUMME FREMDLEISTUNGK.=   0,00

GEMEINKOSTENZUSCHLÄGE:
Verwaltungsgemeinkosten: 33,55% DER PERSONALKOSTEN =   304,67
Beschaffungs-/Lagerungs-Gemeinkosten: 9,13% DER MED.VERBRAUCHSKOSTEN =   31,72

RAUMKOSTEN:

	M2 pro Leist.	Kosten je M2/Min	Blockadezeit/ Leist.	GESAMT=KOSTEN:
Sekretariat (04)	13,50	0,06	19,00	15,39
Heisses Labor (06)	11,67	0,06	5,00	3,50
Applikation (07)	10,37	0,06	14,50	9,02
Kameraraum 1 (09)	25,39	0,06	35,00	53,32
Unters.Raum/Ärztez.(13)	13,51	0,06	12,00	9,73

SUMME RAUMKOSTEN =   **90,96**

GESAMTKOSTEN DER LEISTUNG: **2.801,25**
DAHER:
KOSTEN/TARIF NETTO =   **2.801,08**
11,1 % =   *310,92*
KOSTEN/TARIF GESAMT =   **3.112,00**

KA/KSt/KURZZEICHEN   Datum: 5.3.01   ➤

➤ **KALKULATIONSSCHEMA B: NICHT-OPERATIVE LEISTUNGEN**
Berechnung für: Katalog ausgewählter med. Einzelleistungen oder Ambulanz-Selbstzahlerkatalog (Kostenschätzung per 1998!)

LEISTUNGSBEZ.:	**Ganzkörper-Knochenszintigraphie/ 3-Phasenszintigraphie**
LNR.:	**6301B** Kat. 36: **X**
KALKULIERT VON/IN:	**Kaiserin Elisabeth-Spital/Nuklearmed. Institut** **Fr. Richter-Schrenk**

EINZELKOSTEN:
PERSONAL:	908,11
MED. VERBRAUCH:	347,42
ANLAGEN:	1118,37
SUMME EINZELKOSTEN =	**2373,90**
MED. FREMDLEISTUNGEN:	0,00

GEMEINKOSTEN:
VERWALTUNGSGEMEINKOSTEN DER LEISTUNG:	304,67
BESCHAFFUNGS-/LAGERUNGSGEMEINKOSTEN DER LEISTUNG:	31,72
SUMME GEMEINKOSTEN =	336,39
RAUMKOSTEN:	90,96
G E S A M T K O S T E N =	**2801,25**

DAHER:
KOSTEN/TARIF NETTO =	**2801,08**
11,1 % =	*310,92*
KOSTEN/TARIF GESAMT =	**3.112,00**

Valorisierungsprämissen:
VERBRAUCHSKOSTEN:
Werte 1997 wurden erhöht um +   1,20   %

KA/KSt/KURZZEICHEN   Datum: 5.3.01

LEISTUNGSBESCHREIBUNG: Bei der Ganzkörperknochenszintigraphie werden Aufnahmen des gesamten Sklettsystems in anteriorer und posteriorer Projektion angefertigt. Bei der 3 Phasenszintigraphie kommen noch zusätzliche Kamerazeiten in Kameraraum 2 von 25 min und MTD Arbeitszeit von 40 min dazu.

KA/KSt/KURZZEICHEN   9066/KES/Zdrazil

Fallstudie 8

Anita Tscherne

Kostenrechnung für das Sanatorium Hansa

Problemfelder:

- Differenzierte Zuschlagskalkulation
- Stufenweise Fixkostendeckungsrechnung
- Betriebsabrechnung mit simultaner innerbetrieblicher Leistungsverrechnung

Inhaltsverzeichnis

1. Einleitung 119
2. Theorie 120
3. Ziele der Kostenrechnung 122
4. Übersicht – Kostenstellen 123
5. Kostenstellenplan 125
6. Interne Leistungsverrechnung (ILV) 129
7. Anforderung zur Einführung 130
8. Berichtswesen 132
9. Deckungsbeitragsrechnung 133
10. Entwurf einer Deckungsbeitragsrechnung 134
11. Schlusswort 136
12. Literaturliste 136

Beilagen

Kostenstellenplan 137
Betriebsabrechnungsbogen Sanatorium Hansa 138
Arbeitszeiterfassungsformulare für Röntgen/Labor, Station, OP,
Anästhesie, Famulanten, Ärzte 139

1. Einleitung

Das Sanatorium Hansa ist eine operativ orientierte Belegkrankenanstalt, welche 1907 gegründet wurde. Es steht in reinem Privatbesitz der Familien Böhm/Tscherne und wird rechtlich als Gesellschaft mit beschränkter Haftung geführt. Insgesamt 80 MitarbeiterInnen sind angestellt, um sowohl dem Belegarzt, als auch den Patienten höchsten Standard und bestmögliches Service zu bieten.

1997 wurde dem rasanten medizinisch-technischen Fortschritt Rechnung getragen und um 30 Millionen Schilling ein neuer Operationstrakt errichtet. In drei Operationssälen sind die Spezialeinrichtungen für die operativen Hauptsegmente Augenchirurgie, Allgemeinchirurgie, Gynäkologie, Gefäßchirurgie, Dermatologie, HNO, Urologie und Arthroskopie vorhanden. Die Innere Medizin nimmt – nach der Patientenanzahl – einen eher geringen Stellenwert ein.

Im Sommer 2000 wurde neuerlich eine große Investition abgeschlossen, die im dritten Obergeschoß vier neue Patienten-Einzelzimmer, eine Galerie, einen Aufenthaltsraum, einen Wintergarten mit Cafeteria, eine zusätzliche Dachterrasse und einen Kinderspielbereich umfasst.

Das Thema Kostenstellen- bzw. Kostenträgerrechnung ist für jedes erwerbswirtschaftlich orientierte Unternehmen unumgänglich, weshalb ich mich diesem Bereich in dieser Hausarbeit widme. Diese Arbeit hat auch Allgemeingültigkeit für ähnlich strukturierte Unternehmen.

Das Grundproblem einer Privatkrankenanstalt in der Steiermark ist, dass der Verband der Privatkrankenversicherungen Direktverrechnungsverträge mit jeder einzelnen privaten Krankenanstalt abschließt und dadurch eine Machtposition inne hat. Der Verband der Privatkrankenversicherungen gibt die Honorarsätze (Arzthonorar und Hausanteil) vor, wodurch die Einnahmen durch das Unternehmen selbst kaum mehr zu beeinflussen sind.

Nun müssen die Kosten pro Segment den Erlösen gegenübergestellt werden, um festzustellen, ob die Kunden (Ärzte), die wir bedienen auch entsprechende Einnahmen bringen. Nur durch diese Gegenüberstellung kann die Strategie des Sanatorium Hansa vom Managment erarbeitet und umgesetzt werden.

Eine Erhöhung der Fallzahlen bringt neben höheren Einnahmen auch eine Optimierung der AFA, einen effizienteren Personaleinsatz und einen attraktiveren Deckungsbeitrag. Ob ein bestimmtes operatives Segment jedoch durch Einsatz moderner Marketingmethoden forciert werden kann, hängt nicht zuletzt von den behandelnden Ärzten ab. Es ist der Arzt, der mit dem Patienten gemeinsam entscheidet, wo ein notwendiger Eingriff gemacht wird ... der Patient, mündig und aufgeklärt, vertraut in letzter Konsequenz seinem Arzt und wird dessen Vorschlag akzeptieren. So gilt es nun, hervorragende Ärzte mit gutem Ruf an das Haus zu binden und so gemeinsam erfolgreich zu sein.

2. Theorie

In Zeiten einer angespannten Wirtschaftslage gewinnt die Kostenrechnung für alle Unternehmen zunehmend an Bedeutung, da sie die für Entscheidungen notwendigen zahlenmäßigen aktuellen Grundlagen liefert, welche nachstehend noch unter dem Punkt III. Ziele der Kostenrechnung (Seite 7) angeführt werden.

Den sehr wichtigen Informationen, die die Kostenrechnung bietet, stehen allerdings auch Kosten gegenüber, die die Durchführung der Kostenrechnung verursachen. Als solche sind insbesondere Personalkosten zu nennen, die durch die Zeiterfassung und die Materialwirtschaft entstehen. Unter anderem aus diesen Gründen verfügen nicht alle Betriebe über eine Kostenrechnung. Es ist allerdings für jede Unternehmensführung unumgänglich notwendig, zumindest über ein Minimalwissen aus Kostenrechnung zu verfügen. Grundsätzlich ist diese Kenntnis für alle Entscheidungen im Unternehmen erforderlich, z. B. Betriebsgründung, Einführung neuer oder Auflassen alter Produkte, Investitionsentscheidungen, Rationalisierungsentscheidungen.

Die Kostenrechnung ist nur ein Teil des gesamten Rechnungswesens. Die zahlenmäßige Erfassung der Güter- sowie der Zahlungsströme erfolgt im betrieblichen Rechnungswesen. Darunter versteht man ein System, das Zahlen über die vergangenen (Finanzbuchhaltung), gegenwärtigen (betriebliche Statistik) und zukünftigen (Budgetierung) wirtschaftlichen Vorgänge im Betrieb und in der Beziehung des Betriebes zu seiner Umwelt ermittelt, festhält und verwertet.

Die **Aufgaben der Kostenrechnung** können wie folgt zusammen gefasst werden: sie dient der Erfassung und Verrechnung der Kosten der im Unternehmen erbrachten Leistungen. Diese Leistungen können Erzeugungs-, Dienst- und Handelsleistungen sein. Somit liefert die Kostenrechnung aktuelle Unterlagen für unternehmerische Entscheidungen.

Beispielsweise seien genannt:
- Ermittlung der Selbstkosten als eine Grundlage der Preisfestsetzung für den Absatzmarkt (Preisgestaltung),
- Errechnung der Wirtschaftlichkeit einzelner Betriebszweige, einzelner Produktgruppen oder einzelner Produkte als Grundlage für die Produktions- und Absatzplanung (Sortimentsentscheidung),
- Ermittlung von Preisuntergrenzen im Verkauf, bis zu denen Aufträge angenommen werden können (Preispolitik),
- Ermittlung von Preisobergrenzen im Einkauf,
- Entscheidung über Selbsterstellung oder Fremdbezug (Make or buy-Entscheidung).

Zentrales Prinzip der Kostenrechnung ist das **Verursachungsprinzip**. Darunter versteht man, dass diversen Bezugsgrößen (Kostenstellen, – trägern) nur jene Kosten zugerechnet werden, die durch die jeweilige Bezugsgröße betreffende Maßnahme verändert werden können.

Es gibt zahlreiche und sehr unterschiedliche Möglichkeiten, die **Kosten zu gliedern**. Entsprechend ihrer **Entstehung** kann man die Kosten gliedern in:

- Materialkosten,
- Personalkosten,
- Kapitalkosten,
- Fremdleistungskosten (z. B. Energiekosten),
- Steuerkosten.

Entsprechend den **Bereichen**, in denen die Kosten entstehen, gliedert man sie in:
- Lagerkosten,
- Fertigungskosten,
- Verwaltungskosten,
- Vertriebskosten.

Je nachdem, ob Kosten einer betrieblichen Leistung **direkt zurechenbar sind oder nicht**, unterscheidet man:
- direkte Kosten, die einer Bezugsgröße (z. B. Kostenträger) direkt zurechenbar sind und auch direkt zugerechnet werden = Einzelkosten (Fertigungslöhne, -material, Sonderkosten der Fertigung, Sonderkosten des Vertriebs),
- indirekte Kosten, die einer Bezugsgröße (z. B. Kostenträger) nicht direkt zugerechnet werden, entweder weil sie nicht direkt zugerechnet werden können (echte Gemeinkosten), oder weil die direkte Zurechnung unwirtschaftlich wäre (unechte Gemeinkosten) = Gemeinkosten (Miete, Versicherung, Zinsen, Abschreibungen, Heizkosten, ...).

Kostenstellen sind Betriebsbereiche, denen die Kosten entsprechend ihrer Verursachung zugerechnet werden. Sie sind häufig örtliche Bereiche im Betrieb, die nach kostenrechnerischen Gesichtspunkten abgegrenzt und selbständig abgerechnet werden können. In dieser Hausarbeit sind das die Abteilungen Labor, Röntgen, Laser, Stationsbereich, OP-Bereich, Küche und Verwaltung. Die Bildung der Kostenstellen ist so vorzunehmen, dass eine statistische Erfassung und Überwachung der diesen Stellen zuzurechnenden Kosten mit Hilfe der betrieblichen Zeit- und Materialaufstellung möglich ist. Die Kostenstellen sollen so gebildet werden, dass jeweils ein Mitarbeiter im Betrieb die persönliche Verantwortung für die in der Kostenstelle aufgelaufenen Kosten tragen kann.

Man unterscheidet **Hauptkostenstellen** und **Hilfskostenstellen**. Hilfskostenstellen stehen nur in indirektem Zusammenhang mit der Erstellung der Leistung.

In dieser Arbeit sind die Hilfskostenstellen
- die Verwaltung und
- die Küche.

Ihre Kosten müssen daher den Hauptkostenstellen
- Labor,
- Röntgen,
- Laser,
- Stationsbereich und
- OP-Bereich

zugerechnet werden, für die in den Hilfskostenstellen Leistungen erbracht werden. Nur so ist es möglich, sämtliche Gemeinkosten weitgehend verursachungsgerecht den Leistungen anzulasten.

Kostenträger sind die Erzeugnisse, Dienstleistungen oder Handelswaren, denen die Kosten zugerechnet werden, das heisst also die Marktleistungen des Betriebes. In dieser Hausarbeit ist der Patient mit einer bestimmten Diagnose der Kostenträger.

Interne oder innerbetriebliche Leistungen sind solche, die der Erstellung von Marktleistungen mittelbar dienen. Auch ihre Kosten müssen von den Marktleistungen getragen werden. Innerbetriebliche Leistungen können Kostenträger sein, wenn deren Kosten ermittelt werden müssen, um beispielsweise ihre Wirtschaftlichkeit festzustellen.

Um die Gemeinkosten den Kostenträgern zurechnen zu können, müssen zunächst die Kosten der Hilfskostenstellen auf die Hauptkostenstellen umgelegt werden. Das geschieht in der sog. **Innerbetrieblichen Leistungsverrechnung** mittels Schlüsseln (z. B. für die Umlage der Kosten der Hilfskostenstelle Fuhrpark die für die Hauptkostenstellen gefahrenen Kilometer).

3. Ziele der Kostenrechnung

Die nachstehend beschriebene Kostenrechnung basiert auf der derzeitigen Handhabung der Verrechnung des Sanatorium Hansa. Sollte sich an dieser etwas ändern, müsste natürlich auch die Kostenrechnung angepasst werden. Die laufende Handhabung wird zeigen, in wie weit Anpassungen notwendig und sinnvoll sein werden.

1. Ziel: Die Kosten der einzelnen Operationen bestimmen

Um das Ziel der Kostenbestimmung je Operation zu erreichen, müssen vorweg **definierte, abgrenzbare Kostenstellen** geschaffen werden. Alle im Sanatorium Hansa durchgeführten Eingriffe werden zu möglichst **homogenen** Gruppen zusammengefasst, um diesen Gruppen dann die auf sie entfallenden Kostenanteile zuordnen zu können. Alle Operationen einer Gruppe sollen möglichst homogen in ihrer Operationsdauer, in ihrem Material- und Hilfsstoffeverbrauch, sowie dem Personaleinsatz sein. Diesen Anforderungen entsprechen 8 OP-Gruppen, denen alle durchgeführten Operationen zugerechnet werden können, und auf die somit auch die anfallenden Kosten aufgeteilt werden können.

- Diese Kosteninformationen bieten dem Sanatorium Hansa eine Grundlage für die *Preisgestaltung der Tarife für Selbstzahler*.

2. Ziel: Herausfiltern von lukrativen Segmenten, Deckungsbeitragsrechnung

Der nächste Schritt ist, die ermittelten Kosten je Teilbereich und je Kostenstelle, den entsprechenden Erlösen gegenüberzustellen, d.h. eine Deckungsbeitragsrechnung durchzuführen. Denn die wirtschaftliche Betriebsführung ist Grundvoraussetzung für ein langfristiges Bestehen des Sanatorium Hansa. Die erwirtschafteten Gewinne gehen großteils über Investitionen in den Betrieb zurück. Ein bestimmter Gewinnanteil wird an die Eigentümer zur Abdeckung des unternehmerischen Risikos ausgeschüttet.

- Diese Gegenüberstellung bietet dem Unternehmen eine *Entscheidungsgrundlage für die strategische Planung*, besonders für zukünftige Schwerpunktsetzungen in Bezug auf Operationssegmente. Dadurch ist es möglich, lukrative sowie weniger lukrative Segmente zu erkennen und entsprechende Entscheidungen zu treffen.

3. Ziel: Abteilungsbudgets erstellen sowie Bereichsverantwortliche einsetzen

Ein weiteres Ziel der Kostenrechnung ist es, Grundlage für die Erstellung von Planbudgets für die einzelnen Sanatoriumsbereiche zu sein. Durch die Ermittlung von IST-Werten kann man mit Hilfe einer erwarteten Auslastung Planwerte für die nächste Periode errechnen und diese als Zielvorgaben für die einzelnen Bereichsverantwortlichen verwenden.

- Durch eingesetzte Bereichsverantwortliche und klare Zielvorgaben, ist es möglich, das Kostenbewusstsein zu erhöhen und jeden Mitarbeiter zu motivieren, sein Kosten-Leistungsverhältnis zu überprüfen.

4. Übersicht-Kostenstellen

Kostenstelle 1: **Labor** (Hauptkostenstelle)

Kostenstelle 2: **Röntgen** (Hauptkostenstelle)

Kostenstelle 3: **Laser** (Hauptkostenstelle)

Kostenstelle 4: **Stations-Bereich, untergliedert in 3 Teilbereiche** (Hauptkostenstelle)
    4.1 Apotheke
    4.2 Interne Patienten
    4.3 Operative Patienten

Kostenstelle 5: **OP-Bereich, untergliedert in 9 Teilbereiche** (Hauptkostenstelle)
    5.1 OP-Gruppe 1 (Augen, Katarakt)
    5.2 OP-Gruppe 2 (Varizen)
    5.3 OP-Gruppe 3 (Große Operationen: Abd.tot, Vag.tot, Prostata, Struma, Cholecystektomie)
    5.4 OP-Gruppe 4 (Mamma, Gefäßoperationen, Karotis)
    5.5 OP-Gruppe 5 (Div. Kleinere Operationen: Cur., Kinder, Lid-TU, Hernie, Karpaltunnel, Dupuytren)

5.6 OP-Gruppe 6 (Thromendarteriektomie, Prof. Pilger)
5.7 OP-Gruppe 7 (HNO groß, klein)
5.8 OP-Gruppe 8 (Arthroskopie, Laparoskopie, Hysteroskopie)
5.9 Steri

Kostenstelle 6: **Küche** (Hilfskostenstelle)

Kostenstelle 7: **Verwaltung** (GF, BH, Kanzlei, Aufnahme, Boten, Nähstube) (Hilfskostenstelle)

Stationsbereiche

Im Stationsbereich werden im Sanatorium Hansa sowohl interne als auch operative Patienten vom Pflegepersonal betreut. Da es keine räumliche Trennung zwischen internen und operativen Patienten und auch keine Trennung zwischen Patienten mit verschiedenen Operationen gibt, wurde für den Stationsbereich lediglich eine Untergliederung in die Teilbereiche interne und operative Patienten sowie die Apotheke gewählt. Um den Pflegeaufwand noch weiter aufteilen zu können (z. B.: viel oder wenig Pflegeaufwand) würde es sehr genauer Aufzeichnungen von den Pflegedienstmitarbeitern bedürfen, was unwirtschaftlich, unzumutbar und unrealistisch ist.

OP-Bereiche

Da die im Sanatorium Hansa durchgeführten Operationen sehr unterschiedlich hinsichtlich ihrer Dauer, ihres Materialverbrauchs, ihres Bedarfs an spezifischen Instrumenten, usw. sind, musste für die Kostenrechnung der Versuch unternommen werden, diese Vielzahl verschiedener Operationen zu *möglichst wenigen, homogenen Gruppen* zusammenzufassen.
Diese Kriterien erfüllen folgende 8 Gruppen:

OP-Gruppe I: Augen, Kataraktoperationen
OP-Gruppe II: Varizen
OP-Gruppe III: Große Operationen: Abd.tot, Vag.tot, radikale Prostata, Struma, Cholecystektomie
OP-Gruppe IV: Mamma-Operationen, Gefäßoperationen (Karotis, Femoralis)
OP-Gruppe V: Diverse kleinere Operationen: Curettage, Kinder-OPs, Lid-TU, Hernie, Karpaltunnel, Dupuytren
OP-Gruppe VI: Thromendarteriektomie PTA
OP-Gruppe VII: HNO groß, klein
OP-Gruppe VIII: Arthroskopie, Laparoskopie, Hysteroskopie

5. Kostenstellenplan

Kostenstelle 1: LABOR (Hauptkostenstelle)

- Kostenzuordnung:
  Personalkosten: direkt über die Lohnverrechnung.
  Materialkosten: direkt über die Eingangsrechnungen.
  Hilfsmaterial wird vernachlässigt und bleibt zur Gänze bei der Kostenstelle Stationsbereich. Die genaue Zuordnung dieser Kosten würde die Aussagekräftigkeit der Kostenrechung nur marginal erhöhen, ihre Erfassung bereitet aber Schwierigkeiten.
  Reparaturen/
  Instandhaltung: direkt über Eingangsrechnungen.
  Abschreibungen: gemäß Anlagenverzeichnis, anteilig.

- Kostenerfassung/Bezugsgröße
  Anzahl der Laboruntersuchungen

- Kostenstellenverantwortliche
  Medizinisch technische Assistentin

- Anmerkungen
  Die Problematik der hohen Unterschiedlichkeit der Laboruntersuchungen (Labor groß, Labor klein, Interner Status, Einzelbestimmungen) ist wohl bekannt. Da eine spezifische Kostenerfassung aber nur dann einen Sinn ergibt, wenn man diesen Kosten in weiterer Folge auch entsprechenden Erlösen gegenüberstellen kann, ist dies bei den verschiedenen Laboruntersuchungen nicht zielführend, da Laboruntersuchungen derzeit von den Privatversicherungen nicht gesondert bezahlt werden.

Die Kostenerfassung für die Kostenstelle Labor ist hier als erster Schritt für eine grobe Preisbildung zu sehen. Für die Zukunft ist jedoch auch eine genaue Zuordnung zu den Teilbereichen vorstellbar, die natürlich spezifische Datenerfassung je Teilbereich erforderlich machen wird.

Kostenstelle 2: Röntgen (Hauptkostenstelle)

- Kostenzuordnung
  Personalkosten: direkt über Lohnverrechnung.
  Materialkosten: direkt über Eingangsrechnungen
  Reparaturen/
  Instandhaltungen: direkt über Eingangsrechnungen
  Abschreibungen: gemäß Anlagenverzeichnis

- **Kostenerfassung/Bezugsgröße**
  Anzahl der Röntgenuntersuchungen
  (Arbeitsstunden für Röntgenuntersuchungen / Personalkosten)

- **Kostenstellenverantwortliche**
  Medizinisch technische Assistentin

- **Anmerkungen**
  Auch bei der Kostenstelle Röntgen ist die beschriebene Kostenerfassung als erster Schritt für eine grobe Preisbildung zu sehen. Für die Zukunft ist jedoch auch hier eine genaue Zuordnung zu den Teilbereichen vorstellbar, womit sich durch die erforderliche spezifische Datenerfassung der Erfassungsaufwand erhöhen wird, jedoch die Genauigkeit und die damit verbundene Aussagekraft steigt.

Kostenstelle 3: Laser (Hauptkostenstelle)

- **Kostenzuordnung**
  Personalkosten: direkt über Lohnverrechnung
  Materialkosten: direkt über Eingangsrechnungen
  Reparaturen/
  Instandhaltungen: direkt über Eingangsrechnungen
  Abschreibungen: gemäß Anlagenverzeichnis

- **Kostenerfassung/Bezugsgröße**
  Anzahl der Laserungen

- **Kostenstellenverantwortlicher**
  Ärztlicher Leiter

Kostenstelle 4: Stationsbereich (Hauptkostenstelle)

- **Kostenzuordnung**
  Personalkosten: direkt über die Lohnverrechnung, differenziert nach den drei Teilbereichen (Interne Patienten, Operative Patienten, Apotheke).
  Materialkosten,
  Hilfsmaterial: direkt über Eingangsrechnungen gemäß einem prozentuellen Schlüssel auf die Teilbereiche aufgeteilt (Plausibilitätskontrolle der Schlüsselung nach einiger Zeit notwendig).
  Reparaturen/
  Instandhaltung: direkt über Eingangsrechnungen dem gesamten Bereich zuordenbar.
  Abschreibungen: gemäß Anlagenverzeichnis.

- **Kostenerfassung/Bezugsgröße**
  Pflegetage (intern und operativ)

Für die Apotheke: Apothekenkosten werden mit der Anzahl der Pflegetage verknüpft, mit der Annahme, viele Pflegetage bedeuten hohe Kosten.

- **Kostenstellenverantwortlicher**
  Pflegedienstleiterin

- **Anmerkungen**
  Da der Teilbereich Apotheke seine Leistungen ausschließlich für die Kostenstelle Stationsbereich erbringt, werden die Kosten im Rahmen der internen Leistungsverrechnung auf die zwei anderen Teilbereiche interne und operative Patienten umgelegt.

Grundsätzlich wäre für den Stationsbereich eine noch tiefere Einteilung denkbar (z. B.: viel Pflegeaufwand, wenig Pflegeaufwand). Es stellt sich hierbei nur sofort die Frage der Praktikabilität der erforderlichen Datenerfassung, und somit ob der Nutzen dieses Informationsgewinns in Relation zu dem sicherlich erheblichen Erfassungsaufwand steht.

Kostenstelle 5: Operations-Bereich (Hauptkostenstelle)

- **Kostenzuordnung**
  Personalkosten: direkt über die Lohnverrechnung, differenziert nach den 9 Teilbereichen (OP I–OP VIII, Steri)
  Materialkosten: direkt über die Eingangsrechnungen je Teilbereich
  Hilfsmaterial,   direkt über die Eingangsrechnungen gemäß prozentueller Schlüsselung auf die Teilbereiche verteilt
  Betriebsstoffe:
  Reparaturen/
  Instandhaltung: direkt über Eingangsrechnungen je Teilbereich
  Abschreibungen: Zuordnung auf die Teilbereiche soweit möglich

- **Kostenerfassung/Bezugsgröße**
  Arbeitsstunden je Teilbereich (Leitende OP-Schwester, auch Verwaltungstätigkeit). Für den Steri: Anzahl der Sterilisationen, gleichmäßige Verteilung auf alle 8 Teilbereiche

- **Kostenstellenverantwortliche**
  Leitende OP-Schwester

- **Anmerkungen**
  Die Kosten des Teilbereichs Steri, mit der Hauptaufgabe der Instrumentenaufbereitung, werden im Rahmen der innerbetrieblichen Leistungsverrechnung auf die Teilbereiche OP I – OP VIII umgelegt, da nur diese Leistungsempfänger sind.

Kostenstelle 6: Küche (Hilfskostenstelle)

- Kostenzuordnung
  Personalkosten: direkt über Lohnverrechnung
  Materialkosten/Betriebsstoffe: direkt über Eingangsrechnungen
  Reparaturen/Instandhaltungen: direkt über Eingangsrechnungen
  Abschreibungen und sonstige Kosten: gemäß Anlagenverzeichnis bzw. anteilig

- Kostenstellenverantwortlicher
  Küchenchef

- Kostenerfassung/Bezugsgröße
  Anzahl der Frühstücke/Mittagessen/Abendessen in Summe auf den Stationsbereich

- Anmerkungen
  Die Gesamtkosten der Kostenstelle Küche werden nach Abzug der Kosten für die Personalessen anhand eines Preis/Mengengerüstes (Anzahl der Frühstücke/Mittagessen/Abendessen) an den Stationsbereich verrechnet. Auch die Kosten des Caterings sind in den Kosten dieser Kostenstelle enthalten. Die Erlöse des Caterings leisten ihren Beitrag dazu, die Gesamtkosten der Kostenstelle Küche zu reduzieren, das heisst Kostenstellen spezifische Einnahmen werden gleich in Abzug gebracht.

Kostenstelle 7: Verwaltung (Hilfskostenstelle)

- Kostenzuordnung
  Personalkosten: direkt über Lohnverrechnung
  Materialkosten/Betriebsstoffe: direkt über Eingangsrechnungen
  Reparaturen/Instandhaltungen: direkt über Eingangsrechnungen
  Abschreibungen und sonstige Kosten: gemäß Anlagenverzeichnis bzw. anteilig.

- Kostenstellenverantwortliche
  Verwaltungsleiter

- Kostenerfassung/Bezugsgröße
  Primäre Kosten (= direkt dem Bereich zuordenbar)

- Anmerkungen
  Die gesamten Kosten der Kostenstelle Verwaltung werden in Prozent der Primären Kosten auf sämtliche andere Kostenstellen umgelegt.

6. Interne Leistungsverrechnung (ILV)

Interne Leistungen sind Leistungen, die innerhalb des Unternehmens erbracht werden. Die interne Verrechnung bzw. Umlage der leistenden Stelle auf die empfangende Stelle erfolgt einerseits über Mengenaufzeichnungen (Küche) andererseits über Aufteilungsschlüssel.

ILV – Bereichsintern

1. **Teilbereich Apotheke**
   Da die Apotheke nur an die Kostenstelle Stationsbereich Leistungen erbringt, werden ihre gesamten Kosten zu gleichen Teilen auf die Teilbereiche Interne Patienten und Operative Patienten umgelegt. Die Kostenstelle OP wird mit Medikamentenkosten nicht direkt belastet.

2. **Teilbereich Steri**
   Die Leistungen dieses Teilbereichs (Instrumentenaufbereitung) betreffen zur Gänze die Kostenstelle OP-Bereich und werden deshalb zu gleichen Teilen auf die 8 weiteren Teilbereiche umgelegt.

ILV – Bereichsübergreifend

1. **Kostenstelle Verwaltung**
   Ihre gesamten Kosten werden zu gleichen Teilen auf die sechs anderen Kostenstellen umgelegt.

2. **Kostenstelle Küche**
   Die Gesamtkosten der Kostenstelle Küche werden nach Abzug der Kosten für die Personalessen anhand eines Preis/Mengengerüstes (Anzahl der Frühstücke/Mittagessen/Abendessen) an den Stationsbereich verrechnet. Auch die Kosten des Caterings sind in den Kosten dieser Kostenstelle enthalten. Die Erlöse des Caterings leisten ihren Beitrag dazu, die Gesamtkosten der Kostenstelle Küche zu reduzieren, das heisst Kostenstellen spezifische Einnahmen werden gleich in Abzug gebracht.

   z. B.: Gesamtkosten Küche   öS 100.000,–
   – Erlöse Catering   öS   20.000,–
                                öS   80.000,–

   öS 80.000,– werden auf die Kostenstelle Stationsbereich umgelegt.

7. Anforderungen zur Einführung

Spezifische Datenerfassung

Das gesamte bisher vorgestellte Konzept beruht darauf, die Kostenrechnung mit den Daten versorgen zu können, die gebraucht werden, um eine genaue Kostenzuordnung treffen zu können. Unumgänglich dabei ist die genaue, nach Kostenstellen und Teilbereichen unterteilte Erfassung von Informationen.

Da die Personalkosten einen Großteil der gesamten Kosten in einem Dienstleistungsunternehmen, wie dem Sanatorium Hansa, ausmachen, ist es besonders von Bedeutung jedem einzelnen betroffenen Mitarbeiter zu erklären, wie wichtig eine genaue Datenerfassung gerade in diesem Bereich ist (Arbeitszeiterfassungsformulare siehe Beilagen).

Die Kostenrechnung ist nur so genau, wie die ihr zugrundeliegenden Daten!!

Speziell benötigte Informationen:
- **Labor**: Anzahl der Laboruntersuchungen pro Monat (für die Zukunft genauere Zuordnung vorstellbar). Erfassung über das Fakturierungsprogramm.
- **Röntgen**: Erfassung der Arbeitsstunden für Röntgenuntersuchungen (Summe pro Monat) s. Beilage. Erfassung laut Erfassungsformular siehe Beilage.
- **Laser**: Zuordnung der Arbeitsstunden der Famulanten für die Laserbetreuung. Erfassung siehe Beilage.
- **Stationsbereich**:
  - Patientenzahl je Teilbereich. Erfassung über das Fakturierungsprogramm.
  - Arbeitsstundenerfassung der Stationsschwestern gemäß den zwei Teilbereichen (Interne Patienten, Operative Patienten). Erfassung siehe Beilage.
  - Arbeitszeiterfassung der Apothekenschwester. Erfassung siehe Beilage.
  - Aufteilung der Arbeitszeit auch bei den Hausärzten, Nachtdienstärzten und Famulanten auf die verschiedenen Bereiche: OP I–VIII, Station, Verwaltung. Erfassung siehe Beilagen.
  - Arbeitszeitaufteilung des Ärztlichen Leiters ist noch ungeklärt. Prozentuelle Aufschlüsselung zwischen internen und operativen Patienten und Verwaltungstätigkeit ist denkbar.
- **Operationsbereich**:
  - Spezifische Arbeitszeiterfassung der OP-Schwestern und OP-Gehilfinnen nach OP I–VIII, Verwaltungstätigkeit gleichmäßig auf alle 8 Teilbereiche verteilen). Erfassung siehe Beilagen.
  - Arbeitszeiterfassung für Steri. Erfassung siehe Beilage.
  - Arbeitszeiterfassung der Anästhesisten nach OP I–VIII. Erfassung siehe Beilage.
  - Arbeitszeiterfassung der assistierenden Hausärzte, Nachtdienstärzte und Famulanten. Erfassung siehe Beilagen.

- **Küche:**
  Anzahl der Patientenessen (getrennt nach Frühstück, Mittagessen, Abendessen)
  Anzahl der Personalessen, Catering-Kosten (Arbeitszeit, Material).
  Erfassung über das Fakturierungsprogramm.

- **Anforderungen an die Lohnverrechnung:**
  Auf Basis der Arbeitszeiterfassungsformulare wird eine Darstellung der Personalkosten in Gesamtsummen je Teilbereich und Kostenstelle möglich.

Personalkosten OP-Bereich:

	OP I	OP II	OP III ...	OP VIII
Sr. A				
....				
Sr. Z				
	Summe	Summe	Summe	Summe

Personalkosten Stationsbereich:

	Interne Patienten	Operative Patienten	Apotheke
Sr. A			
....			
Sr. Z			
	Summe	Summe	Summe

- **Anforderungen an die Buchhaltung:**
  Das im Einsatz befindliche Buchhaltungsprogramm muss jedes in Frage kommende Konto einer Kostenart zuordnen. Weiters sind die sieben Kostenstellen einzurichten. Die Zuordnung zu den Kostenstellen kann beim Buchen direkt erfolgen oder wird im vorhinein über eine fixe prozentuelle Aufteilung zu bestimmten Kostenstellen geregelt. Bei allen laufenden Buchungen sind diese Kostenstellen mit einzugeben.

- **Die Kostenarten sind:**
  - (Personalkosten: Summen werden in der LV gebildet).
  - Material und Hilfsmaterial: Konto 4100-4400,
    Konto 6390-6420 (Reinigungsmittel)
    Konto 6200,6210, 6600-6620 (Verwaltung)
  - Instandhaltung/Reparatur: Konto 6000-6080
  - Fremdleistungen: Konto 4900-4904,
    Konto 6120, 6150, 6500-6561, 6571, 6572,
    sowie 6800, 6801 (Verwaltung)
  - Energie: Konto 6380,6381
  - Miete: Konto 6220-6350,7490
  - Abschreibung: Anlagekonten sowie 6360 Pacht
  - Versicherungen: Konten 6700,6990
  - Sonstiges

Allgemeine Anforderungen

Vor Implemetierung einer Kostenstellen bzw. Kostenträgerrechnung sind ausführliche **Gespräche mit allen Betroffenen** zu führen. Besonders der **Betriebsrat** aber auch einzelne

Mitarbeiter können sich durch die Arbeitszeiterfassung „kontrolliert" und eingeengt fühlen. Nur durch Einbeziehung aller von der Erfassung betroffenen Mitarbeiter kann der Nutzen einer Kostenstellenrechnung heraus gearbeitet werden.

Die beschriebene Kostenrechnung schafft Transparenz und Vergleichbarkeit, was vor allem zu **Benchmarking** mit anderen – vergleichbaren – Privatkrankenanstalten Voraussetzung ist.

Leitende Mitarbeiter, die **Kostenstellenverantwortung** übernehmen, müssen genau informiert sein, wie „ihre" Kosten entstehen und wie sie diese Kosten beeinflussen können. Dieser Einblick in betriebswirtschaftliche Führung stärkt das Kostenbewusstsein und den sparsamen Umgang mit Gütern.

Auch die Einsatzfähigkeit der EDV ist vorweg zu prüfen. Denn nur wenn die Möglichkeit der Kostenarten- und Kostenstellenzuordnung mit geeigneten Schnittstellen besteht, ist dieses Konzept umsetzbar.

8. Berichtswesen

Monatliche Auswertungen

Ergebnisrechnungen siehe 9. Kapitel (Deckungsbeitragsrechnung).

Die Art und Menge der Auswertungen sollte in jedem Fall dem Bedarf angepasst sein. Zeigt es sich, dass monatliche Erhebungen, Eingaben und Auswertungen nicht zielführend sind, sollte der Berichtszeitraum auch auf zwei Monate oder vierteljährlich ausgedehnt werden.

Jährliche Auswertungen

Jahresübersichten, Jahresentwicklungen, Jahresvergleiche.

Die Auswertungen stellen ein **Management Informations System** dar, das die Voraussetzung für strategische Planung ist.

Jährlich werden in Gesprächen mit den Kostenstellenverantwortlichen **Abteilungsbudgets** für das kommende Kalenderjahr vereinbart – unter Zugrundelegung der Leistungsparameter, die sich aus der Kostenrechnung ergeben.

Daraus errechnet sich der **Personaleinsatz**, der in einem Dienstleistungsunternehmen, wie einer Privatkrankenanstalt, den weitaus höchsten Wert der Aufwendungen einnimmt und weiters der **Materialaufwand**.

Der **Direktverrechnungsvertrag mit den Privaten Krankenversicherungen** (PKV), der die Grundlage für das wirtschaftliche Handeln einer Privatkrankenanstalt ist, besteht in der Steiermark seit dem Jahr 1986.

Die Vergütung erfolgt durch Einstufung des Eingriffes am Patienten in ein OP-Gruppen-Schema von I bis VIII. Diese Gruppe weist einen **Hausanteil** und ein **Arzthonorar** aus, das nach Einlangen des Geldes an den behandelnden Arzt überwiesen wird. Für jeden **Verpflegstag** erhält die Krankenanstalt einen **fixen Betrag**, egal wie schwer der Eingriff ist.

Der seit 1986 vollzogene medizinisch-technische Fortschritt ist in diesem Vertrag, und hier besonders im OP-Gruppen-Schema und dem fixen Betrag pro Verpflegstag, nicht abgebildet. Daraus ergibt sich das Problem, dass aus dem Hausanteil einer bestimmten OP-Gruppe neue, hochsensible und teure Geräte angeschafft und in Folge gewartet werden müssen und dass der Patient – durch die für ihn schonendere Operationsmethode – früher das Krankenhaus verlassen kann. Diese **Schere** bereitet den privaten Krankenanstalten, die ohne Subvention arbeiten und Eigentümer befriedigen müssen, große finanzielle Probleme.

Bisher lautete die Strategie: **maximale Erhöhung der Fallzahl** und eine möglichst **niedrige Aufenthaltsdauer**, um Personal und Material (Gerätschaft) effizient zu nutzen.

Die Kostenrechnung bietet die Grundlage für das **Gestalten eines Leistungsspektrums**, das der Kostenstruktur und den erzielbaren Erlösen angepasst ist.

9. Deckungsbeitragsrechnung

Anhand dieser Kostenträgerrechnung wird nachkalkuliert, ob es bei den vorgenommenen Leistungen auch positive Deckungsbeiträge zu erwirtschaften gibt.
Die beiden wichtigsten **Kennzahlen** hierfür sind:
- Erlöse/Kosten pro Patient sowie
- Erlöse/Kosten pro Behandlung.

Um zu diesen Kennzahlen zu gelangen, werden die ermittelten Betriebsergebnisse (wie folgt dargestellt) zu der gesamten Patientenanzahl oder zu der Patientenzahl je Teilbereich in Beziehung gesetzt.

Deckungsbeitragsrechnung gesamt
Gesamte Erlöse:
1. Laser,
2. Interne und operative Patienten,
3. OP I–VIII.
4. Küche (Verpflegung Patienten, Personal, Catering, Getränke)
5. Sonstige Erlöse (Telefon, Medikamentenverkauf, Massage, Labor, Pflichtversicherungen, Vermietungen, etc.)
6. Erlösschmälerungen

– Personalkosten gesamt

Deckungsbeitrag 1

– Materialkosten gesamt
– Fremdleistungen gesamt

Deckungsbeitrag 2

– Instandhaltung/Reparaturen

Deckungsbeitrag 3

– Energie
– Miete
– Abschreibung
– Versicherung

Betriebsergebnis

Diese Schema ist nicht nur für eine Gesamtbetrachtung der Krankenanstalt geeignet, sondern in gleicher Form auch für die einzelnen Kostenstellen anwendbar.

Beispiel: Kostenstelle OP-Bereich

Erlöse OP-Bereich: OP I. – OP VIII:
   Erlösschmälerungen anteilig (Basis: Erfahrungswerte)

– Personalkosten OP-Bereich

Deckungsbeitrag 1

– Materialkosten OP-Bereich
– Fremdleistungen OP-Bereich

Deckungsbeitrag 2

– Instandhaltung/Rep. OP-Bereich

Deckungsbeitrag 3
– Energie
– Miete   alle anteilig für OP-Bereich
– Abschreibung
– Versicherung

Kostenstellenergebnis

10. Entwurf einer Deckungsbeitragsrechnung

Mit dieser Deckungbeitragsrechnung wird der Versuch unternommen, dem Sanatorium Hansa die benötigten Kennzahlen für eine strategische Planung zu liefern.

Die beiden wichtigsten Kennzahlen hierfür sind:
- Erlöse pro Patient sowie
- Erlöse pro Behandlung.

Um zu diesen Kennzahlen zu gelangen, muß man lediglich die ermittelten Betriebsergebnisse (wie folgt dargestellt) zu der gesamten Patientenanzahl oder zu der Patientenzahl je Teilbereich in Beziehung setzen.

Deckungsbeitragsrechnung Sanatorium gesamt:
Gesamte Erlöse:
1. Laser,
2. Interne Patienten,
3. OP1–8,
4. Küche (Verpfl. Patienten, Personal, Catering, Getränke)
5. Sonstige Erlöse (Tel., Med.Verkauf, Massage, Labor, Pfl. Versicherungen, Dr. Breinl, Prof. Schumacher)
6. Erlösschmälerungen

– Personalkosten gesamt
   Deckungsbeitrag 1

– Materialkosten gesamt
– Fremdleistungen gesamt
   Deckungsbeitrag 2

– Instandhaltung/Reparatur
   Deckungsbeitrag 3
– Energie
– Miete
– Abschreibung
– Versicherung
   Betriebsergebnis

Diese Schema ist nicht nur für eine Gesamtbetrachtung des Sanatoriums geeignet, sonder ist in der gleichen Form auch für die einzelnen Kostenstellen anwendbar.

Beispiel: Kostenstelle OP-Bereich

Erlöse OP-Bereich: OP1 – OP 8
Erlösschmälerungen anteilig (Basis: Erfahrungswerte)

– Personalkosten OP-Bereich
   Deckungsbeitrag 1

– Materialkosten OP-Bereich
– Fremdleistungen OP-Bereich
   Deckungsbeitrag 2

- Instandhaltung/Rep. OP-Bereich

Deckungsbeitrag 3

- Energie
- Miete   alle anteilig für OP-Bereich
- Abschreibung
- Versicherung

Kostenstellenergebnis

11. Schlusswort

Wichtig ist, dass der Erfassungsaufwand so gering wie möglich für den einzelnen Mitarbeiter bleibt, damit „Compliance" erzielt werden kann, das heisst, das der Mitarbeiter sich mit dieser Datenerfassung identifiziert und sie ehrlich vornimmt. Denn nur wenn richtige Daten in die Berechnung einfließen, können korrekte Informationen heraus kommen.

Der Betriebsrat sollte vor Einführung einer Kostenträgerrechnung informiert und von der betriebswirtschaftlichen Notwendigkeit überzeugt werden, denn die detaillierte Arbeitszeiterfassung könnte als „Überwachungsinstrument" angesehen werden. Um eventuellen Widerständen vorzubeugen, ist es deshalb taktisch empfehlenswert, alle Betroffenen von Beginn an zu Beteiligten zu machen!

Abschließend möchte ich mich noch sehr bei Herrn Dipl. Ing. Christian Kehrer für die Betreuung meiner Hausarbeit bedanken, was er trotz dichten Terminkalenders übernahm. In den persönlichen Gesprächen kamen immer wieder neue Aspekte vor, die dann in diese Arbeit einflossen.

12. Literaturliste

Ingruber, Horst: Krankenhausbetriebslehre: Grundlagen für modernes Krankenhausmanagement, Wien 1994

Kemmetmüller, Wolfgang: Skriptum des 27. WU-Lehrganges: Einführung in das Rechnungswesen, Wien 1997

Kemmetmüller, Wolfgang; Bogensberger, Stefan: Handbuch der Kostenrechnung, Wien 1997

Kehrer, Christian: Skriptum des 27. WU-Lehrganges: Marketing im Krankenhaus, März 1999

Neugebauer, Gerlinde: Kostenrechnung im Krankenhaus, Diplomarbeit, Graz 1992

Kostenstellenplan für das Sanatorium Hansa

	Kostenstellen	Kostenzuordnung	Kostenverantwortliche	Bezugsgröße/Kostenerfassung
1	Labor	LV, Material über Kto 6400, Abschreibungen;	Medizin.-techn. Asst.	Anzahl der Laboruntersuchungen
2	Röntgen	LV, Material über Kto 6400, Abschreibungen;	Medizin.-techn. Asst.	Anzahl d. Röntgenuntersuchungen/Monat (Arbeitsstd. f. Röntgenunters./Monat)
3	Laser	LV (Famulant), Rep. über ER Abschreibungen;	Ärztlicher Leiter	Anzahl der Laserungen/Monat
4	Stations-Bereich: 3 Teilbereiche: Interne P.; Operative P., und Apotheke	LV, Mat. über ER Abschreibungen; LV	Pflegedienstleiterin	Patientenanzahl je 2 Teilbereichen Arbeitsstunden der Apoth. Sr. ILV an die 3 anderen Teilbereiche
5	OP-Bereich: 9 Teilbereiche OP 1 bis OP 8 und Sterilisator	LV, Mat über ER, Abschreibungen; LV, Mat. und Rep. über ER Abschreibungen;	Leitende OP-SR. Leitende OP-SR.	Arbeitsstunden je OP-Gruppe 1–8 Anzahl der Sterilisationen ILV an die 8 anderen Teilbereiche
6	Küche	LV, Mat. über ER, Abschreibungen;	Küchenchef	Anzahl der Frühstücke, Mittagessen, Abendessen in Summe im Stations-B. ILV an Stationsbereich
7	Verwaltung GF, BH, Kanzlei, Aufnahme Nähstube (Pat+Interne Lstg) Boten (Pat+Interne Lstgen)	LV, Mat. über ER, Abschreibungen;	Verwaltungsleiter	Primäre Kosten, ILV auf sämtliche anderen Kostenstellen

Betriebsabrechnungsbogen Sanatorium Hansa

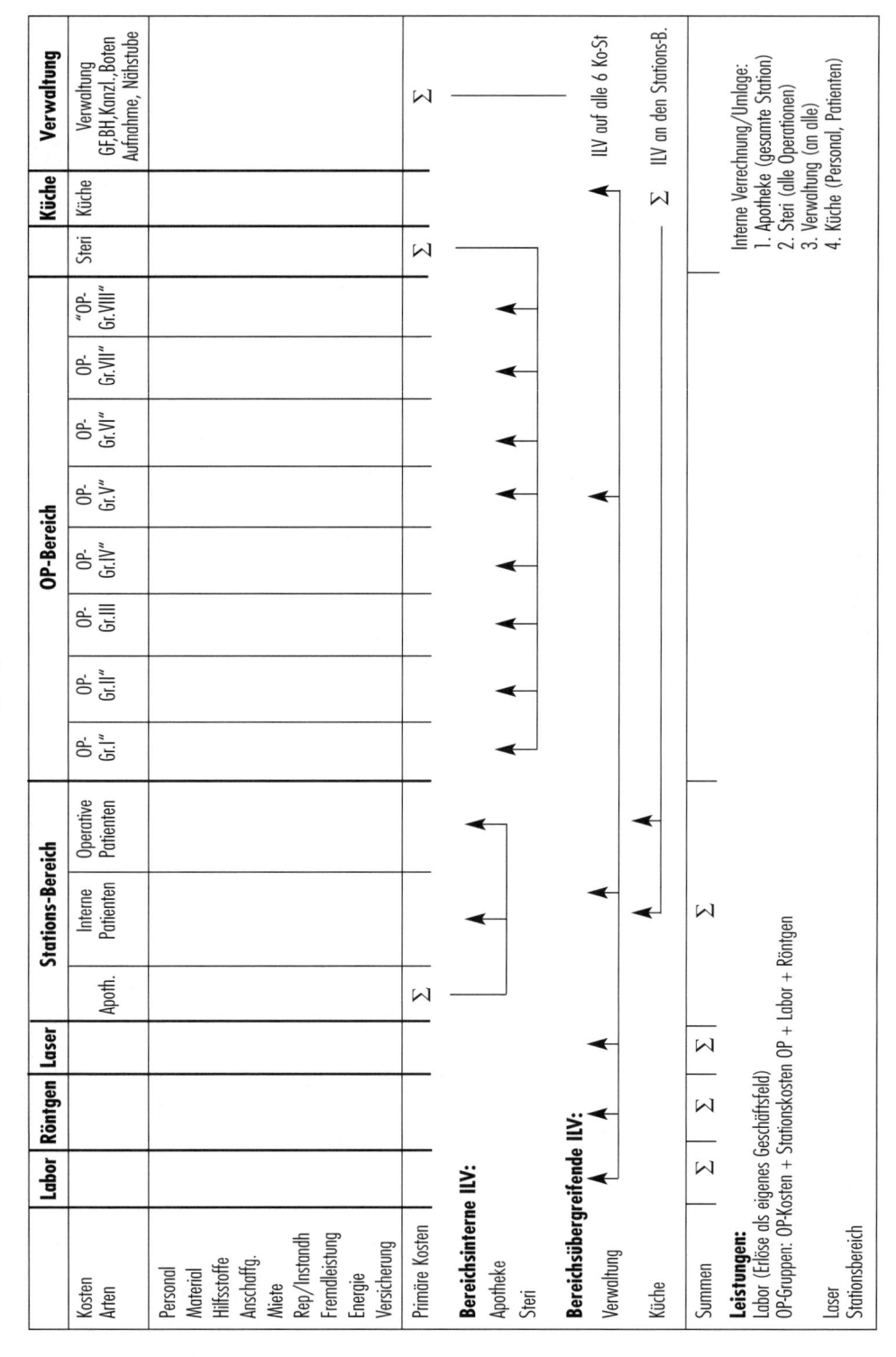

	Labor	Röntgen	Laser		Stations-Bereich		OP-Bereich								Küche	Verwaltung
				Apoth.	Interne Patienten	Operative Patienten	OP-Gr.I"	OP-Gr.II"	OP-Gr.III"	OP-Gr.IV"	OP-Gr.V"	OP-Gr.VI"	OP-Gr.VII"	"OP-Gr.VIII"	Steri	Küche	Verwaltung GF,BH,Kanzl.,Boten Aufnahme, Nähstube
Kosten Arten																	
Personal																	
Material																	
Hilfsstoffe																	
Anschaffg.																	
Miete																	
Rep./Instandh																	
Fremdleistung																	
Energie																	
Versicherung																	
Primäre Kosten				Σ											Σ		Σ
Bereichsinterne ILV:																	
Apotheke																	
Steri																	
Bereichsübergreifende ILV:																	
Verwaltung																	
Küche																	
Summen	Σ	Σ	Σ												Σ		

Leistungen:
Labor (Erlöse als eigenes Geschäftsfeld)
OP-Gruppen: OP-Kosten + Stationskosten OP + Labor + Röntgen

Laser
Stationsbereich

Interne Verrechnung/Umlage:
1. Apotheke (gesamte Station)
2. Steri (alle Operationen)
3. Verwaltung (an alle)
4. Küche (Personal, Patienten)

ILV auf alle 6 Ko-St
ILV an den Stations-B.

Röntgenstundenerfassung Labor

Name: ....   Monat: ....

Tag	
21	
22	
23	
24	
25	
26	
27	
28	
29	
30	
31	
1	
2	
3	
4	
5	
6	
7	
8	
9	
10	
11	
12	
13	
14	
15	
16	
17	
18	
19	
20	
Summe:	
Einzutragen sind pro Tag die Arbeitsstunden für Röntgenuntersuchungen	

Arbeitszeiterfassung Station

	Name:	Monat:	
	Interne Patienten	Operative Patienten	Gesamt
21			
22			
23			
24			
25			
26			
27			
28			
29			
30			
31			
1			
2			
3			
4			
5			
6			
7			
8			
9			
10			
11			
12			
13			
14			
15			
16			
17			
18			
19			
20			
Summe:			

Einzutragen sind pro Tag geleistete Arbeitsstunden je Teilbereich

Kostenrechnung für das Sanatorium Hansa

Arbeitszeiterfassung Station

Name: .... Monat: ....

	Interne Patienten	Operative Patienten	Apotheke	Gesamt
21				
22				
23				
24				
25				
26				
27				
28				
29				
30				
31				
1				
2				
3				
4				
5				
6				
7				
8				
9				
10				
11				
12				
13				
14				
15				
16				
17				
18				
19				
20				
Summe:				

Einzutragen sind pro Tag geleistete Arbeitsstunden je Teilbereich

Arbeitszeiterfassung OP

	Name:					Monat:				
	OP I	OP II	OP III	OP IV	OP V	OP VI	OP VII	OP VIII	Steri	Ges.Std.
21										
22										
23										
24										
25										
26										
27										
28										
29										
30										
31										
1										
2										
3										
4										
5										
6										
7										
8										
9										
10										
11										
12										
13										
14										
15										
16										
17										
18										
19										
20										
Summe:										

Einzutragen sind pro Tag geleistete Arbeitsstunden je Teilbereich

Verwaltungstätigkeit (z. B. Bestellwesen) ist gleichmäßig auf alle Teilbereiche aufzurechnen.

Arbeitszeiterfassung Anästhesie

	OP I	OP II	OP III	OP IV	OP V	OP VI	OP VII	OP VIII	Gesamt
21									
22									
23									
24									
25									
26									
27									
28									
29									
30									
31									
1									
2									
3									
4									
5									
6									
7									
8									
9									
10									
11									
12									
13									
14									
15									
16									
17									
18									
19									
20									
Summe:									

Name: .... Monat: ....

Einzutragen sind pro Tag geleistete Arbeitsstunden je Teilbereich

Arbeitszeiterfassung Famulanten

Name: ....   Monat: ....

	OP I	OP II	OP III	OP IV	OP V	OP VI	OP VII	OP VIII	Laser	Station Intern	Station Operativ	Gessamt
21												
22												
23												
24												
25												
26												
27												
28												
29												
30												
31												
1												
2												
3												
4												
5												
6												
7												
8												
9												
10												
11												
12												
13												
14												
15												
16												
17												
18												
19												
20												
Summe:												

Einzutragen sind pro Tag geleistete Arbeitsstunden je Teilbereich

Arbeitsstunden im Aufwachzimmer sind soweit möglich den OP-Teilbereichen zuzuordnen.

Arbeitszeiterfassung Hausärzte und Nachtdienstärzte

Name: .... Monat: ....

	OP I	OP II	OP III	OP IV	OP V	OP VI	OP VII	OP VIII	Intern	Station Operativ	Station Gesamt
21											
22											
23											
24											
25											
26											
27											
28											
29											
30											
31											
1											
2											
3											
4											
5											
6											
7											
8											
9											
10											
11											
12											
13											
14											
15											
16											
17											
18											
19											
20											
Summe:											

Einzutragen sind pro Tag geleistete Arbeitsstunden je Teilbereich

Verwaltungstätigkeit (z. B.: Codierung, OP-Bericht-Kontrolle) gleichmäßig auf alle Teilbereiche aufrechnen.

Fallstudie 9

Viktor Plank

Projekt
Heimwerker-Fachmarkt in Schruns

Problemfelder:

- Kalkulationsverfahren zu Teilkosten
- Plankostenrechnung
- Strategisches Kostenmanagement

Inhaltsverzeichnis

A. Projekt Heimwerker-Fachmarkt „Heim & Handwerk" in Schruns ... 150

1. Ausgangssituation 150
2. Strategische Überlegungen 150
3. Objektbeschreibung 150
4. Kaufpreis 151
5. Wirtschaftlichkeitsberechnung 151

B. Sortimentsidee: „Alles für die Haus- und Gartengestaltung" 156

1. Art des Warenkreises 156
2. Niveau des Warenkreises 156
3. Sortimentsprofil 156
4. Deckungsbeiträge 157
5. Lagerumschlagsgeschwindigkeiten 157

C. Sortimentspolitik 158

1. Einzelleistungsentscheidungen 158
2. Sortimentsentscheidung 158
3. Begleitleistungen 158
4. Neuheitsentscheidung 158

D. Sortimentstaktik 159

1. Kurzfristige Sonderaktionen 159
2. Spontanplazierungen 159
3. Verkaufsflächengestaltung 159
4. Regalflächengestaltung 159

E.	**ABC-Analyse und Interpretation**	160
1.	Arbeitstabelle für ABC-Analyse	161
2.	Interpretation ABC-Analyse	165
3.	Interpretation	165
F.	**Folgende Umsetzungen aufgrund der ABC-Analyse sind daher empfehlenswert**	166
G.	**Portfolio-Analyse (nach McKinsey) allgemein**	167
H.	**Interpretation der Portfolio-Analyse**	172
1.	Interpretation der 9 Felder Portfolio-Matrix	173
2.	Folgende Maßnahmen ergeben sich aufgrund der 9 Felder Portfolio-Matrix	174
I.	**„Die Limitrechnung als Kontrollinstrument der Lagerbewirtschaftung"**	175
1.	Warengruppenauswertung	175
2.	Limitrechnung	182
3.	Limitkontrolle	185
4.	Limitbogen	186
J.	**Zusammenfassung**	188
1.	Warengruppenauswertung	188
2.	Limitrechnung	188
3.	Limitkontrolle	188
4.	Limitbogen	189
K.	**Anhang**	199

A. Projekt Heimwerker-Fachmarkt „Heim & Handwerk" in Schruns

1. Ausgangssituation

Seit rund 10 Jahren wird vom Silvretta Center (Konsummgenossenschaft) in Schruns ein regionaler Heimwerker-Fachmarkt unter dem Namen „Heim & Handwerk" mit 450 m^2 Verkaufsfläche in relativ guter Verkehrslage betrieben. Der Fachmarkt verzeichnet durchgehend positive Ergebnisse.

Die Kaufkraft für Werkzeuge und Farbwaren liegt im Montafon bei rund S 47 Mio., die Kaufkraftabwanderung beträgt rund S 24 Mio. bzw. 51 %. Darin enthalten sind nur die Montafoner Haushalte und nicht die zusätzliche Kaufkraft aus dem Tourismus.

Die Kaufkraft für Haushaltsartikel – die zu einem gewissen Grad für diesen Geschäftstypus ebenfalls in Frage kommt – liegt im Montafon bei rund S 27 Mio., hier beträgt die Abwanderung S 13 Mio. bzw. 48 %.

2. Strategische Überlegungen

Da „Heim & Handwerk" in den vergangenen Jahren erfolgreich geführt werden konnte und die entsprechende Kaufkraft vorhanden ist, möchte das Silvretta Center weiterhin mit einem zukunftsträchtigen und gut situierten Standort als regionaler Anbieter auf dem Heimwerker-Markt auftreten.

Das derzeitige Geschäft ist ein Mietlokal. Der bestehende Mietvertrag kann jederzeit ohne Kündigungsfrist aufgelöst werden.

Nun ergibt sich die Möglichkeit, eine Liegenschaft mit einer großen Halle anzukaufen.

Die erfolgreiche Kooperation mit einem Einkaufsverband des Eisenwarenhandels soll auch unter den neuen Voraussetzungen fortgeführt werden.

Der derzeitige Standort würde für weitere 2–3 Jahre reichen. Sollte keine Standortverbesserung gelingen, müßten man bei einer Konkurrenzverschärfung mit einer Stagnation, ja mehr noch, mit einem Umsatzrückgang rechnen.

Falls in Zukunft eine noch engere Kooperation angestrebt oder vielleicht sogar ein Partner für diesen Geschäftszweig gesucht wird, dann wäre dies mit dem neuen Standort wesentlich vorteilhafter.

3. Objektbeschreibung

Das Grundstück umfaßt rund 3.600 m^2 und hat eine direkte Anbindung an die Bundesstraße und liegt kaum 100 m talauswärts vom derzeitigen Standort.

Im Objekt selbst befindet sich eine säulenlose Halle mit rund 1.000 m². An Nebenräumen stehen rund 200 m² zur Verfügung. Hinzu kommen noch eine Wohnung mit rund 140 m², zwei kleine Appartements und eine weitere noch nicht ausgebaute Wohnfläche.

Die Liegenschaft besteht aus den Grundstücken samt Baulichkeiten im Gesamtausmaß von 3561 m².

Das angrenzende Grundstück kann eventuell ebenfalls käuflich erworben werden.

Damit ergäbe sich langfristig gesehen eine gute Standortabsicherung und gleichzeitig könnte eine Grundstücksreserve für andere Geschäftszweige des Unternehmens gebildet werden.

Mit dem neuen Standort kann die Parkplatzsituation wesentlich verbessert werden.

4. Kaufpreis

Der Kaufpreis für das Gebäude inkl. Grundstück beträgt ATS 8,5 Mio.

Einschließlich der Gebühren, der notwendigen baulichen Maßnahmen und der zu erwartenden Lageraufstockung ist mit einem Finanzierungsbedarf von rund ATS 23 Mio. zu rechnen. Sollte das Nachbargrundstück ebenfalls erworben werden können, kommen nochmals ATS 3,0 Mio. hinzu.

5. Wirtschaftlichkeitsberechnung

In der Wirtschaftlichkeitsberechnung nicht berücksichtigt worden sind die zur Verfügung stehenden Wohnflächen.

Umsatzplan

Derzeit wird ein Jahresumsatz in Höhe von ATS 14,1 Mio. erzielt. Geplant ist eine Umsatzsteigerung von ATS 5,4 Mio. im ersten vollen Geschäftsjahr und von weiteren ATS 4 Mio. im zweiten Jahr.

Dies unter der Voraussetzung, an die Kunden mit den bestehenden und neuen Sortimentsschwerpunkten auf rund 1.000 m² Verkaufsfläche – und nicht wie bisher auf rund 450 m² Verkaufsfläche – herantreten zu können. Derzeit kann das Sortiment nicht mehr zeitgemäß präsentiert werden. Die Beengtheit führt einerseits zu unproduktiven Kosten und bewirkt so manchen verlorenen Umsatzschilling.

Ertrag

Da der Servicebereich intensiviert werden soll, wird mit einer Spanne von 37 % gerechnet.

Kosten

Bei den Personalkosten wird mit einem Anstieg von rund ATS 400.000,– im ersten Jahr gerechnet (1 Vollarbeitskraft mehr und Kosten für Reinigungsdienste).

Deckungsbeitrag
Bereits im ersten vollen Wirtschaftsjahr wird mit einem positiven Deckungsbeitrag gerechnet.

Aufgaben
1. Mit Hilfe einiger Kennzahlen soll der Markt für das Projekt „Heim & Handwerk" beurteilt werden.
2. Sortimentsoptimierung – welches Sortiment wird geführt? Welche Sortimentspolitik wird betrieben? Welche Umsatz-, Verkaufsflächen-, Kunden- und Deckungsbeitragsanteile haben die jeweiligen Sortimentsbereiche?
3. Portfolio-Matrix
4. Limitberechnung als Controllinginstrument der Lagerbewirtschaftung

Marktpotential

Haushaltsanzahl im Einzugsgebiet	
Montafon	5.725
Bludenz	6.446
Gesamt	**12.171**
Verbrauchsausgaben/Haushalt in ATS	8.135
Kaufkraft/Haushalt in Vorarlberg	110,50 %

Marktpotential = Haushaltsanzahl x Verbrauchsausgaben/HH x Kaufkraft/HH

Marktpotential =   109.407.249

Marktvolumen (Umsatz d. Anbieter im Einzugsgebiet)

Anbieter im Einzugsgebiet	Umsatz in ATS
Holdermann	22.000.000
Schmidts Erben	20.000.000
Tschabrun	11.000.000
Jäger	14.000.000
Heim&Handwerk	16.000.000
Gesamt	**83.000.000**

Das Marktvolumen ist der tatsächlich erreichte oder berechnete (geschätzte) Umsatz pro Periode (1 Jahr) auf einem geographisch abgegrenzten Markt.

Ist das Marktpotential größer als das Marktvolumen, so kann man z.B. daraus schließen, dass die Haushalte im Einzugsgebiet ihre Bedürfnisse ausserhalb des Einzugsgebietes decken. (z.B. Unterland)

Marktpotential in ATS	109.407.249
Marktvolumen in ATS	83.000.000
Differenz in ATS	**26.407.249**

Umsatzberechnung:

Mitarbeiter/Gewichtung:	9,6	**23.520.000**	(9,6 x 2.450.000)
nach m^2	950	**23.560.000**	(950 x 24.800)

Beurteilung des Marktes für Projekt „Heim&Handwerk" Schruns

Kennzahlen im Baumarkt (alle Zahlen incl. MWST)

Umsatz pro m² Verkaufsfläche für 1996
(Quelle: Statistisches Jahrbuch Nielsen 1997) BR 35

Marktteilnehmer	Umsatz/m² in ATS (inkl.Mwst.)
3-E-AG	24.800
Hagebau	16.800
Öbau	26.800
Durchschnitt	24.000

Umsatz pro Mitarbeiter
(Quelle: Marktteilnehmer, Pressemeldungen) BR 39/40

Marktteilnehmer	Umsatz/Mitarbeiter in ATS (inkl.Mwst.)
3-E-AG	2.450.000
Hagebau	1.100.000
Öbau	3.500.000
Durchschnitt	1.900.000

Verbrauchsausgaben privater Haushalte im Bau- und Heimwerkerbereich pro Jahr
(Quelle: Branchenreport RegioPlan Consulting) BR 44

Produktgruppe*	ATS	Produktgruppe*	ATS
Tapeten	52		
Holz, Leisten, Parkett	350	Satelittenanlagen	120
Farben, Lacke	270	Elektro Installation	560
Holzschutzmittel	150	Div. Elektro Kleingeräte	250
Spachtelmasse	40	Kleineisen, Beschläge	320
Diverse Kleber	55	Sonstige Metallwaren	290
Leime, Tapetenkleister	20	Werkzeug	390
sonstige Instandhaltung	925	Elektro- Werkzeug	415
Beleuchtungskörper	508	Gartengeräte	365
Bodenbeläge	50	Gartenmöbel	310
Elektrogeräte	140	Reparatur Werkzeug	40
Fliesen	480	Gartenpflege	365
Sanitär und Zubehör	360	Grabpflege	370
		Kfz Zubehör, Anhänger	940
Zwischensumme 1	3.400	Zwischensumme 2	4.735
Summe Gesamt (ZWS 1+2)	**8.135**		

* Produktgruppen für Baumarkt mit ca. 1.000 m²

5-Jahres-Planung Heim und Handwerk

Steigerung in %

		Plan 2000 in TS	Plan 2000 in %	22% Plan 2001 in TS	Plan 2001 in %	7% Plan 2002 in TS	Plan 2002 in %	5% Plan 2003 in TS	Plan 2003 in %	5% Plan 2004 in TS	Plan 2004 in %
1	Warenerlöse brutto	19.500	120,00 %	23.800	120,00 %	25.500	120,00 %	26.700	120,00 %	28.000	120,00 %
2	Warenerlöse netto	16.250	100,00 %	19.833	100,00 %	21.250	100,00 %	22.250	100,00 %	23.333	100,00 %
3	Wareneinsatz	10.400	64,00 %	12.634	63,70 %	13.494	63,50 %	14.062	63,20 %	14.700	63,00 %
4	**Rohgewinn**	**5.850**	**36,00 %**	**7.200**	**36,30 %**	**7.756**	**36,50 %**	**8.188**	**36,80 %**	**8.633**	**37,00 %**
5	− Erlösberichtigung (Skonto, Disag.)	146	0,90 %	198	1,00 %	213	1,00 %	234	1,05 %	245	1,05 %
6	− Vorsichtsabschlag (Inventur)	81	0,50 %	139	0,70 %	149	0,70 %	156	0,70 %	163	0,70 %
7	+ sonstige Erträge (Skontoerträge)	140	0,86 %	200	1,01 %	220	1,04 %	230	1,03 %	230	0,99 %
8	+ Mieterträge	40	0,25 %	90	0,45 %	95	0,45 %	100	0,45 %	105	0,45 %
9	+ Dienstleistungen (Werkst.)	320	1,97 %	420	2,12 %	480	2,26 %	520	2,34 %	580	2,49 %
10	**Erträge**	**6.123**	**37,68 %**	**7.572**	**38,18 %**	**8.190**	**38,54 %**	**8.649**	**38,87 %**	**9.140**	**39,17 %**
11											
12	Materialaufwand	40	0,25 %	65	0,33 %	70	0,33 %	75	0,34 %	80	0,34 %
13	Warenverluste	5	0,03 %	10	0,05 %	11	0,05 %	12	0,05 %	12	0,05 %
14	Personalaufwand (inkl. Dot.)	3.516	21,64 %	3.590	18,10 %	3.610	16,99 %	3.630	16,31 %	3.650	15,64 %
15	sonst. Personalaufwand	25	0,15 %	45	0,23 %	60	0,28 %	75	0,34 %	75	0,32 %
16	Reisespesen	25	0,15 %	23	0,12 %	25	0,12 %	30	0,13 %	35	0,15 %
17	Energieaufwand	180	1,11 %	195	0,98 %	205	0,96 %	215	0,97 %	230	0,99 %
18	Instandhaltung (inkl. Wartungsvtg.)	24	0,15 %	50	0,25 %	60	0,28 %	70	0,31 %	75	0,32 %
19	Transport d. Dritte	5	0,03 %	5	0,03 %	6	0,03 %	7	0,03 %	7	0,03 %
20	Porto/Telefon	50	0,31 %	60	0,30 %	70	0,33 %	80	0,36 %	80	0,34 %
21	Rechts/Steuerberatung	10	0,06 %	10	0,05 %	10	0,05 %	10	0,04 %	10	0,04 %
22	Fremdreinigung / Material	6	0,04 %	6	0,03 %	6	0,03 %	6	0,03 %	6	0,03 %
23	Zinsen Warenlager	110	0,68 %	110	0,55 %	110	0,52 %	110	0,49 %	110	0,47 %
24	Werbeaufwand	335	2,06 %	280	1,41 %	300	1,41 %	310	1,39 %	320	1,37 %
25	GWG	10	0,06 %	30	0,15 %	40	0,19 %	50	0,22 %	50	0,21 %
26	Versicherungen	30	0,18 %	70	0,35 %	80	0,38 %	85	0,38 %	85	0,36 %
27	Steuern, Abgaben	60	0,37 %	70	0,35 %	95	0,45 %	100	0,45 %	100	0,43 %
28	KFZ Aufwand	20	0,12 %	25	0,13 %	30	0,14 %	35	0,16 %	35	0,15 %
29	Finanz Aufw. Geb.	670	4,12 %	1.235	6,23 %	1.235	5,81 %	1.235	5,55 %	1.235	5,29 %
30	Finanz Aufw. Einr.	40	0,25 %	85	0,43 %	85	0,40 %	85	0,38 %	85	0,36 %
31	sonst. Aufwand	5	0,03 %	20	0,10 %	25	0,12 %	30	0,13 %	30	0,13 %
32	Umlagekosten Deko	45	0,28 %	50	0,25 %	55	0,26 %	60	0,27 %	60	0,26 %
33	Umlagekosten Verw.	488	3,00 %	595	3,00 %	638	3,00 %	668	3,00 %	700	3,00 %
34	**Aufwand gesamt**	**5.699**	**35,07 %**	**6.629**	**33,42 %**	**6.826**	**32,12 %**	**6.978**	**31,36 %**	**7.070**	**30,30 %**
35										0,00%	
36	**Ergebnis I**	**424**	**2,61 %**	**943**	**4,76 %**	**1.365**	**6,42 %**	**1.671**	**7,51 %**	**2.070**	**8,87 %**
37	− AfA Geb.	345	2,12 %	504	2,54 %	504	2,37 %	504	2,27 %	504	2,16 %
38	− AfA Einr. (inkl. EDV)	136	0,84 %	273	1,38 %	273	1,28 %	273	1,23 %	273	1,17 %
39	**Ergebnis II**	**−57**	**−0,35 %**	**166**	**0,84 %**	**588**	**2,76 %**	**894**	**4,02 %**	**1.293**	**5,54 %**
40	+ Boni Lieferanten (3 e)	72	0,44 %	93	0,47 %	98	0,60 %	102	0,46 %	105	0,45 %
41									0,00%		0,00%
42	**Ergebnis III**	**15**	**0,09 %**	**259**	**1,31 %**	**686**	**3,23 %**	**996**	**4,48 %**	**1.398**	**5,99 %**
43											
44	**Cash Flow**	**532**	**3,27 %**	**1.072**	**5,41 %**	**1.499**	**7,05 %**	**1.809**	**8,13 %**	**2.211**	**9,48 %**

B. Sortimentsidee: „Alles für die Haus- und Gartengestaltung"

1. Art des Warenkreises

alles für den Heimwerker und für den Innenausbau
- Maschinen
- Werkzeuge
- Holz
- Fliesen
- Elektrowaren (Lampen, Spots, Glühbirnen, Kabel, Schalter etc.)
- Farben, Tapeten
- Nägel
- Schrauben
- Regalteile für Wandbefestigungen
- Fliesen
- Sanitär
- Leitern

alles für die Außen- und Gartengestaltung
- Gartenwerkzeug
- Rasenmäher
- Griller
- Teichfolien, Teichzubehör
- Gartenmöbel
- Töpfe und Gefäße für Pflanzen
- Flächenbefestigungen (Platten, Steine etc.)

zusätzlich
- Arbeitsbekleidung
- Kleinere Haushaltsgeräte
- Haushaltswaren
- Gartenhäuser
- PKW-Anhänger
- Kleinmöbel

2. Niveau des Warenkreises

- gute Qualität
- preiswerte Ware
- Fachberatung (z. B. Tischler in Holzabteilung, Fliesenleger in Fliesenabteilung, Elektriker in Elektroabteilung)

3. Sortimentsprofil

in folgenden Abteilungen führen wir ein breites/tiefes Sortiment
- Maschinen
- Werkzeug
- Gartenmöbel
- Gartenwerkzeug
- Griller
- Nägel
- Schrauben
- Holz
- Fliesen

in folgenden Abteilungen führen wir ein schmales/tiefes Sortiment
- Sanitär
- Elektrowaren
- Töpfe und Gefäße
- Rasenmäher

in folgenden Abteilungen führen wir ein schmales/flaches Sortiment
- Flächenbefestigungen
- PKW Anhänger
- Leitern
- Regalteile für Wandbefestigung
- Kleinmöbel

4. Deckungsbeiträge

hoher Deckungsbeitrag
- Fliesen
- Schrauben
- Flächenbefestigungen
- Leitern
- Nägel
- Töpfe/Gefäße
- Haushaltswaren

mittlerer Deckungsbeitrag
- Maschinen
- Elektro
- Sanitär
- Gartenmöbel
- Werkzeuge
- Farben
- Arbeitsbekleidung
- Gartenzubehör

niederer Deckungsbeitrag
- Holz
- Kleinmöbel
- Teichfolien/Zubehör

5. Lagerumschlagsgeschwindigkeit

hohe Lagerumschlagsgeschwindigkeit
- Werkzeuge
- Haushalt
- Sanitär
- Nägel
- Maschinen
- Elektro
- Farben
- Schrauben

mittlere/niedere Lagerumschlagsgeschwindigkeit
- Holz
- Flächenbefestigungen
- Fliesen

C. Sortimentspolitik

1. Einzelleistungsentscheidungen

Leistungsmix
- Zustellung
- Ausmessen am Objekt
- Grillvorführung
- Beratung von Fachleuten
- Kurse für Bodenlegen
- Verleih von Maschinen
- Holzzuschnitt
- Probieren von Maschinen
- Kurse für Fliesenlegen

Verpackung
- gute Produktinformation auf Verpackungen (z.B. Masch., Elektro, ...), Schrauben, Muttern, Dübel etc. werde lose verkauft wenig Blisterpackungen

Marke:
- Mix von Markenartikeln bei hochwertigen Produkten:
  Maschinen (Bosch, AEG, Black & Decker ...)
  Fliesen (Ceramica, Riccetti, ...)
  Gartengeräte (Gardena, AL-KO, Husqvarna ...)
- und Importware in den Anfangs- und unteren Mittelpreislagen

2. Sortimentsentscheidung

Kernsortiment: Heimwerkerartikel
Randsortiment: Pflanzen, Kleinmöbel, Kleinelektrogeräte, Sat Anlagen
Fremdsortiment: pyrotechnische Artikel, Getränke, Spielzeug

3. Begleitleistungen

- Kreditkarten
- Bankomatkarte
- Garantie
- eigene Werkstatt
- Zustellung

4. Neuheitsentscheidung

Aufnahme von Neuheiten auf dem Heimwerkersektor, z.B.:
- Laubsauger
- Häcksler
- Akkuschrauber
- Kompressor
- Kappsäge
- etc.

D. Sortimentstaktik

1. Kurzfristige Sonderaktionen

- Faschingsartikel
- Valentinstag
- Ostern (Spielzeug, Blumen, Schokohasen ...)
- Muttertag
- Vatertag
- Schulschluß
- Ferien/Sommer
- Schulanfang
- Allerheiligen
- Nikolaus
- Weihnachten
- Sylvester

2. Spontanplazierungen

- Süßwaren (Kassa)
- Getränke (z.B.: Cola, Fanta, Sprite in Dosen)
- Eis
- Fachbücher (in den jeweiligen Abteilungen)

3. Verkaufsflächengestaltung

- heller Verkaufsraum
- übersichtliche Gestaltung (Beschriftung..)
- Aktionsplazierung
- Videopräsentation in allen Abteilungen
- Musikanlage
- Kaffee-Getränke Ecke für Kunden
- Gehweg freihalten (keine überflüssigen Ständer, Aufbauten etc. ...)

4. Regalflächengestaltung

- Regalhöhe 160 cm im Mittelbereich
- jedes Produkt mit Regaletiketten versehen
- Präsentationsblock von oben nach unten
- Infos für Produkte am Regal anbringen
- (z.B.: neue, innovative, erklärungsbedürftige Waren)
- Prospektablage im Eingangsbereich
- keine Fremdständer verwenden
- Aktionsfläche für Werbung
- Beschilderung der Warengruppen und Abteilungen

E. ABC-Analyse

Die ABC-Analyse zeigt auf, mit wieviel Prozent der Artikel wieviel Prozent des Umsatzes gemacht werden.

Meist stellt sich heraus, dass mit sehr wenigen Artikeln der Großteil des Absatzes gemacht wird (z. B. 20 % der Artikel erwirtschaften 80 % des Umsatzes).

In der ABC-Analyse werden die Artikelgruppen Klassen (A, B, C) zugeordnet. Sie kann nach unterschiedlichen Kriterien aufgebaut sein (z. B. nach Umsatz, nach Lieferanten, nach Deckungsbeitrag).

Man bildet nun Klassen in der Form, dass beginnend bei der Artikelgruppe mit dem höchsten Umsatz die danach absteigend folgenden Umsätze pro Artikel solange aufaddiert werden, bis zum Beispiel 20 % des Umsatzes erreicht sind. Dies entspräche dann der Klasse A, Klasse B umfasst dann die Artikel, die wieder absteigend aufsummiert die nächsten 20 % Umsatzanteil ergeben.

Ob die Klassenbildung in 20 % oder in anderen Sprüngen erfolgt, kann völlig individuell festgelegt werden. Ein einmal fixiertes Schema sollte aber für Vergleiche in längeren Zeiträumen beibehalten werden.

Die ABC-Analyse zeigt sehr deutlich die Problematik des Sortimentsverbundes auf. Man könnte anhand des Zahlenmaterials nun feststellen, dass 4 % der Artikel 90 % des Umsatzes erwirtschaften und die restlichen 10 % in einem völligen Missverhältnis zur Anzahl der Artikel, zum gebundenen Kapital und der gebundenen Fläche stehen. Das heisst, unter Umständen kann das Gesamtergebnis des Unternehmens deutlich verbessert werden, wenn die restlichen 10 % einfach nicht geführt werden.

Dem ist aber natürlich nicht sol. Ein radikales Auslisten jener 60 % der Artikel, die nur 10 % des Umsatzes erwirtschaften, würde den Zusammenbruch des Unternehmens auslösen, weil die positiven Verbundwirkungen verloren gingen.

1. Arbeitstabelle für ABC-Analyse

	Fliesen	Haushalt	Farben	Maschinen	Holz	Elektro	Gesamt
Umsatz in Ts	3.000	1.200	600	6.000	4.000	1.800	16.600
Umsatzanteil	18 %	7 %	4 %	36 %	24 %	11 %	
Verkaufsfläche m²	150	70	60	100	210	70	660
Verkaufsflächenanteil	23 %	11 %&	9 %	15 %	31 %	11 %	
Umsatzanteil/Verkaufsanteil	0,78	0,63	0,44	2,4	0,77	1,0	
Rang nach Analyse	3	5	6	1	4	2	
Deckungsbeitrag in TS	1.200	720	300	2.100	1.000	810	6.130
Deckungsbeitrags-Anteil	20 %	12 %	5 %	34 %	16 %	13 %	
DB Anteil/Verkaufsanteil	0,87	1,09	0,56	2,27	0,52	1,18	
Rang nach Analyse	4	3	5	1	6	2	
Zahl der Kunden	1.000	1.000	5.000	4.000	2.900	7.200	30.100
Kundenanteil	3 %	33 %	17 %	13 %	10 %	24 %	
Durchschnittskauf/Kunde	3000,–	120,–	120,–	1500,–	1380,–	250,–	551,–
Umsatzanteil/Kundenanteil	5,42	0,21	0,24	2,70	2,49	0,46	
Rang nach Analyse	1	6	5	2	3	4	

Geschäftsfeld	Anteil Umsatz	Anteil Vkf.Fl.	Anteil DB	Anteil Kunde
Maschinen	36 %	15 %	34 %	13 %
Holz	24 %	31 %	16 %	10 %
Fliesen	18 %	23 %	20 %	13 %
Elektro	11 %	11 %	13 %	24 %
Haushalt	7 %	11 %	12 %	33 %
Farben	4 %	9 %	5 %	17 %

ABC-Analyse Kunden-Profil

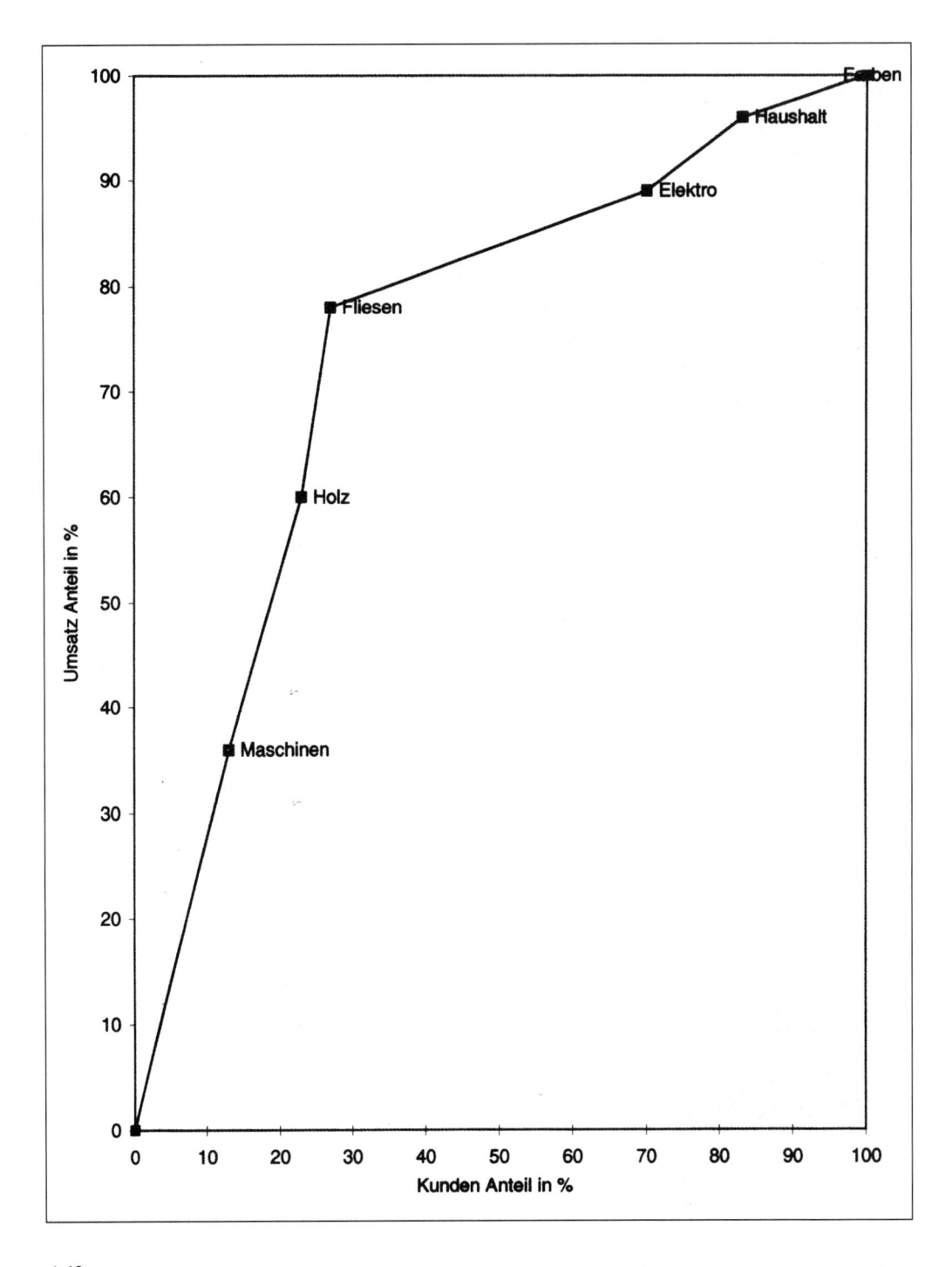

ABC-Analyse Verkaufsflächen-Profil

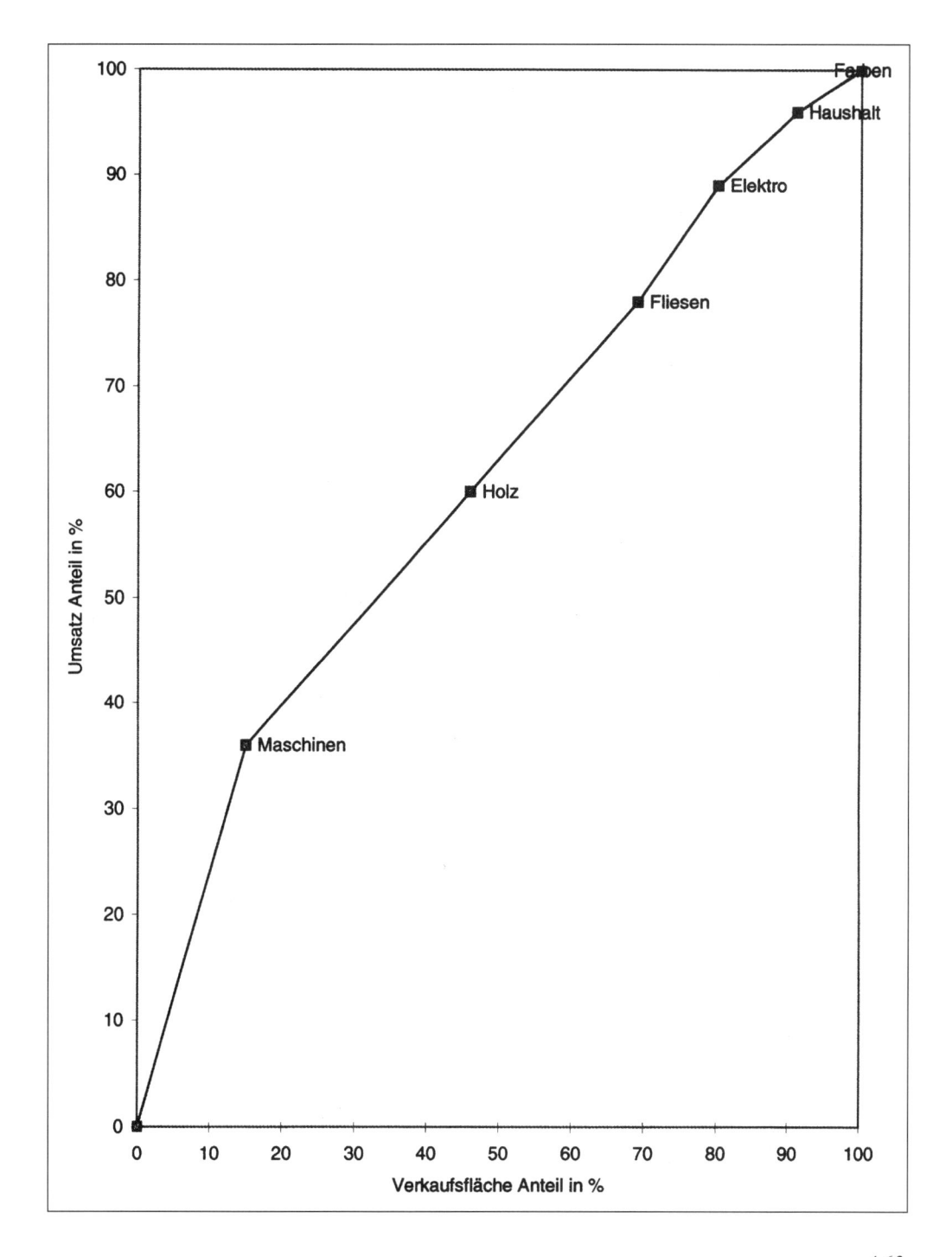

ABC-Analyse Deckungsbeitrags-Profil

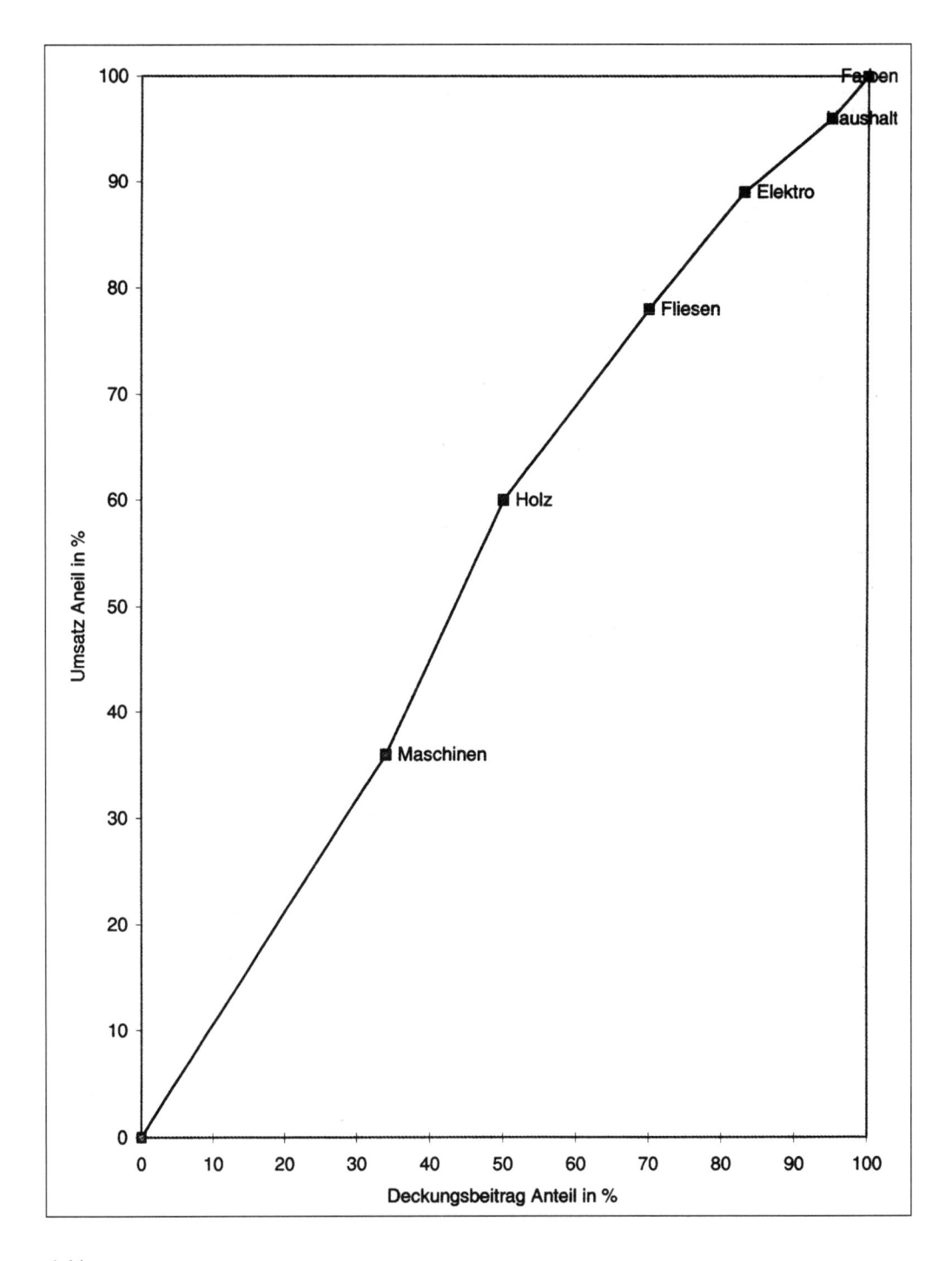

2. Interpretation ABC-Analyse

Die umsatzstärksten Bereiche (Maschinen, Holz und Fliesen) haben auch den größten Durchschnittskauf pro Kunden.

Hier werden wir versuchen, den Kundenkreis zu erhöhen, weil sie im Vergleich zu den anderen Produkten den Umsatz wesentlich beeinflussen.

Im speziellen Fall betrifft es hauptsächlich die Fliesenabteilung mit dem höchsten Durchschnittskauf pro Kunde.

Der Durchschnittskauf pro Kunde bei den Maschinen bedeutet, daß wir sehr hochwertige Maschinen in der oberen Preisklasse verkaufen.

Hier besteht noch die Möglichkeit, vor allem kleinere Maschinen für den Heimwerker zu forcieren, um so zusätzliche Kunden zu gewinnen.

In der Holzabteilung müssen wir verstärkt das Service des Zuschnitts bewerben, um auch hier die Kundenfrequenz zu steigern, und zusätzlich erreichen wir mit dem Zuschnitt auch einen besseren Deckungsbeitrag.

In den Abteilungen Elektro und Haushalt werden wir durch bessere Präsentation und verstärkte Betreuung von unseren Mitarbeitern die Durchschnittskäufe pro Kunden erhöhen und somit den Vorteil der guten Kundenfrequenz optimal zu nutzen.

Die Abteilung Farben beansprucht im Verhältnis die größte Verkaufsfläche und hat umsatz- und deckungsbeitragsmäßig den geringsten Anteil.

Aufgrund des hohen Kundenanteils und wegen dem Verbund darf die Abteilung aber nicht aufgelassen werden.

Wir werden aber durch gezielte Präsentation auf einer kleineren Verkaufsfläche und mit starker personeller Betreuung die gleichen Zahlen erwirtschaften.

3. Interpretation

Maschinen
Mit den Maschinen erzielen wir den größten Umsatzanteil mit 36% und haben einen Verkaufsflächenanteil von nur 15%. Ebenfalls am höchsten ist der Deckungsbeitrag mit einem Anteil von 34%, der Kundenanteil von 13% zeugt von sehr hohen Durchschnittskäufen der Kunden.

Holz
In der Holzabteilung erreichen wir den zweitstärksten Umsatz mit einem Anteil von **24%** und dem höchsten Anteil an der Verkaufsäche mit **31%**.
Dafür ist der Deckungsbeitragsanteil mit **16%** sehr gering.
Der Kundenanteil ist mit **10%** sehr niedrig und bedeutet einen hohen Durchschnittskauf der Kunden.

Fliesen
Die Abteilung Fliesen hat mit 18 % den drittstärksten Umsatz und mit 23 % den zweitgrößten Anteil an der Verkaufsfläche. Auch der Deckungsbeitragsanteil mit 20 % ist sehr gut.

Gering ist der Anteil der Kunden mit nur 3 %.
Dafür ist der durchschnittliche Umsatz pro Kunden überdurchschnittlich hoch.

Elektro
In der Elektroabteilung erreichen wir die gleich hohen Umsatz- und Verkaufsflächenanteil mit **11 %**.
Dafür haben wir im Verhältnis einen höheren Deckungsbeitragsanteil mit 13% und einen sehr hohen hohen Kundenanteil mit **24 %**.

Haushalt
Dem Umsatzanteil von **7 %** steht ein Deckungsbeitragsanteil von 12% gegenüber mit dem größten Anteil an Kunden von **33 %**.
Der Anteil an der Verkaufsfläche beträgt **11 %**.

Farben
Mit einem Umsatzanteil von nur **4 %** und einem ebenfalls seh niedrigen Deckungsbeitragsanteil von **5 %** liegt die Abteilung Farben an letzter Stelle.
Der Verkaufsflächenanteil ist mit **9 %** doppelt so hoch als der Umsatzanteil.
Dafür haben wir aber einen sehr guten Kundenanteil mit **17 %**.

F. Folgende Umsetzungen aufgrund der ABC-Analyse sind daher empfehlenswert

In den Bereichen **Maschinen**, **Holz** und **Fliesen** werden wir versuchen den Kundenkreis zu erhöhen, um hier das Risiko einer Kundenabhängigkeit zu verhindern.

Der hohe Durchschnittskauf bei den **Maschinen** bedeutet, daß wir sehr hochwertige Maschinen in der oberen Preisklasse verkaufen.

Hier wollen wir vor allem den Heimwerkerkunden mit Angeboten speziell im Bereich der kleineren Maschinen gewinnen.

In der **Holzabteilung** werden wir unser Service des Zuschnitts noch mehr bewerben, um auch hier die Kundenfrequenz zu steigern. Zusätzlich erzielen wir mit dem Zuschnitt auch einen sehr guten Deckungsbeitrag.

In der **Fliesenabteilung** werden wir mit Aktionen, wie z. B. „Fliesen vom LKW", Ware zu einem besonders günstigen Preis anbieten und damit die Frequenz steigern und Kunden gewinnen, die günstige Fliesen zum Selbstverlegen suchen.

In den Abteilungen **Elektro** und **Haushalt** ist eine optimalere Präsentation, sowie eine verstärkte Betreuung von unseren Mitarbeitern vorgesehen. Damit soll der Durchschnittskauf erhöht und der Vorteil der guten Kundenfrequenz ausgenutzt werden.

Die **Farbenabteilung** werden wir flächenmäßig zu gunsten der Haushaltsabteilung etwas verkleinern und mit gezielter Präsentation auf einer kleineren Verkaufsfläche durch gute personelle Betreuung bessere Ergebnisse zu erwirtschaften.

Aufgrund des hohen Kundenanteils und wegen des Verbunds darf die Abteilung auf keinen Fall aufgelassen werden.

G. Portfolio-Analyse (nach Mc Kinsey) allgemein

Für die beiden Matrixdimensionen werden umfangreiche Checklisten verwendet, so dass mehrere Einflussfaktoren berücksichtigt werden. Die Checklisten können flexibel gestaltet werden, um den jeweiligen Branchensituationen gerecht werden zu können.

Die Neun-Felder-Matrix ist deshalb günstig, weil sie Durchschnittswerte vorsieht.

Die Portfolio-Analyse wird folgendermaßen erstellt.
1. „Marktattraktivität" und „Wettbewerbsvorteile" definieren.
2. Erfolgsfaktoren bewerten (auf der 9-teiligen Skala)
3. „Marktattraktivität" und „Wettbewerbsvorteile"
4. Eintragen in die Portfolio-Matrix

Bewertung der Marktattraktivität

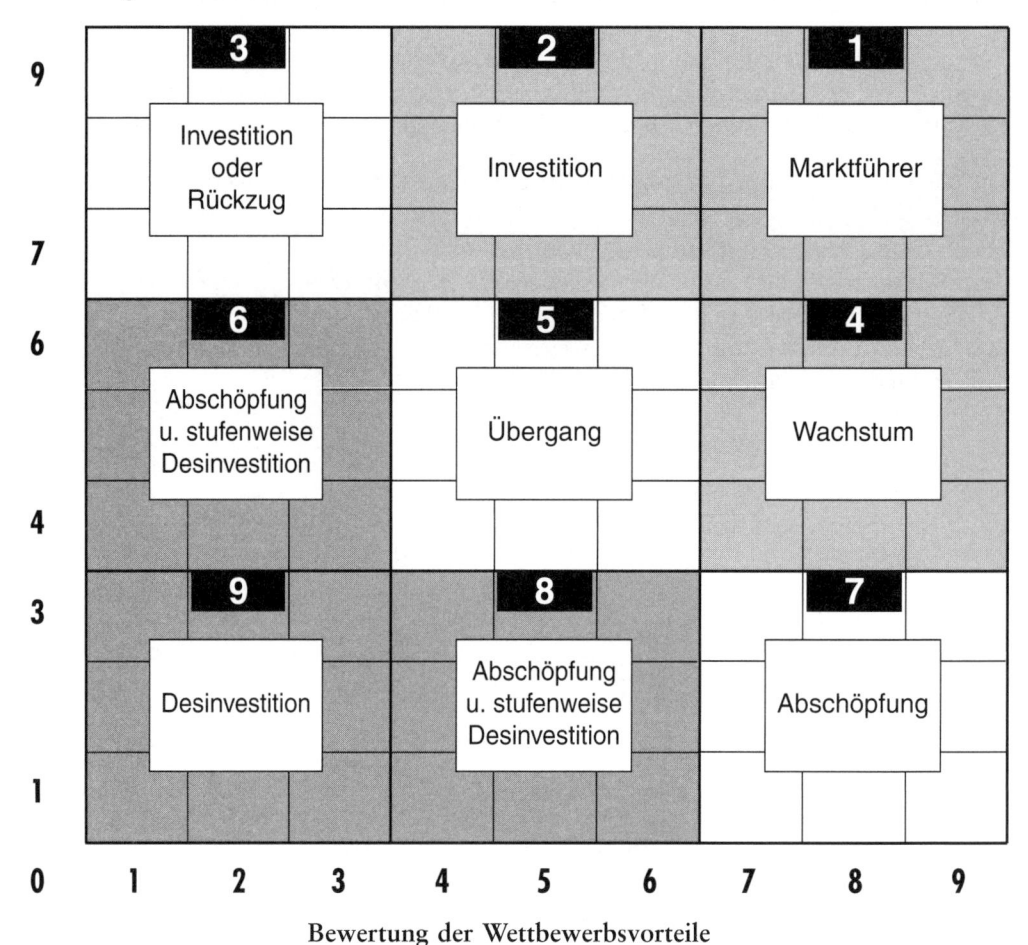

	3	2	1
	Investition oder Rückzug	Investition	Marktführer
	6	5	4
	Abschöpfung u. stufenweise Desinvestition	Übergang	Wachstum
	9	8	7
	Desinvestition	Abschöpfung u. stufenweise Desinvestition	Abschöpfung

Bewertung der Wettbewerbsvorteile

Strategische Geschäftsfelder:
- Maschinen (Ma)   6,0 Mil. öS
- Garten (Ga)   4,2 Mil. öS
- Holz (HO)   4,0 Mil. öS
- Fliesen (Fl)   3,0 Mil. öS
- Elektro (El)   1,8 Mil. öS
- Haushalt (Ha)   1,2 Mil. öS
- Farben (Fa)   0,6 Mil. öS

Marktattraktivität

Nr.	Marktattraktivität	Bewertung Produkt sehr negativ							sehr positiv	
		1	2	3	4	5	6	7	8	9
1	Marktsättigung						Fa, Ma, Ho	Fl, El	Ha, Ga	
2	Nachfrage					Fa	El	Ho, Fl, Ma, Ga	Ha	
3	Zahl der Mitbewerber		Fa	Fl, Ma	Ga	El, Ho		Ha		
4	Personal der Mitbewerber				Ho, Fa	Ga	El, Fl	Ma, Ha		
5	Marktwachstum					Ma, Fa	Fl, Ga, Ho	El, Ha		
6	DB des Produkts				Ho	Ga	Ma	El	Fa	Ha, Fl
7	Größe der Mitbewerber		Fa		Ho, Ga, Ma	Fl, El, Ha				
8	Innovation beim Produkt				Ha, Ho	Fa, Ga		El	Ma, Fl	
9	Betreuung von Lieferanten			Ga	Ho	El	Ha, Fl	Fa	Ma	

Gesamtbeurteilung der Marktattraktivität

			1	2	3	4	5	6	7	8	9
Haushalt	60/9	6,67				4	5	6	21	24	
Fliesen	55/9	6,11			3		5	18	21	8	
Elektro	53/9	5,89					15	24	14		
Maschinen	52/9	5,78			3	4	10	6	21	8	
Garten	46/9	5,11			3	12	10	6	7	8	
Farben	43/9	4,78	4			4	15	6	14		
Holz	43/9	4,78			3	16	5	12	7		

Strategische Geschäftsfelder:

- Maschinen (Ma)   6,0 Mil. öS
- Garten (Ga)   4,2 Mil. öS
- Holz (HO)   4,0 Mil. öS
- Fliesen (Fl)   3,0 Mil. öS
- Elektro (El)   1,8 Mil. öS
- Haushalt (Ha)   1,2 Mil. öS
- Farben (Fa)   0,6 Mil. öS

Wettbewerbsvorteile – Scoring Methode

Nr.	Wettbewerbsvorteile	Konk. überl.		Bewertung Produkt					WIR überl.	
		1	2	3	4	5	6	7	8	9
1	Exklusivität			El, Fa	Ma, Ga, Fl	Ho, Ha				
2	Standortvorteil				Fa	Ga, Fl	Ho, El, Ha	Ma		
3	Qualität/Preis Verhältnis				Fa	Ga	Ha	Ho, El, Fl	Ma	
4	Investitionsintensität		Fa		El, Ha, Ga	Ho, Fl	Ma			
5	Umsatzanteil		Fa	Fl	Ho, El, Ha, Ga		Ma			
6	Marktanteil (relativ)		Fa	Fl	Ho, El, Ha, Ga		Ma			
7	Angebote					Ha, Ga	El, Fa	Ma, Ho	Fl	
8	Werbung			Fa, Ha		Ga	Ma, Ho	El	Fl	
9	Bekanntheit		Fa		Ho, Fl, Ha	El, Ga, Ha	Ma			
10	Service		Fa		Ha, El	Fl, Ho	Ma	Ga		

Gesamtbeurteilung der Wettbewerbsvorteile

Maschinen	62/10	6,2				4		36	14	8	
Holz	53/10	5,3				12	15	12	14		
Fliesen	52/10	5,2			6	8	15		7	16	
Elektro	50/10	5,0			3	16	5	12	14		
Garten	48/10	4,8				16	25		7		
Haushalt	46/10	4,6			3	16	15	12			
Farben	30/10	3,0		10	6	8		6			

Bewertung der Marktattraktivität

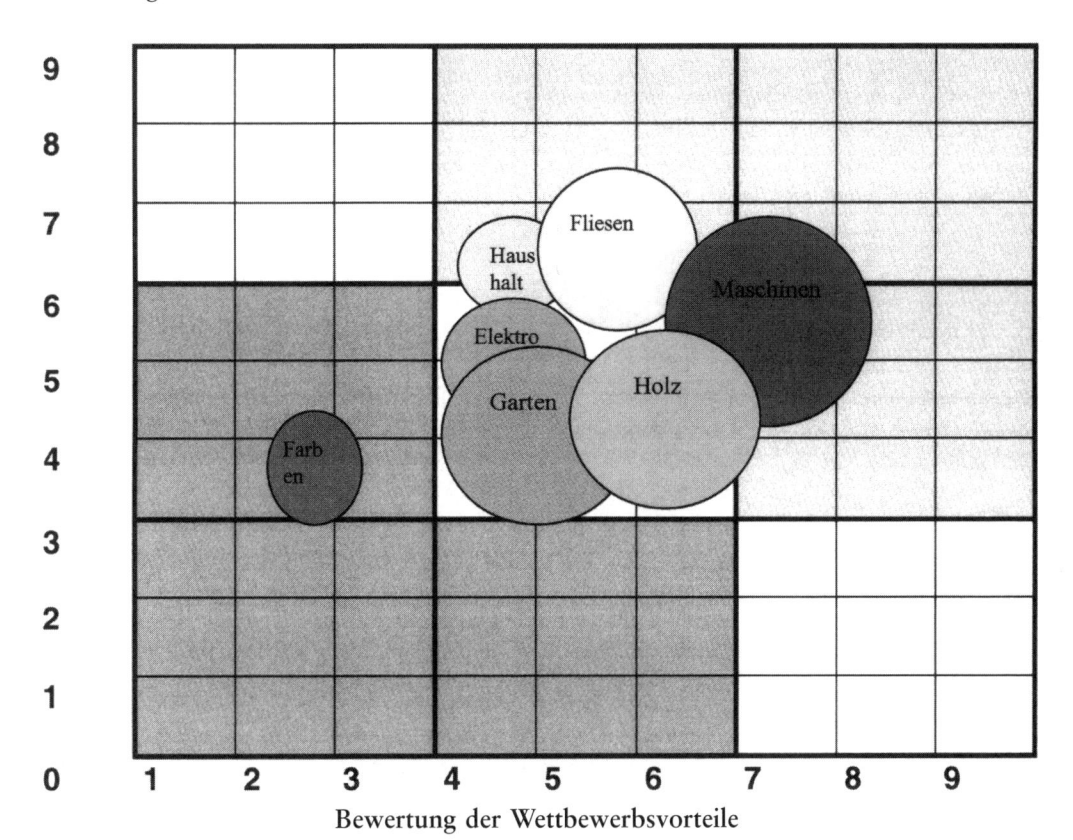

	Maschinen	6,0 Mil. ÖS
■	Maschinen	6,0 Mil. ÖS
■	Garten	4,2 Mil. ÖS
■	Holz	4,0 Mil. ÖS
■	Fliesen	3,0 Mil. ÖS
■	Elektro	1,8 Mil. ÖS
■	Haushalt	1,2 Mil. ÖS
■	Farben	0,6 Mil. ÖS

H. Interpretation der Portfolio-Analyse

Die Abteilungen Fliesen, Sanitär und Haushalt sind im Feld „Investition" positioniert, im Feld **Wachstum**" die Abteilung Maschinen. Im Übergang zu „**Abschöpfung und stufenweiser Desinvestition**" befindet sich die Abteilung Farben. Im Feld Übergang zur „**Investition**", sowie „**Wachstum**" befinden sich die Abteilungen Elektro und Garten, bzw. die Abteilung Holz.

Daraus ergeben sich folgende Maßnahmen:
Die Abteilungen Fliesen und Sanitär werden neu gestaltet mit einer Ausstellung von drei fix eingebauten Bädern mit echtem Wasseranschluß und neun Duschkabinen in verschiedenen Ausführungen und Designs.

Zusätzlich installieren wir auf dem PC in der Fliesen und Sanitärabteilung die Software „3-D-Badplanung", um so dem Kunden seine Wünsche sofort im 3-D-Effekt zeigen zu können.

Zusätzlich kann er einen Ausdruck vom 3-D-Badplan mitnehmen und er erhält auf Wunsch umgehend ein Angebot zugestellt.

Mit diesen Investitionen erwarten wir einen verstärkten Kundenandrang und gehen in Richtung Wachstum und Marktführer.

Die Abteilung Haushalt werden wir durch einige Umstellungen auch vergrößern und speziell im Bereich der Pflegemittel mit Videounterstützung arbeiten. Auch hier streben wir verstärktes Wachstum an.

Forcieren werden wir die Haushaltsgeräte mit verstärkter Werbung in den Bezirksblättern und mit Vorführungen der einzelnen Haushaltsgeräte im Geschäft.

Zusätzlich wird im Bereich Haushalt eine Teilzeitkraft eingestellt, um so die größere Verkaufsfläche optimal zu betreuen.

In der Abteilung Elektro investieren wir in Einrichtungen, die es dem Kunden ermöglichen, alles vor Ort auszuprobieren. So kann er z. B.:
– mit einem Dimmerschalter das Licht der jeweiligen Lampe regulieren.
– die Gegensprechanlage ausprobieren.
– verschiedene beleuchtungen ein- und ausschalten.
– die unterschiedliche Lichtstärke der Glühbirnen ausprobieren.

In der Holzabteilung besteht noch die Möglichkeit zum Wachstum.

Hier bewerben wir vor allem unseren Service des Zuschnitts.

Außerdem bieten wir durch unserem Mitarbeiter, einem gelernten Tischler, Kurse für das Verlegen von Fertigparkett, sowie die Anbringung von Holzwänden und Decken.

Durch unsere Möglichkeit des professionellen Ausmessens von Fenstern und Türen auf der Baustelle, verstärken wir damit auch noch den Verkauf von Elementen.

Die Abteilung Farben werden wir verkleinern und durch optimale Präsentation auf einer verkleinerten Verkaufsfläche weiterhin die gute Kundenfrequenz halten und die bisher erzielten Umsätze erreichen.

Im Bereich Garten haben wir die Möglichkeit zum Wachstum, und hier streben wir durch Veränderungen in der Präsentation, sowie einer größeren Produktpalette ein weiteres Wachstum an.

Vergrößern wollen wir unser Angebot im Bereich der Teich und Biotop Produkten.

Auch im Angebot von leisen Rasenmähern sowie Leisehäckslern sehen wir eine Möglichkeit zum zusätzlichen Wachstum.

Verstärkte Anbietung von Gasgrillern und Holzgartenmöbel werden wir dem Trend entsprechen und so den Übergang zum Wachstum erreichen.

1. Interpretation der 9 Felder Portfolio-Matrix

Investition

Abteilung Fliesen und Haushalt

In der Fliesenabteilung erreichen wir aufgrund der großen Nachfrage und dem Marktwachstum eine sehr große Marktattraktivität bei mittleren Wettbewerbsvorteilen.

In der Haushaltsabteilung haben wir die größte Marktattraktivität mit ebenfalls mittleren Wettbewerbsvorteilen.

Wachstum

Abteilung Maschinen

Bei den Maschinen haben wir wegen der großen nachfrage und den Produktinnovationen eine gute Marktattrakivität bei ausgezeichneten Wettbewerbsvorteilen, die wir mit einem guten Preis/Leistungsverhältnis und unserem Standortvorteil erreichen.

Abschöpfung und stufenweise Desinvestition

Abteilung Farben

In der Farbenabteilung sind wir aufgrund einer sehr geringen Marktattraktivität und schlechten Wettbewerbsvorteilen im Feld der Abschöpfung und stufenweisen Desinvestition.

Das kommt vor allem wegen der Anzahl und der Größe unserer Mitbewerber zustande, wobei wir auch durch eine etwas vernachläßigte Werbung in diesem Bereich auch keinen hohen Bekanntheitsgrad besitzen.

Übergang

Abteilung Elektro, Garten und Holz

Mit der Elektroabteilung befinden wir uns durch eine gute Nachfrage und einem steigendem Marktwachstum mit Vorteilen in der Werbung und im Preis/Leistungsverhältnis im Übergang zur Investition und Wachstum.

Die Gartenabteilung hat aufgrund der starken Nachfrage einen sehr guten Anteil bei der Marktattraktivität mit Wettbewerbsvorteilen im Service und beim Standort.

Die Holzabteilung rangiert in der Marktattraktivität wegen des geringen Deckungsbeitrags und der geringen Innovation beim Produkt an letzter Stelle.

Dafür haben wir bei den Angeboten und im Preis-Leistungsverhältnis doch sehr gute Wettbewerbsvorteile.

2. Folgende Maßnahmen ergeben sich aufgrund der 9 Felder Portfolio-Matrix

Fliesen

Neugestaltung der Abteilung mit einer Ausstellung von fix eingebauten und verfliesten Bädern mit echtem Wasseranschluß und Duschkabinen in verschiedenen Ausführungen und Designs.

Zusätzlich installieren wir auf dem PC in der Fliesenabteilung die Software „3-D-Badplanung", um so dem Kunden seine Wünsche sofort im 3-D-Effekt zeigen zu können.

Außerdem erhält er einen Ausdruck des 3-D-Badplans und auf Wusch bekommt er ein auf seine Wünsche abgestimmte Angebot umgehend zugestellt.

Mit diesen Investitionen streben wir ein Wachstum und die Marktführerschaft an.

Haushalt

Die Haushaltsabteilung werden wir durch kleinere bauliche Maßnahmen vergrößern und eine Teilzeitkraft zsätzlich einstellen.

Speziell im Bereich der Pflegemittel werden mit Hilfe von Videounterstützung die Auswahl für den Kunden noch einfacher und attraktiver gestalten.

Weiters planen wir schwerpunktmäßig Vorführungen von Haushaltsgeräten im Geschäft durch unsere Handelspartner.

Elektro

die Elektroabteilung befindet sich im Übergaang zur Investition und wir werden daher- dem Kunden die Möglichkeit geben, Geräte, Lampen, Schalter, Gegensprechanlagen etc. selbst auszuprobieren.

Hiefür installieren wir zu all den genannten Waren elektrische Leitungen, die das Ausprobieren der genannten Elektroartikel ermöglichen.

Auch in der Elektroabteilung möchten wir ein weiteres Wachstum erreichen.

Holz

In der Holzabteilung sind wir im Übergang zum Wachstum.

Das wollen wir vor allem durch zusätzlichen Service im Bereich Zuschnitt erreichen.

Außerdem bieten wir durch unseren Mitarbeiter in der Holzabteilung, einem gelernten Tischler, Kurse für das Verlegen von fertigparkett, sowie das Anbringen von Wandtäfer und Holzdecken.

Den Verkauf von Elementen (Fenster u. Türen) forcieren wir, da unsere Mitarbeiter der Abteilung auch Ausmessungen vor Ort an den Baustellen übernehmen.

Garten

Die Gartenabteilung befindet sich auch im Übergang, und auch hier streben wir ein zusätzliches Wachstum an.

Hier werden wir im Bereich der Teichgestaltung den Kunden eine gute Auswahl bieten.

Bei den Gartenmöbel haben wir mit einem neuen Partner ein System ausgehandelt, in dem der Partner die Bestellungen, Präsentation und sonstige Betreuung übernimmt, und wir auf 10% Spanne verzichten.

Auch hier werden werden wir für unsere Kunden Vorführungen von Grillern, Rasenmähern und sonstigen Gartengeräten organisieren.

Farben

Die Abteilung Farben ist im Bereich der Abschöpfung und stufenweisen Desinvestition. Wir werden die Abteilung verkleinern und durch gezielte Präsentation die bisher erreichten Ergebnisse verbessern.

I. „Die Limitrechnung als Kontrollinstrument der Lagerbewirtschaftung"

1. Warengruppenauswertung

Die **Warengruppenauswertung** ist der wesentlichste Teil der *Sortimentskontrolle*. Sie erfolgt normalerweise einmal jährlich nach der Inventur. Neben der gezielten Feststellung von Schwachstellen dient die Auswertung auch als *Planungsinstrument* für die nächste Periode (Grundlage zur Erstellung der Limitrechnung etc.) und ermöglicht den Einsatz entsprechender Maßnahmen.

Ausgangspunkt ist die Gesamtauswertung des Heimwerkermarktes aus der Jahres-Auswertung. Siehe dazu im Anhang die Übersicht K.4.

Diese generelle Auswertung für den Gesamtbetrieb gibt eigentlich noch keine wesentliche Anhaltspunkte für Verbesserungsmaßnahmen.

Erst die Aufschlüsselung der fünf wichtigsten Warengruppen (Werkzeug, Fliesen, Farben, Holz und Garten) bietet die Möglichkeit, gezielte Maßnahmen zu setzen.

1.1 Kontrolle Lagerbestand – Wareneinkauf

Die Aufstellung macht deutlich, wie unterschiedlich sich die Lagerbestände und der Wareneinkauf auf die Warengruppen aufteilen. Dies hat wesentlichen Anteil an der erzielten Spanne und dem Lagerumschlag und somit auf die Rentabilität.

Warengruppe Werkzeuge
So kann festgestellt werden, daß in der Warengruppe Werkzeuge der Lagerbestand um 207,00 TS anstieg. Der Lagerumschlag liegt etwa im Schnitt des Gesamtbetriebes mit 1,76 mal. Falls es nicht gelingt, den Bestand zu reduzieren, muß in der nächsten Periode mit einem Absinken des Umschlages gerechnet werden.

Warengruppe Fliesen
In der Warengruppe Fliesen hat sich der Lagerbestand um ca. 177,0 TS erhöht. Trotzdem wurde die überdurchschnittlich hohe Lagerumschlagshäufigkeit von 3,20 mal erreicht. Da auch die erzielte Spanne sehr hoch ist, wird die höchste Rentabilitätszahl von 2,11 erreicht.

Warengruppe Farben
In der Warengruppe Farben schließlich ist der Wareneinkauf niedriger als Wareneinsatz. Der Lagerbestand ist aber immer noch zu hoch und daher beträgt die Lagerumschlagshäufigkeit nur 1,92 mal. Da in dieser Warengruppe aber eine relativ hohe Spanne erzielt wurde, ist die Rentabilitätszahl noch immer höher als die des Gesamtbetriebes.

Warengruppe Holz
In der Warengruppe Holz wurde der Lagerbestand trotz eines relativ hohen Einkaufsvolumen um ca. 40,0 TS reduziert. Die durchschnittlich hohe Lagerumschlagshäufigkeit von 3,08 mal ergibt mit der niedrigen Spanne eine unterdurchschnittliche Rentabilitätszahl von nur 0,87.

Warengruppe Garten
In der Warengruppe Garten konnte festgestellt werden, daß der Lagerbestand um ca. 162,0 TS anstieg. Die Lagerumschlagshäufigkeit beträgt hier 2,95 mal. Da in dieser Warengruppe auch die erzielte Spanne äußerst niedrig ist, ist die Rentabilitätszahl entsprechend schlecht. Sie liegt nämlich mit 0,77 unter dem Durchschnitt des Gesamtbetriebs.

1.2 Kontrolle der Rentabilität

Die Rentabilitätskontrolle erfolgt anhand der errechneten Rentabilitätszahl. Dabei wird eine Verbindung zwischen Lagerumschlag und Spanne hergestellt. Damit wird deutlich, daß auch Warengruppen mit niedriger Lagerumschlagshäufigkeit und hoher Spanne die gleiche Rentabilität haben können wie Warengruppen mit niedriger Spanne aber hoher Lagerumschlagshäufigkeit.

Eine Gliederung der Warengruppen nach der Rentabilitätszahl ergibt folgende Reihung:

1. **Warengruppe Fliesen**
   Hier wird gezeigt, daß die Warengruppen extrem unterschiedliche Rentabilitätszahlen erreichen. Spitzenreiter ist dabei die Warengruppe Fliesen, die neben der höchsten Spanne auch die höchste Lagerumschlagshäufigkeit aufweist.

2. **Warengruppe Farben**
   Die Warengruppe Farben folgt mit der Rentabilitätszahl. Dabei ist festzuhalten, daß besonders bei der Warengruppe Farben das oben erwähnte Argument *„mit niedriger Lagerumschlagshäufigkeit, dafür um so höhere Spanne"* zum Tragen kommt.

3. **Warengruppe Holz**
   Die Warengruppe Holz hat eine niedrige Rentabilitätszahl, die noch etwas über der Ziffer des Gesamtbetriebes liegen. Da diese Gruppe den zweithöchsten Umsatzanteil ausmacht, drückt sich das Gesamtergebnis enorm.

4. **Warengruppe Garten und Werkzeuge**
   Schlußlicht in dieser Aufstellung sind die Warengruppen Garten und Werkzeuge, die eine äußerst niedrige Rentabiliätszahl aufweisen. Auch dies Gruppen haben einen sehr hohen Umsatzanteil (Garten hat den höchsten Umsatzanteil), dadurch wird das Gesamtergebnis stark gedrückt. Es kann davon gesprochen werden, daß alle übrigen Warengruppen diese subventionieren (unterstützen) müssen. Neben der niedrigen Spanne wird auch eine ungewöhnliche niedrige Lagerumschlagshäufigkeit verzeichnet. Dies bedeutet, daß alle Maßnahmen vorrangig in diese Warengruppen ansetzen müssen.

1.3 Ableitung von Maßnahmen

Die vorliegende Warengruppenauswertung ermöglicht es, zielgerichtete Maßnahmen auszuarbeiten. Ohne diese detaillierte Aufstellung wäre dies kaum möglich.

Warengruppe Werkzeuge
- Einführung der Limitrechnung zur Verringerung des Warenlagers bei gleichzeitiger Erhöhung der Lagerumschlagshäufigkeit (stufenweises Vorgehen).

- Anheben der Kalkulation unter Berücksichtigung eines differenzierten Vorgehens (verschiedene Preisschienen); das bedeutet, daß man den Preis durch den Verkauf qualitativen besserer Geräte erhöhen möchte.
- Überprüfung der Sortimentspolitik und ggf. Anpassung an die aktuellen Kundenwünsche.

Warengruppe Fliesen
- Budgetierung des Wareneinkaufs und Maßnahmen (Warenpräsentation, Werbung, Kommunikation) zur Belebung des Umsatzes.
- Überdenken der Preispolitik und Anpassung an die Kundenzielgruppen.
- Überprüfung der Sortimentspolitik auf Grund der niedrigen Umsatzzahlen.

Warengruppe Farben
- Stufenweise Erhöhung der Lagerumschlagshäufigkeit durch die Limitrechnung
- Überprüfung der Sortimentspolitik auf Grund der niedrigsten Umsatzzahlen und ggf. Anpassung an die aktuellen Kundenwünsche
- Budgetierung des Wareneinkaufs und Marketing – Maßnahmen zur Belebung des Umsatzes

Warengruppe Holz und Garten
- Verstärkung der Verkaufsförderung auf Grund des sehr hohen Umsatzanteil Unter Verkaufsförderung versteht man unter anderem, daß man die Mitarbeiter auf diese Produkte so einlernt, damit sie dann ihren Kunden eine sehr gute Beratung geben können.

Die Auswirkungen aller dieser Maßnahmen können in der nächsten Periode überprüft werden. Damit ist dieses Instrument der Warengruppenauswertung eine wertvolle Hilfe bei der Planung und Kontrolle sortimentsbezogener Maßnahmen und letztlich auch ein Werkzeug für die betriebliche Steuerung.

Nur wenn ausreichende Informationen über das betriebliche Geschehen vorliegen, können auch effiziente Steuerungsmechanismen eingesetzt werden. Aus dieser Erkenntnis wurde die Warengruppenauswertung als eine Möglichkeit zur Informationsgewinnung geschaffen, die dazu beiträgt, schnellere und bessere Entscheidungen zu treffen. Daraus resultiert eine größere Flexibilität des Unternehmens, die das Bemühen um die Wünsche der Kunden erleichtert.

1.4 Erstellung der Warengruppenauswertung

siehe Anhang **K.1**.

1.5 Erklärungen der einzelnen Kennzahlen zur Warengruppenauswertung

Nach der Aufbereitung des Zahlenmaterials wird der Jahresabschluss in der Regel mit Hilfe von Kennzahlen analysiert. Entsprechend der Aufgabe der Jahresabschlussanalyse können die Kennzahlen in **finanzwirtschaftliche** und **erfolgswirtschaftliche Kennzahlen** eingeteilt werden.

Mit Hilfe der **finanzwirtschaftlichen Kennzahlen** werden Informationen über die Kapitalverwendung (**Investitionsanalyse**), die Kapitalaufbringung (**Finanzierungsanalyse**) und über den Zusammenhang zwischen Kapitalaufbringung und -verwendung (**Liquiditätsanalyse**) gewonnen.

Durch die **erfolgswirtschaftlichen Kennzahlen** soll der Einblick in die Ertragskraft (**Ergebnis-, Rentabilitäts- und Break-even- Analyse**) von Unternehmen verbessert werden.

a) **Wareneinsatz**

Es gibt 2 Möglichkeiten um den Wareneinsatz zu berechnen. Er kann auf Grund der
- Buchhaltung und des
- Warenwirtschaftssystems

ermittelt werden.

Buchhalterisch:
    AB
  + Zukauf
  − EB
  ────────
  = Wareneinsatz

WWS:
  Erlöse (netto)
  − Spanne
  ────────
  = Wareneinsatz

b) **Lager aktuell (EB)**

Berechnung:
  Inventur (AB)
  + WEK
  − WES
  ────────
  = Lager aktuell (EB)

c) **Rohspanne = Handelsspanne**

Rohspanne = Handelsspanne bezogen auf den Verkaufspreis (Erlös)

$$\text{RSP in \%} = \frac{\text{Spanne}}{\text{Erlös}} \times 100$$

Ein Produkt mit einer hohen Spanne rentiert sich noch lange nicht für das Unternehmen (d.h. daß das Unternehmen mit diesem Produkt auch einen angemessenen Gewinn erzielt). Je höher die Lagerumschlagshäufigkeit desto besser.

d) Rohaufschlag

Rohaufschlag = Handelsspanne bezogen auf den Wareneinsatz

$$\text{RA in \%} = \frac{\text{Spanne}}{\text{WES}} \times 100$$

Der Rohaufschlag ist in vielen Branchen (z.B. im Handel) eine sehr wichtige Kennzahl. Die meisten Kennzahlen können individuell bewertet werden. Beim Rohaufschlag ist dies aber nicht möglich. Möchte man den Rohaufschlag bewerten, muß man zuerst andere Kennzahlen (z.B. Personalkosten, Materialaufwand, etc.) zusammenhängend betrachten. Es gibt verschiedene Gründe, warum der Rohaufschlag verändert wird.

Diese Gründe sind von Unternehmen zu Unternehmen verschieden: z.B.
- Verstärkte Konkurrenz
- Allgemeiner Preisvergleich
- Verfolgung einer speziellen Preispolitik

e) Umschlagskennzahlen

Umschlagskennzahlen besagen, wie oft sich eine Bestandsgröße im Abrechnungszeitraum umgeschlagen (erneuert) hat (z.B. in wie vielen Tagen sich der Bestand im Durchschnitt umschlägt). Sie geben damit Auskunft über die Bindungsdauer des Vermögens und damit auch Informationen über den Kapitalbedarf. Umschlagskennzahlen gehören zu den wichtigsten Kennzahlen eines Unternehmens.

Kennzahlen des Lagerumschlages:

$$\text{Durchschnittslager} = \frac{\text{12 Monatsbestände}}{12}$$

Sofern keine mengen- und wertmäßige Lagerbuchhaltung geführt wird, liegen die Monatsbestände nicht vor. Man verwendet dann folgende Formel:

$$\text{Durchschnittslager} = \frac{\text{Anfangsbestand} + \text{Endbestand}}{2}$$

Entspricht der Bestand zum 31. 12. nicht annähernd dem durchschnittlichen Lagerbestand (z. B. bei Saisonbetrieben), dann ist diese Formel unbrauchbar.

$$\text{Lagerumschlagshäufigkeit} = \frac{\text{Wareneinsatz}}{\text{Durchschnittslager}}$$

Je größer die Umschlagshäufigkeit des Lagers ist,
- um so leichter kann sich der Betrieb Beschäftigungsschwankungen anpassen,
- um so geringer ist die Gefahr des Verderbs und der modischen oder technischen Entwertung der Waren und
- um so kleiner ist das Lager gebundene Kapital.

$$\text{Lagerumschlagsdauer} = \frac{365}{\text{Lagerumschlagshäufigkeit}}$$

Die Kennzahl der Lagerumschlagsdauer gibt an, nach wie viel Tagen das Lager erneuert wird.

f) Rentabilitätszahl

Rentabilitätszahl = **Rohaufschlag in % x Lagerumschlagshäufigkeit**

Beträgt die Rentabilitätszahl unter 1, so ist sie schlecht. Die Rentabilitätszahl ist auf die Warengruppen oder Warenbereiche bezogen. Sie stellt eine Verbindung zwischen Lagerumschlagshäufigkeit und Rohspanne/Rohaufschlag her. Wenn ein Produkt einen hohen Rohaufschlag hat, heißt es noch lange nicht, daß dies gut ist, sondern es kommt auch darauf an, wie oft dieses Produkt umgeschlagen wird. Es wäre demzufolge besser, wenn ein Produkt einen niedrigeren Rohaufschlag hat, aber dafür mehr umgeschlagen wird.

g) Umsatzanteil (Warengruppen)

Der Umsatzanteil ist die prozentuelle Anteil der Warengruppe am Gesamtumsatz.

<u>Berechnung:</u>

Gesamtumsatz 100%
Umsatz der einzelnen Warengruppen x

$$\text{Umsatzanteil (WG)} = \frac{\textbf{Umsatz der einzelnen Warengruppen}}{\textbf{Gesamtumsatz}} \times 100$$

2. Limitrechnung

Häufig nimmt man sich vor, den Wareneinkauf zu „bremsen", um das Warenlager nicht zu groß werden zu lassen und um den Lagerumschlag zu erhöhen. Obgleich man die Nachteile und Risiken eines zu großen Lagers kennt, bleibt es aber bezüglich der Drosselung des Einkaufs meistens beim guten Vorsatz, wenn man – wie es meistens geschieht – unterläßt, sich einwandfreie Zahlen und Dispositionsunterlagen zu schaffen.
Anhand dieser **Problemstellung** soll die Limitrechnung besser veranschaulicht werden:

Das Unternehmen kämpft mit Liquiditätsproblemen. Der Kontokorrentrahmen ist ausgeschöpft, eine betriebswirtschaftliche Analyse hat ergeben, daß im Warenlager zu viel Kapital gebunden ist. Der Lagerumschlag liegt auch nach der Bewertung des Warenlagers unter dem Branchendurchschnittswert und hat sich im Laufe der letzten Jahre stetig verschlechtert.

Da das betriebliche Rechnungswesen keine exakten Aufschlüsse gibt, bestehen nur Vermutungen, in welchen Sortimentsbereichen das Überlager vorhanden ist. Erst die Nachkalkulation nach Warengruppen (Sortimentskontrolle) ermöglichte die Spannenfeststellung nach Warengruppen.

Die Limitrechnung hat daher nachfolgende **Zielsetzungen**.

2.1 Gezielter Abbau des Überlagers

Der gezielte Abbau des Überlagers wird in den davon betroffenen Warengruppen durch restriktive Einkaufspolitik mit genauen Budgetvorgaben für die Einkaufsverantwortlichen erreicht. Gleichzeitig wird der Lagerumschlag angehoben werden.

2.2 Erhöhung der erzielten Spanne

Die Erhöhung der erzielten Spanne entsteht durch die verstärkte Ausnützung von Skontierungsmöglichkeiten. Die dafür notwendigen Mittel werden durch den Lagerabbau freigesetzt.

2.3 Umsatzsteigerung

Umsatzsteigerung entsteht durch gezielte Abverkaufs- und Verkaufsförderungspolitik. Dies bedingt einerseits eine differenzierte Preispolitik (Sonderangebotspolitik), anderseits eine Intensivierung der Werbeanstrengung unter Berücksichtigung einer verbesserten Werbeeffizienz.Die **Umsatz- und Limitplanung** basiert auf Warengruppenbasis.Neben dem Umsatz wird die Kalkulationsspanne, der voraussichtliche Lagerumschlag und der Soll-Bestand geplant. Schließlich wird errechnet, welche Limite, d. h. welche Höchstsummen für den Wareneinkauf in den einzelnen Warengruppen festgesetzt werden.

2.4 Bewertung der Warengruppen

Warengruppe Werkzeug
Ausgangspunkt ist der geplante Umsatz von 3.290,0 TS, bei einer Planspanne von 30,0 %. Daraus ergibt sich der geplante Bruttogewinn von 987,0 TS und ein Wareneinsatz von 2.303,0 TS. Der geplante Lagerumschlag in dieser Gruppe von 2,0 mal, bedeutet, daß der geplante durchschnittliche Lagerbestand (Wareneinsatz : Umschlag) 1.152,0 TS beträgt. Die Gegenüberstellung mit dem Inventurbestand per 31. 12. von 1.292,0 TS ergibt einen notwendigen Lagerabbau von 140,0 TS. Somit beträgt das Gesamtlimit 2.163,0 TS.

Warengruppe Fliesen
Der geplante Umsatz 1.709,0 TS mit einer Spanne von 35,0 % ergibt einen Wareneinsatz von 1.111,0 TS. So beträgt der geplante durchschnittliche Lagerbestand 337,0 TS. Dies ergibt einen notwendige Lagerabbau von 39,0 TS. Das Gesamtlimit beträgt 1.072,0 TS.

Warengruppe Farben
Der geplante Umsatz mit einer Spanne von 39,0 % ergibt einen Bruttogewinn von 577,0 TS. Der durchschnittliche Lagerbestand mit einem Lagerumschlag von 2,0 beträgt 451,0 TS.
In dieser Warengruppe ergeben die Planwerte einen höheren Lagerbestand als vorhanden, das bedeutet, daß der Differenzbetrag von 69,0 TS dem geplanten Wareneinsatz zuzurechnen ist.

Warengruppe Holz
Hier haben wir eine Spanne von 24,0 % und der geplante Umsatz von 4.371,0 TS. Daraus ergibt sich einen Bruttogewinn von 1.049,0 TS. Der durchschnittliche Lagerbestand beträgt 1.038,0 TS.
So hat Holz einen Differenzbetrag von unter 96,0 TS.

Warengruppe Garten
Ausgangspunkt ist der geplante Umsatz von 4.186,0 TS, bei einer Planspanne von 30,0 %. Daraus ergibt sich der Wareneinsatz von 2.930,0. Der durchschnittliche Lagerbestand liegt bei 977,0 TS.
Hier ergibt sich einen Differenzbetrag von 7,0 TS, der somit dem geplanten Wareneinsatz zuzurechnen ist.
Von dem auf diese Weise errechneten Gesamtlimit werden zunächst 70 % freigegeben (verfügbarer Betrag), die restlichen 30 % werden jeweils als Reserve gehalten und je nach Umsatzentwicklung der einzelnen Warengruppen freigegeben.
Damit behält der Umsatz- und Limitplan auch dann seinen Wert, wenn die tatsächliche Umsatzentwicklung – was häufig der Fall ist – von der geplanten abweicht. Gegebenenfalls muß er nochmals aufgestellt und den veränderten Gegebenheiten angepaßt werden. Er zwingt jedenfalls dazu, die Geschäftsentwicklung genau zu beobachten und erlaubt es damit, genaue Dispositionen zu treffen.

2.5 Erstellung des Umsatz- und Limitplans

siehe Anhang **K.2**.

2.6 Erklärung der Formeln des Umsatz- und Limitplans

a) Vorgegebene Daten

- Ist-Umsatz
- Umsatz
- Spanne in %
- Lagerumschlag
- Inventur (= Lager aktuell – 31.12.1998)

b) Planzahlen 1999

Bruttogewinn: gepl. Umsatz x Spanne

Es gibt mehrere Möglichkeiten, um den Bruttogewinn zu berechnen. Da wir nur diese vorgegebenen Daten hatten, entschieden wir uns für diese Variante.

Wareneinsatz:

$$\frac{\text{Umsatz} - \text{Bruttogewinn}}{= \text{Wareneinsatz}}$$

Auch der Wareneinsatz wurde nach diesen vorgegebenen Daten errechnet.

Durchschnittl. Lagerbestand: $\dfrac{\text{Wareneinsatz}}{\text{Lagerumschlag}}$

Je größer der Lagerumschlag ist, desto leichter kann sich der Betrieb Beschäftigungsschwankungen anpassen, umso geringer ist die Gefahr des Verderbs und der modischen oder technischen Entwertung der Waren und umso kleiner ist das im Lager gebundene Kapital.

c) Limit 1999

Bestand +/–:

$$\frac{\text{Inventur } 31.12.1998 - \text{durchschnittl. Lagerbestand (Plan)}}{= \text{Bestand +/–}}$$

Inventur 31.12.1998 > durchschnittl. Lagerbestand → +
Inventur 31.12.1998 < durchschnittl. Lagerbestand → – (Plan)

Gesamt:	Wareneinsatz
	+/− Bestand
	= Limit

Verfügbarer Betrag:	Gesamtlimit x 70 %
Reserve:	Gesamtlimit x 30 %

Verfügbarer Betrag und Reserve wurde schon bei den Warengruppen erklärt.

3. Limitkontrolle

3.1 Die Aufteilung des errechneten Wareneinkaufslimits

Nach Errechnung des Wareneinkaufslimits (Gesamtlimit) für eine bestimmte Periode werden die Einkaufsbeträge zunächst entsprechend dem Saisonverlauf aufgeteilt.

Beispiel:

Warengruppe:	Holz											
Gesamtlimit:	TS 3.418											
Jän.	Feb.	März	April	Mai	Juni	Juli	Aug.	Sept.	Okt.	Nov.	Dez.	Summe
200	250	250	250	368	400	200	300	300	400	300	200	3.418

3.2 Erfassung der erteilten Aufträge – Limitkontrolle

Bei der Limitkontrolle geht es grundsätzlich darum, daß für den Wareneinkauf nicht mehr ausgegeben und folglich nicht mehr bestellt werden darf, als auf Grund der Limitrechnung vorgesehen ist.
Die Limitkontrolle muß in Form einer lückenlosen und systematischen Auftragserfassung (Limitbogen) durchgeführt werden! So kann die Übersicht nicht verloren gehen und weder zu viel noch zu wenig eingekauft werden.
- Die Limitkontrolle sollte so in das Auftragswesen eingebaut werden, daß sie zu einem festen Bestandteil der Auftragserteilung und -überwachung wird.
- In kleineren Betrieben muß sich der Geschäftsinhaber vor jeder Auftragserteilung vergewissern, ob noch ein ausreichendes Limit vorhanden ist. Erteilt er einen Auftrag, so muß der Auftragswert sogleich in den Limit-Kontrollbogen eingetragen und das neue, verbleibende Limit ausgewiesen werden.
- In größeren Betrieben gilt sinngemäß das gleiche. Hier liegt die Verantwortung bei den zuständigen Mitarbeitern.

- Bei telefonischen oder Fax-Aufträgen besteht die Gefahr, daß sie nicht in die Limitkontrolle einbezogen werden.

Die Limitrechnung und -kontrolle gehören zu den wichtigsten Aufgaben der Unternehmensführung! Je gründlicher diese Planung und Kontrolle durchgeführt wird, um so störungsfreier und geordneter wird sich der Geschäftsablauf gestalten. Die kaufmännischen Risiken werden auf ein Mindestmaß beschränkt, und damit die besten Voraussetzungen für einen nachhaltigen Geschäftserfolg geschaffen.

4. Limitbogen

Der Limitbogen ist ein Formular mit dem man laufend die Einhaltung des geplanten Limits überprüfen kann. Im Limitbogen werden die erteilten Aufträge erfaßt und das Limit kontrolliert.

4.1 Erklärung des Limitbogens

1. Vom Gesamtlimit werden 70 % berechnet und in die Zeile „Limit" eingetragen. → Das Gesamtlimit 1999 (siehe Umsatz- und Limitplan) wird auf Monate verteilt. Das Gesamtlimit pro Monat ist von Monat zu Monat verschieden, da der Einkauf der Waren saisonbedingt ist (siehe 5.1).
2. Die restlichen 30 % werden in die Zeile „Reserve" eingetragen. → Über die Limitreserve darf nur kurzfristig für Nachbestellungen verfügt werden.
3. In die Zeile „Reserve alt" wird die Reserve vom Vormonat übernommen. → Im Monat Jänner gibt es keinen Übertrag vom Vormonat, da der Jänner der erste Monat im Jahr ist. Natürlich verfällt die „Reserve neu" vom Dezember nicht einfach, sondern diese wird im Umsatz- und Limitplan berücksichtigt.
4. Alsdann wird das Limit (70 %) in die Spalte „verbleibendes Limit" vorgetragen.
5. Danach werden alle Aufträge lückenlos in der Spalte „Tagessumme" erfaßt.
6. Diese Beträge der erteilten Aufträge werden von der vorgetragenen Summe „verbleibendes Limit" abgezogen, so daß sich dann das neue verbleibende Limit jeweils in der gleichnamigen Spalte ergibt. → Auf diese Weise ist jederzeit feststellbar, wieviel von dem zunächst freigegebenen Limit noch für weitere Dispositionen zur Verfügung steht.
7. In die letzte Zeile wird die Gesamtsumme der erteilten Aufträge und das verbleibende Limit eingetragen.
8. Das verbleibende Limit wird nun in die Zeile „Mehr-/Mindereinkauf" eingetragen.
   → Ein Mindereinkauf entsteht, wenn das verbleibende Limit positiv (z. B. +10) ist.
   → Ein Mehreinkauf entsteht, wenn das verbleibende Limit negativ (z. B. –10) ist.
9. Der Mehr- oder Minderumsatz wird in die entsprechende Zeile eingetragen.
   → Ein Mehrumsatz entsteht, wenn die Differenz zwischen Ist- und Planumsatz positiv (z. B. + 30) ist.
   → Ein Minderumsatz entsteht, wenn die Differenz zwischen Ist- und Planumsatz negativ (z. B. – 30) ist.

10. In der Zeile „Reserve neu" wird dann die Summe gebildet:

    Reserve
+ Reserve alt
+/– Minder- oder Mehreinkauf
+/– Mehr- oder Minderumsatz

    Reserve neu

→ Diese Summe wird dann im Februar in die Zeile „Reserve alt" übertragen (11.).

4.2 Korrekturen zum Limitbogen

a) Mehreinkauf   → –
b) Mindereinkauf   → +
c) Mehrumsatz   → +
d) Minderumsatz   → –

zu a + b)
Der Mehr- oder Mindereinkauf ist die Differenz zwischen dem Limit (70 %) und den gesamten Aufträgen.

zu c + d)
Der Mehr- oder Minderumsatz ist die Differenz zwischen dem Plan- und dem Istumsatz. Zur besseren Demonstration des Limitbogens haben wir für die Istumsätze und Aufträge im Jänner und Februar Annahmen getroffen.

4.3 Auswertung des Limitbogens

siehe Anhang **K.3**.

J. Zusammenfassung

1. Warengruppenauswertung

Die **Warengruppenauswertung** ist der wesentlichste Teil der Sortimentskontrolle. Neben der gezielten Feststellung von Schwachstellen dient die Auswertung auch als Planungsinstrument für die nächste Periode und ermöglicht den Einsatz entsprechender Maßnahmen.

Ausgangspunkt ist die Gesamtauswertung des Baumarkts Wucher aus der Jahres-Auswertung. Diese generelle Auswertung für den Gesamtbetrieb gibt eigentlich noch keine wesentliche Anhaltspunkte für Verbesserungsmaßnahmen. Erst die Aufschlüsselung auf die einzelnen Warengruppen bietet die Möglichkeit, gezielte Maßnahmen zu setzen. Die Warengruppen Werkzeuge, Fliesen, Farben, Holz und Garten wurden hinsichtlich
- des Lagerbestandes,
- des Wareneinkaufs und
- der Rentabilität

kontrolliert. Anschließend wurden für die einzelnen Warengruppen entsprechende Maßnahmen abgeleitet. Die Auswirkungen aller dieser Maßnahmen können in der nächsten Periode überprüft werden. Es können effiziente Steuermechanismen eingesetzt werden, wenn ausreichende Informationen über das betriebliche Geschehen vorliegen. Und so trägt die Warengruppenauswertung dazu bei, schnellere und bessere Entscheidungen für das Unternehmen zu treffen.

2. Limitrechnung

Die Aufgabe der **Limitrechnung** ist es, den Wareneinkauf zu steuern und das Warenlager zu vermindern. Weiters wird auch versucht den Lagerumschlag zu erhöhen. Um dies zu erreichen benötigt man einwandfreie Zahlen und Dispositionsunterlagen.

Der **gezielte Abbau des Überlagers** wird in den davon betroffenen Warengruppen für die Einkaufsverantwortlichen erreicht. Der Lagerumschlag muß angehoben werden.

Die **Erhöhung der erzielten Spanne** entsteht durch Ausnützung von Skontierungsmöglichkeiten. Durch den Lagerabbau werden die notwendigen Mittel freigesetzt.

Die **Umsatzsteigerung** entsteht durch gezielte Abverkaufs- und Verkaufsförderungspolitik.

Die **Umsatz- und Limitplanung** basiert auf Warengruppenbasis.

Neben dem Umsatz wird die Kalkulationsspanne, der voraussichtliche Lagerumschlag und der Soll-Bestand geplant. Dann wird errechnet, welche Limite für den Wareneinkauf in den einzelnen Warengruppen festgesetzt werden.

3. Limitkontrolle

Aufteilung des Wareneinkauflimits

Nach Errechnung des Wareneinkauflimits (Gesamtlimit) für eine bestimmte Periode werden die Einkaufsbeträge zunächst entsprechend dem Saisonverlauf aufgeteilt.

Erfassung der erteilten Aufträge – LIMITKONTROLLE
Bei der Limitkontrolle geht es grundsätzlich darum, daß für den Wareneinkauf nicht mehr ausgegeben und folglich nicht mehr bestellt wird, als auf Grund der Limitrechnung vorgesehen ist.

Die Limitrechnung und –kontrolle gehören zu den wichtigsten Aufgaben der Unternehmensführung!

4. Limitbogen

Was ist ein Limitbogen?
Der Limitbogen ist ein Formular mit dem man laufend die Einhaltung des geplanten Limits überprüfen kann. Im Limitbogen werden die erteilten Aufträge erfaßt und das Limit kontrolliert.

K. Anhang
Anhang K.1

Warengruppenauswertung

Warengruppen	30 Werkzeug	39 Fliesen	42 Farben	44 Holz	46 Garten	Baumarkt gesamt
Anfangsbestand	1.084.887	198.723	447.982	983.584	1.095.896	6.679.918
WEK +	2.299.810	1.097.910	733.022	2.925.908	2.921.565	16.640.146
WES −	2.092.808	920.738	798.630	2.967.929	3.047.580	15.253.653
Endbestand	1.291.889	375.895	382.374	941.563	969.881	8.066.411
O-Lager	1.188.388	287.309	415.178	962.573	1.032.889	7.373.165
LUH	1,76	3,20	1,92	3,08	2,95	2,07
	207	114	190	118	124	176
Umsatzanteil	13,67	7,23	5,99	18,00	18,19	100,00
Umsatz	2.886.401	1.525.755	1.264.231	3.800.730	3.839.646	21.114.106
WES −	2.092.808	920.738	798.630	2.967.929	3.047.580	15.253.653
Bruttogewinn	793.593	605.017	465.601	832.801	792.066	5.860.453
Spanne in %	27,49	39,65	36,83	21,91	20,63	27,76
Aufschlag	37,92 %	65,71 %	58,30 %	28,06 %	25,99 %	38,42 %
Rentabilitätszahl	0,67	2,11	1,12	0,87	0,77	0,79

Heim & Handwerk Gesamt

Warengruppen	Gesamt
Anfangsbestand	6.679.918
WEK +	16.640.146
WES −	15.253.653
Endbestand	8.066.411
O-Lager	7.373.165
LUH	2,07
LUD	176
Umsatzanteil	100,00
Umsatz	21.114.106
WES −	15.253.653
Bruttogewinn	5.860.453
Spanne in %	27,76
Aufschlag	38,42 %
Rentabilitätszahl	0,79

Anhang K.2

Umsatz- und Limitplan

Warengruppe		1998	Planzahlen 1999									Limit 1999		
Nr.	Bezeichnung	Ist-Umsatz in TS	Umsatzer-höhung %	Umsatz in TS	Spanne in %	Bruttoge-winn in TS	Warenein-satz in TS	Lager-umschlag	O-Lager-bestand	Inventur in TS	Bestand +/− in TS	Gesamt in TS	verf. Be-trag in TS	Reserve in TS
1	2	3	4	5	5	6	7	8	9	10	11	12	13	14
30	Werkzeug	2.886	14	3.290	30,00	987	2.303	2,00	1.152	1.292	140	2.163	1.514	649
39	Fliesen	1.526	12	1.709	35,00	598	1.111	3,30	337	376	39	1.072	750	321
42	Farben	1.264	17	1.479	39,00	577	902	2,00	451	382	−69	971	680	291
44	Holz	3.801	15	4.371	24,00	1.049	3.322^	3,20	1.038	942	−96	3.418	2.393	1.025
46	Garten	3.840	9	4.186	30,00	1.256	2.930	3,00	977	970	−7	2.937	2.056	881
Gesamt Heim & Handwerk		21.114		23.014	30,50	7.019	15.995	2,50	6.398	8.066	1.668	14.327	10.029	4.298

Anhang K.3

LIMITBOGEN	Warengruppe:	Garten-Hartware	
Limit: S 2.937	**für den Monat:**	Dezember	**Jahr:** 1998

Von diesem Limit können 80 % mit Limittermin dieses Monat disponiert werden.	Über die einbehaltene Reserve von 20 % soll nur kurzfristig für laufende Ergänzungen verfügt werden.

Zur Verfügung stehen:

S 2.056	S 881	Mehreinkauf –
		Korrektur des Limits (des Vormonats (+ oder –)
evtl. Korrektur		Korrektur des Umsatzes des Vormonats (+ oder –)
des Lagers (+ oder –)		Mindestumsatz
		ergibt

Aufträge mit Lieferterminen des laufenden Monats
(Hat ein Auftrag mehrere Liefertermine, so sind die Summen auf die entsprechenden Monate zu verteilen.)

Datum	Tagessumme	Firma	Verbleibendes Limit	Datum	Tagessumme	Firma	Verbleibendes Limit
bewilligtes Limit				Übertr.			

Alle Zahlen im Einkaufswert!

Anhang K.4

Jahresauswertung Heim & Handwerk

Warengruppen	L-Inventor	WEK I-XII	WES I-XII	Lager aktuell	Umsatz I-XII	Spanne	RSP%	RA	O-Lager	Lagerumschlagshäufigk.	Lagerumschlagsdauer	Rentabilität
29 Brennstoffe	137.680	132.704	167.097	103.287	218.797	51.700	23,63	30,94 %	120.483	1,39	263	0,43
30 Werkzeug	1.084.887	2.299.810	2.092.808	1.291.889	2.886.401	793.593	27,49	37,92 %	1.188.388	1,76	207	0,67
31 Eisenwaren	682.976	657.932	631.919	708.989	1.138.844	506.925	44,51	80,22 %	695.983	0,91	402	0,73
32 Elektro-Install.	235.367	507.189	410.355	332.201	461.403	51.048	11,06	12,44 %	283.784	1,45	252	0,18
33 Beleuchtung	287.288	452.133	453.093	286.328	681.543	228.450	33,52	50,42 %	286.808	1,58	231	0,80
34 Elektro-Geräte	77.836	109.712	111.829	75.719	141.050	29.221	20,72	26,13 %	76.777	1,46	251	0,38
35 Sanitär-Install.	97.633	59.308	63.224	93.717	112.394	49.170	43,75	77,77 %	95.675	0,66	552	0,51
36 Sanitär-Einricht.	292.510	1.094.080	612.628	773.962	866.624	253.996	29,31	41,46 %	533.236	1,15	318	0,48
37 Heizung	2.150	5.839	6.338	1.651	9.271	2.933	31,64	46,28 %	1.901	3,33	109	1,54
38 Heizgeräte	319.523	559.434	487.965	390.992	634.111	146.146	23,05	29,95 %	355.257	1,37	266	0,41
39 Fliesen	198.723	1.097.910	920.738	375.895	1.525.755	605.017	39,65	65,71 %	287.309	3,20	114	2,11
40 Fliesen-Verarb.	98.523	277.588	331.738	44.373	526.435	194.697	36,98	58,69 %	71.448	4,64	79	2,73
41 Kacheln												
42 Farben-Bauchemie	447.982	733.022	798.630	382.374	1.264.231	465.601	36,83	58,30 %	415.178	1,92	190	1,12
43 Raumausstattung	124.130	357.928	255.091	226.967	394.550	139.459	35,35	54,67 %	175.548	1,45	251	0,79
44 Holz	983.584	2.925.908	2.967.929	941.563	3.800.730	832.801	21,91	28,06 %	962.573	3,08	118	0,87
45 Holz im Garten	86.667	428.671	301.340	213.998	409.400	108.060	26,39	35,86 %	150.333	2,00	182	0,72
46 GartenHartware	1.095.896	2.921.565	3.047.580	969.881	3.839.646	792.066	20,63	25,99 %	1.032.889	2,95	124	0,77
47 Lebendes Grün	8.009	314.025	193.463	128.571	274.621	81.158	29,55	41,95 %	68.290	2,83	129	1,19
48 Spiel, Sport, Freizeit	105.250	613.322	395.988	322.584	558.620	162.632	29,11	41,07 %	213.917	1,85	197	0,76
49 Haushalt- u. Arbeits.	197.533	507.422	459.238	245.717	691.383	232.145	33,58	50,55 %	221.625	2,07	176	1,05
50 Küchengeräte	20.195	53.333	24.310	49.218	39.020	14.710	37,70	60,51 %	34.706	0,70	521	0,42
51 Lebensmittel	4.644	31.766	26.548	9.862	36.297	9.749	26,86	36,72 %	7.253	3,66	100	1,34
52 Zoo	11.516	11.827	16.046	7.297	20.406	4.360	21,37	27,17 %	9.406	1,71	214	0,46
53 Auto	74.701	448.268	468.280	54.689	556.036	87.756	15,78	18,74 %	64.695	7,24	50	1,36
54 Bastelbedarf	2.069	5.066	2.552	4.583	4.265	1.713	40,16	67,12 %	3.326	0,77	476	0,52
90 Dienstleistungen					11.833							
56 Sonstiger Baumarkt		34.384			9.054			43,71 %				
57 Werbemittel	2.646				1.386			66,39 %				
Gesamt Heim & Handw.	6.679.918	16.640.146	15.253.653	8.066.411	21.114.106	5.860.453	27,76	38,42 %	7.373.165	2,07	176	0,79

Fallstudie 10

Alexander Keil

Kalkulation einer Snowboardproduktion

Problemfelder:

- Materialkosten
- Differenzierte Zuschlagskalkulation
- Kostenauflösung
- Kalkulationsverfahren zu Teilkosten

Inhaltsverzeichnis

1. Problemstelllung 197

2. Kalkulation 197

3. Ermittlung Materialeinzelkosten 199

4. Ermittlung Materialgemeinkosten 199

5. Ermittlung Produktionsminuten 199

6. Kostenstellengliederung und Kostenauflösung 200

7. Ermittlung Variable Fertigungslöhne pro Minute 200

8. Ermittlung Variable Energiekosten pro Minute 200

9. Ermittlung Sonstige Variable Kosten pro Minute 201

10. Ermittlung Fixe Kosten pro Minute 201

1. Problemstellung

Die Keil-Nindl Ges.m.b.H. & Co KG ist auf die Produktion von Snowboards spezialisiert. Sie stellte 1985 die ersten Snowboards auf Kunststoffbasis her und war so führend an der rasanten Entwicklung dieser Trendsportart beteiligt. Die Keil-Nindl Ges.m.b.H. & Co KG fungiert als Sublieferant für den weltweiten Marktführer in der Snowboardbranche. Sie beschäftigt mehr als 100 Mitarbeiter und erwirtschaftet einen Jahresumsatz von etwa 150 Mio. ATS.

Im Folgenden wird ausgehend von einer beispielhaften Kalkulation dargestellt, wie die relevanten Daten für die Kostenträgerrechnung ermittelt werden. Die angeführten Daten sind Beispieldaten, die rein zur Demonstration der Zusammenhänge der Kalkulation dienen.

Die Beiträge sind ATS-Beiträge.

2. Kalkulation

Ein Kalkulationsblatt für ein Snowboard hat folgendes Aussehen:

Materialkosten	Menge	Wert	Kosten	
BTO	1,62	19,00	30,78	
BTU	1,62	17,08	27,67	
Glasgewebe	2	17,33	34,66	
Kleber	2	25,84	51,68	
Innenbau Holz	1	95,50	95,50	
Kante	1	33,80	33,80	
Gummi	1	18,52	18,52	
Inserts	16	1,60	25,60	
Siebdruck	11	9,00	99,00	
Lackierung/Folie	3	5,20	15,60	
Wachs	1	1,00	1,00	
Verpackung	1	1,85	1,85	
Summe MEK			**435,66**	
Materialgemeinkosten	3,00 %		13,06	
Summe Materialkosten			**448,72**	**448,72**
Sonstige variable Kosten	Minuten	Satz/Min	Kosten	
variable Fertigungslöhne	55	4,07	223,93	
variable Energiekosten	55	0,23	12,49	
variable Gemeinkosten	55	1,49	82,09	
Summe sonstige variable Kosten			**318,51**	**318,51**
Summe variable Kosten				**767,23**
Fixe Kosten	Minuten	Satz/Min	Kosten	
Fixe Kosten	55	3,62	198,99	
Summe Fixe Kosten			**198,99**	**198,99**
Selbstkosten				**966,23**
Gewinnaufschlag	5 %			48,31
Zwischensumme				1.014,54
Skonto	3 %			31,38
Nettoverkaufspreis				**1.045,91**
Erzielbarer Preis				1.024,00
Deckungsbeitrag				**256,77**

3. Ermittlung Materialeinzelkosten

Die Materialeinzelkosten werden über die einzelnen direkt erfassbaren Bestandteile eines Boards auf Basis Wiederbeschaffungspreise kalkuliert. Für das Snowboard im Demonstrationsbeispiel beträgt die Summe der Materialeinzelkosten 435,66.

4. Ermittlung Materialgemeinkosten

Als Materialgemeinkosten werden in der Kalkulation all jene Positionen des der Kontenklasse „Material" erfasst, die nicht direkt zugerechnet werden können (eigentlich Gemeinkostenmaterial, wie Trennmittel, div. Verbrauchsmaterialien, etc.). Die Summe dieser Gemeinkosten bezogen auf die Summe der Materialgemeinkosten ergibt im Demonstrationsbeispiel einen Materialgemeinkostenzuschlagsatz von 3 %:

Summe Kontenklasse Materialaufwand	73,163.000,–
abzüglich Gemeinkostenmaterial	2,130.000,–
Materialeinzelkosten	71,033.000,–
Zuschlagsatz	**3,00 %**

Da diese Materialien produktionsabhängig angeschafft werden, können diese Gemeinkosten zur Gänze als variabel angesehen werden.

5. Ermittlung Produktionsminuten

Alle weiteren Kalkulationsgrößen stellen Minutensätze dar. Als Berechnungsbasis werden errechnete Produktionsminuten verwendet. Dazu wird in der Produktion je Modell eine benötigte Herstellungsdauer ermittelt. Die Summe für alle Modelle aus Produktionszeit je Modell multipliziert mit der jeweils erzeugten Menge ergibt die gesamten Produktionsminuten (im Demonstrationsbeispiel 8.257.401 Minuten).

	produzierte Menge	Min/Stück	
Board 1	2.435	48	116.880
Board 2	7.546	55	415.030
…	…	…	…
Board n	4.876	52	253.552
Summe			**8.257.401**

6. Kostenstellengliederung und Kostenauflösung

Generell ist der Betrieb in die Kostenstellen
- Rohproduktion
- Ausfertigung
- Verwaltung
- Sportgeschäft

gegliedert. Lediglich in der Personalverrechnung gibt es eine umfassendere Aufgliederung (siehe unten: Ermittlung Variable Fertigungslöhne pro Minute).

Die Kostenstelle „Sportgeschäft" ist für die Kalkulation irrelevant, da dort nur Geschäftsfälle, die das an den Betrieb angeschlossene Sportgeschäft betreffen, verbucht werden.

Bei der Verbuchung der Belege werden die jeweiligen Belege den Kostenstellen zugeteilt, wobei für jede Kostenart vorbelegt ist, in welchem Ausmaß diese Kosten fix oder variabel sind. Diese vereinfachte Kostenauflösung kann bei Abweichungen vom Normfall jeweils „overruled" werden.

7. Ermittlung Variable Fertigungslöhne pro Minute

Die Kostenstellengliederung in der Personalverrechnung ist so beschaffen, dass die Personalkosten direkt in der Produktion tätiger Mitarbeiter für die Ermittlung der variablen Personalkosten auf eigenen Kostenstellen gesammelt werden.

Die Summe der Personalkosten dieser Kostenstellen dividiert durch die Anzahl der Produktionsminuten ergibt die variablen Fertigungslöhne pro Minute (im Demonstrationsbeispiel 4,07):

Personalkosten Fertigungskostenstellen	33.620.000,–
Produktionsminuten	8.257.401,–
Variable Fertigungslöhne pro Minute	**4,07**

8. Ermittlung Variable Energiekosten pro Minute

Die variablen Energiekosten werden gesondert erfasst. Die Energiekosten der Fertigungskostenstellen dividiert durch die Produktionsminuten ergibt den Satz der variablen Energiekosten pro Minute (im Demonstrationsbeispiel 0,23):

Energiekosten Fertigungskostenstellen	1.875.000,–
Produktionsminuten	8.257.401,–
Variable Fertigungslöhne pro Minute	**0,23**

9. Ermittlung Sonstige Variable Kosten pro Minute

Die sonstigen variablen Kosten (Summe variable Kosten abzüglich Materialkosten abzüglich variable Personalkosten abzüglich variable Energiekosten) werden auch über einen Satz pro Produktionsminute verrechnet (im Demonstrationsbeispiel 1,49):

Sonstige Variable Kosten /	12,324.000,–
Produktionsminuten	8,257.401,–
Sonstige Variable Kosten pro Minute	**1,49**

In Summe ergeben sich im Demonstrationsbeispiel aus den bisher verrechneten Kostenpositionen gesamte variable Kosten von 767,23.

Aus dem Vergleich von erzielbarem Preis (1.024,–) und variablen Kosten (767,23) ergibt sich ein positiver Deckungsbeitrag in der Höhe von 256,77.

10. Ermittlung Fixe Kosten pro Minute

Für die Ermittlung der vollen Selbstkosten sind noch die Fixkosten in der Kalkulation zu berücksichtigen. Auch hier wird mit einem Satz pro Produktionsminute gerechnet, indem die gesamten Fixkosten (Gesamtkosten abzüglich Summe variable Kosten) der kalkulationsrelevanten Kostenstellen durch die Produktionsminuten dividiert werden:

Gesamtkosten	148,728.000,–
abzgl. Variable Kosten	118,852.000,–
Fixkosten	**29,876.000,–**
Fixkosten	29,876.000,–
Produktionsminuten	8,257.401,–
Fixkosten pro Minute	**3,62**

Im Demonstrationsbeispiel ergeben sich bei Anwendung des so ermittelten Minutensatzes (3,62) bei 55 Produktionsminuten für das Board fixe Kosten in der Höhe von etwa 199,–.

Die vollen Selbstkosten (Fixkosten + variable Kosten) betragen dann 966,23. Man sieht, dass im vorliegenden Fall der kalkulierte Nettoverkaufspreis (1.045,91) nicht am Markt erzielt werden kann. Es kann aber ein positiver Deckungsbeitrag (256,77) erreicht werden und darüber hinaus können sogar die gesamten Kosten gedeckt werden (Stückerfolg: 57,77).

Fallstudie 11

Georg R. Mündl

Handypreiskalkulation im Mobilfunkvertrieb

Problemfelder:

- Kalkulationsverfahren zu Vollkosten

Inhaltsverzeichnis

1. Einleitung 205

2. Vertriebsstrukturen im Mobilfunk 205

3. Ziele der Kalkulation 206

4. Geschäftsprozeßbeschreibung 207

5. Kalkulation 208

6. Beispiele 209

7. Nachteile bei Verwendung einer Standardkalkulation 211

1. Einleitung

In Österreich wurden durch die Marktliberalisierung und die Lizensierung des ersten privaten Mobilfunkbetreibers, max.mobil., im Jahre 1995 die Voraussetzungen für den folgenden Mobilfunkboom geschaffen.

Dieser Beitrag beschäftigt sich mit dem kalkulatorischen Ansatz, der bei max.mobil. verwendet wurde, um im aufkommenden Massenmarkt die Kontrolle über tausende Outlets zu behalten und um einen einheitlichen Marktauftritt zu gewährleisten.

2. Vertriebsstrukturen im Mobilfunk

Es war nicht mehr ausreichend, einige wenige Spezialgeschäfte als Vertriebspartner zu pflegen und wenige Flagship Stores zu eröffnen, sondern erforderlich, einen breiten Zugang zum Massenmarkt zu finden. Elektromärkte, Filialisten, Telekomspezialisten, Elektrogeschäfte, aber auch Lebensmittelketten, Tankstellen und Trafiken, waren in eine leistungsfähige Distributionsstruktur einzubinden, die nach ihrem Aufbau in Spitzenzeiten über eine Million Aktivierungen von Neukunden jährlich abzuwickeln hatte.

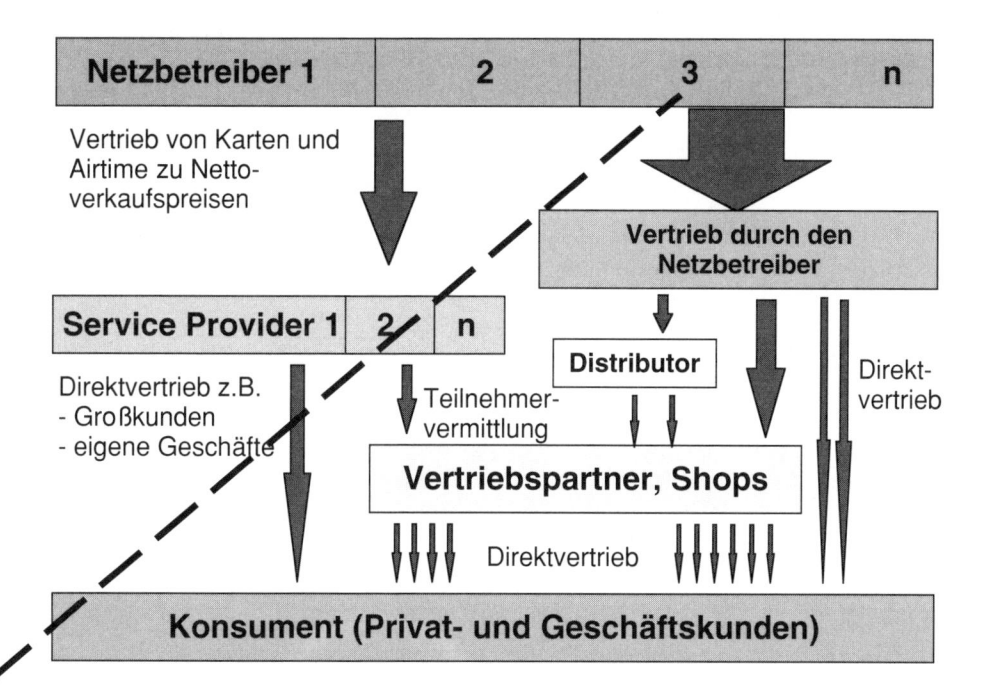

Die Graphik zeigt im internationalen Mobilfunkvertrieb angewendete mehrstufige Vertriebsmodelle. Die links der strichlierten Linie angeführte Vertriebsstruktur „Service Provider" hat in Österreich keine Verbreitung gefunden, den größten Anteil am Vertriebsgeschehen nimmt in Österreich die Linie Vertrieb Netzbetreiber – Vertriebspartner (Geschäft, Markt, POS) – Konsument ein (einstufiger Vertrieb).

3. Ziele dieser Kalkulation

Mobilfunkbetreiber verstehen sich selbst nicht als reine Handyverkäufer, sondern als Mobilfunkdienstleister, die Handies benützen, um ein Service erbringen zu können und um Kunden zu akquirieren. Wer erinnert sich nicht an günstige Handyangebote in der Vergangenheit?

Um den Anforderungen des Vertriebs nachzukommen, mußte ein Geschäftsmodell verwendet werden, dass im wesentlichen die folgenden Ziele erfüllt:
1. Kontrolle über die Vertriebspartner
2. Kontrolle über die Angebotsstruktur
3. Exakte Preisstruktur über das ganze Handelsuniversum
4. Verkaufsdruck in den Outlets
5. Preisstützungen nur für die eigene Firma/eigene Handies.

Die bei max.mobil. ab 1997 verwendete Methode beruht im Wesentlichen auf einem Geschäftsprozeß und einer Kalkulation und wird in den nächsten Abschnitten beschrieben. Es darf nicht unerwähnt bleiben, dass die verwendeten Methodiken nur mit leistungsfähigen ERP-Systemen darstellbar und abwickelbar sind.

4. Geschäftsprozeßbeschreibung

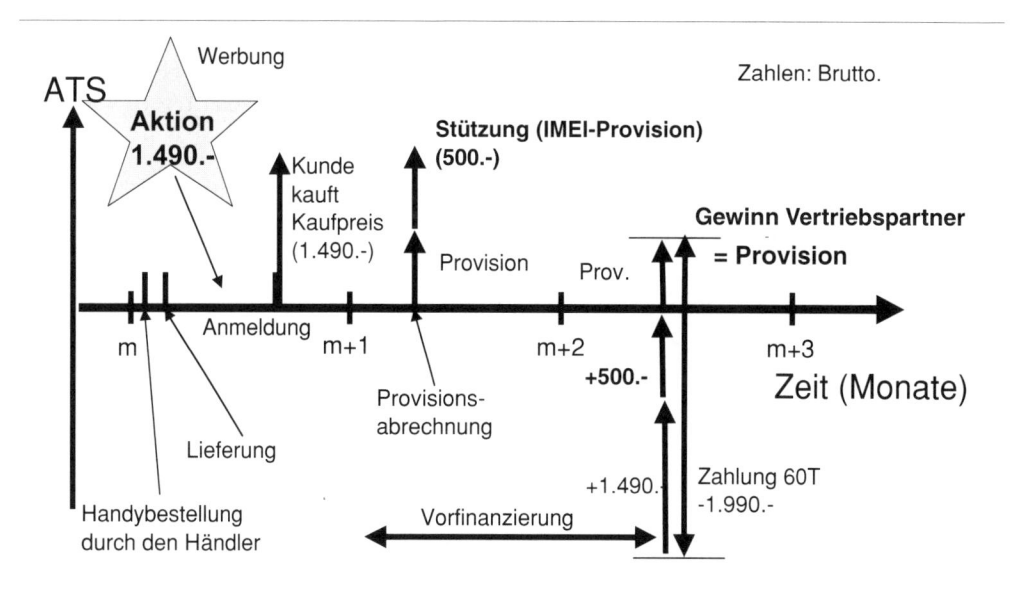

```
ATS                              Zahlen: Brutto.
 │   Werbung
 │   Aktion        Stützung (IMEI-Provision)
 │   1.490.-       (500.-)
 │         Kunde
 │         kauft                    Gewinn Vertriebspartner
 │         Kaufpreis                = Provision
 │         (1.490.-)  Provision  Prov.
 │──┼┼──┼──────┼────────┼──────┼──────┼──→
 │  m   Anmeldung m+1            m+2    m+3   Zeit (Monate)
 │      Lieferung        Provisions-   +500.-
 │                       abrechnung
 │   Handybestellung      Vorfinanzierung   +1.490.-  Zahlung 60T
 │   durch den Händler                                -1.990.-
```

1. Endgerätekauf durch einen Vertriebspartner.
   Zahlungsziel z. B. 60 Tage (= Finanzierung).
   Es werden exakt definierte Geräte geliefert (Serien-Nr.).
2. Bewerbung zum vom Betreiber festgelegten Preis.
3. Verkauf am Point of Sale zum vorgegebenen Preis.
4. Provisions- und Handystützungszahlung an den Vertriebspartner im dem Kauf folgenden Monat.
   Es wird nur für ein Gerät aus eigener Lieferung bezahlt (Serien-Nr.) wenn der empfohlene Preis verwendet wurde (= Kontrolle).
   Durch den Ablauf der Finanzierung entsteht Verkaufsdruck.
5. Bezahlung des Handies/Realisierung des Gewinns.

5. Kalkulation

In der untenstehenden Kalkulation wird der einfache Verkauf einer Ware der Kalkulation im Handygeschäft gegenübergestellt. Diese Kalkulation für das Handygeschäft ergab sich aus der Zieledefinition und den praktisch möglichen Geschäftsprozessen.

Kalkulation Geräteverkauf

	Standardkalkulation (Verkauf einer Ware)	Handykalkulation (Handyverkauf mit Anmeldung)
Geräteeinkauf	– HEK	– HEK
Geräteverkauf	+ KAP	+ KAP
Provision	0	+ Provision + Stützung
Promotion	+ Bonus	+ Bonus
Spanne	+ VSP + Bonus	– HEK + KAP + Stützung (= 0) + Provison + Bonus

HEK = Hänldereinkaufspreis
KAP = Kundenabgabepreis
VSP = Vertriebsspanne
Stützung = branchenintern IMEI-Provision, nur bei richtiger Serien-Nr.)
Bonus = Zielerreichungsboni, Werbekostenzuschüsse …

Von den Mobilfunkvertrieben ist selbstverständlich auf eine sinnvolle Parametrierung zu achten, denn es kann nicht erstes Ziel sein, über den Kundenabgabepreis zu verkaufen, sondern das Kalkulationsschema so auszureizen, dass alle Komponenten entsprechend zum Ergebnis beitragen. Beispielsweise lassen sich über die Parameter Provision und Zielerreichungsboni hervorragende Ergebnisse erzielen. Der Parameter Stützung bestimmt den Kundenabgabepreis des Handys.

6. Beispiele

Beispiel A

Aus einer Präsentation für Vertriebspartner 1997

Aktuelle max.edition. Angebote   **max.**mobil.

Siemens S6 max.edition.
- Aktionsstart 1. August 1997
- Gültig für alle maxpartner, vorzugsweise aber Fachhändler
- Package S6max.edition:
  Siemens S6 mit max 0676
  Logo + maxkarte.
  (Jahresvertrag) + **ATS 500,– Gebührenguthaben** bei der ersten Rechnung gutgeschrieben wird um **ATS 1.990,–** inkl. USt
- Das S6max.edition. funktioniert nur mit max (SIM-Lock!)

Dieses Kalkulationsmodell wurde von max.1997 erstmals angewendet.

Beispiel B

Aus einer Präsentation für Vertriebspartner 1999

Aktuelle max.edition. Angebote   **max.**mobil.

Nokia 6110 max.edition
- Personal Assistant Funktion
- integrierte Infrarot Schnittstelle
- Standbyzeit bis 230 h mit Li-Ion-Slim Akku
- integrierte Anruferprofile
- beleuchtetes Vollgrafik-Display
- geschlossene Benutzergruppen
- 35 verschiedene Ruftöne
- Datenübertragung bis zu 38.400 bps
- 3 Spiele (Snake, Logic, Memory)
- Enhanced Full Rate
- **VK ATS 490,–**

Siemens S 25 max.edition
- Dual-Band Handy
- Enhanced Full Rate
- Standbyzeit – 200 h/Gesprächszeit – 5 h
- Farb Grafik Display
- Organiser mit Rechnerfunktion
- Vibra Call Funktion
- 20 Sek. Sprachaufzeichnung
- Individueller Anrufton für VIP-Telefonbuch
- SMS/Fax/Daten
- Integriertes Modem f. Fax u. Datenübertragung
- Datum und Uhr-Anzeige
- **VK ATS 1.790,–**

Nokia 6150 max.edition
- Dual-Band – Handy für den Profi
- Enhanced Full Rate
- Personal-Assistent-Funktionen
- Integrierte Infrarot-Schnittstelle
- Standbyzeit bis 250 h mit Li-Ion-Akku
- 270 Minuten Gesprächszeit
- absolutes Leichtgewicht (142 g)
- Intelligente Anruferprofile
- beleuchtetes Vollgrafik-Display
- geschlossene Benutzergruppen
- Datentransfer mit 38.400 bsp durch Datenkomprikierung
- **VK ATS 1.990,–**

Siemens O25 max.edition
- Dual-Band Handy
- Enhanced Full Rate
- Standbyzeit – 100 h/Gesprächszeit – 300 min
- „Smart-to-use" Bedienerführung
- Individueller Anrufton für VIP-Telefonbuch
- SMS/Fax/Daten tauglich
- kleinste Handy seiner Klasse
- **VK ATS 490,–**

Beispiel C

Marktsteuerung über Spannen und Provisionen Anfang 2000

per 24. 1. 2000 ändern wir unsere Preise ein weiteres mal. Dadurch ergeben sich Änderungen bei Händlerspannen, IMEI-Provisionen und auch einigen HEK's!
Bitte per 24. 1. 2000 IMEI und HEK pflegen und neue Verkaufspreise bei Werbungen berücksichtigen (Spannen kalkuliert für freizeit.max).

Änderungen bei max.edition.

Motorola L7089	(20205)	KAP 2.290,–	IMEI 1.442,–	Spanne 800,–	HEK 3.800,–
Nokia 6150	(20147/20146)	KAP 990,–	IMEI 1.625,–	Spanne 550,–	HEK 3.150,–
Siemens S25	(20183/20237)	KAP 790,–	IMEI 1.442,–	Spanne 550,–	HEK 2.800,–
Bosch 909s	(11658)	KAP 2.990,–	IMEI 1.158,–	Spanne 800,–	HEK 4.100,–
Ericsson T28s	(11306/11352)	KAP 5.990,–	IMEI 808,–	Spanne 800,–	HEK 6.250,–
Motorola V3888 Titanium	(11849)	KAP 5.990,–	IMEI 1.158,–	Spanne 800,–	HEK 6.600,–
Nokia 8810		KAP 2.990,–	IMEI 2.500,–	Spanne 600,–	HEK 5.642,–
Nokia 7110	(11435)	KAP 4.490,–	IMEI 0,–	Spanne 600,–	HEK 4.392,–
Nokia 8210	(11770)	KAP 6.990,–	IMEI 0,–	Spanne 600,–	HEK 6.475,–
Nokia 8850	(11438)	KAP 7.990,–	IMEI 292,–	Spanne 600,–	HEK 7.600,–
Nokia 9110	(11126)	KAP 6.990,–	IMEI 1.225,–	Spanne 800,–	HEK 7.500,–

Änderungen bei Business-Bundles

Motorola L7089 + Palm V	(20205/20240)	KAP 7.490,–	IMEI 1.442,–	Spanne 634,–	HEK 8.300,–
Siemens S25 + Revo	(20183/11825)	KAP 6.490,–	IMEI 1.442,–	Spanne 1.020,–	HEK 7.080,–

WICHTIG
Neue Ertrag-Kategorie: Ab KAP 2.000,– beträgt die Spanne ATS 800,– netto
(gilt wegen Engpaß nicht für Nokia!)

7. Nachteile bei Verwendung einer Standardkalkulation

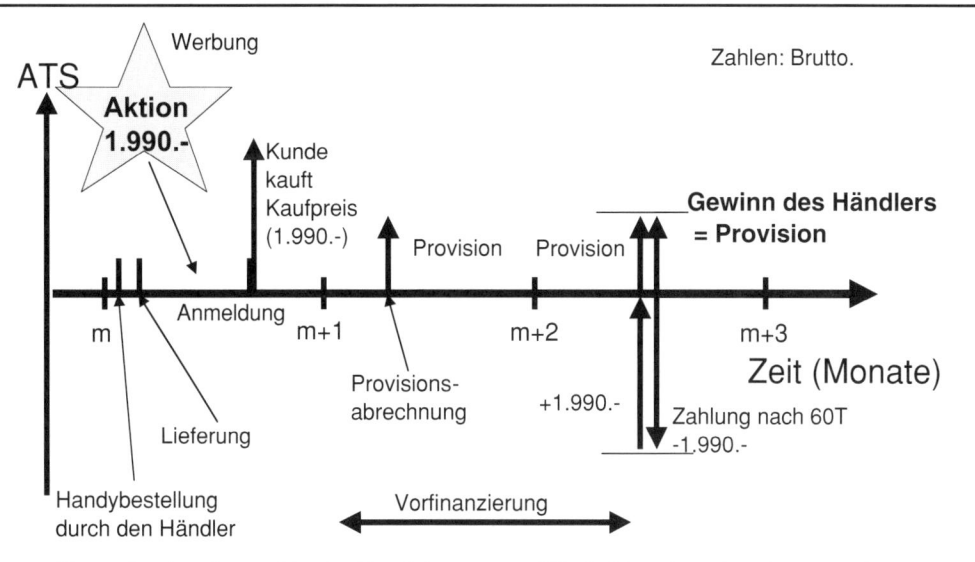

Diagramm:

ATS-Achse, Zeit (Monate) auf x-Achse mit Markierungen m, m+1, m+2, m+3.

- Werbung: Aktion 1.990.-
- Handybestellung durch den Händler (bei m)
- Lieferung
- Anmeldung (m+1)
- Kunde kauft, Kaufpreis (1.990.-)
- Provisionsabrechnung
- Provision (+1.990.-) bei m+2
- Provision, Zahlung nach 60T (-1.990.-)
- Gewinn des Händlers = Provision (bei m+3)
- Vorfinanzierung (zwischen m+1 und m+2)
- Zahlen: Brutto.

Ohne „Gerätestützung" ist der Vertriebspartner völlig frei in seiner Angebotsgestaltung
(Netzbetreiber egal, Preis egal, die Kontrolle läge beim Handel)

Ohne „Stützung" des Handypreises ist der Vertriebspartner völlig frei in seiner Angebotsgestaltung. Der angemeldete Netzbetreiber, das Produkt (Handy) wären leicht austauschbar, der Vertriebspartner könnte Teile seiner Provision in den Kundenverkaufspreis einrechnen, kurz, es würde ein uneinheitliches, nicht von den Netzbetreibern kontrolliertes Angebot am Markt entstehen.

Fallstudie 12

Gerhard Plaschka

Betriebsabrechnung für einen Hotelbetrieb*

Problemfelder:

- Betriebsüberleitung
- Personalkosten
- Kalkulatorische Abschreibungen
- Kalkulatorische Zinsen
- Differenzierte Zuschlagskalkulation

---

* Es handelt sich hiebei um eine bereits ältere Fallstudie, die neuerlich aufgelegt wurde, da sie sich didaktisch sehr bewährt hat.

Inhaltsverzeichnis

1. **Angaben** 215
   1.1 Betriebsstruktur 216
   1.2 Bilanz und Gewinn- und Verlustrechnung 1984
       (vereinfachte Darstellung) 217
   1.3 Anmerkungen zur Bilanz und zur Gewinn- und Verlustrechnung 218
   1.4 Kostenstellengliederung 220
   1.5 Ergänzende Erläuterungen zur Erstellung des Betriebs-
       abrechnungsbogens 221
   1.6 Kalkulation der Abgabepreise 1984 223

2. **Betriebsüberleitung und Betriebsabrechnung** 223
   2.1 Betriebsüberleitungsbogen 223
   2.2 Betriebsabrechnungsbogen 228

3. **Kalkulation** 232
   3.1 Gemeinkostenzuschlagsätze 232
   3.2 Kalkulation 233

1. Angaben

Das Hotel wurde im Jahr 1903 errichtet und zwischen 1965 und 1970 neu adaptiert. Die Gesamtnutzfläche des Hotels einschließlich der Nebengebäude (Personalbeherbergung, Freizeitanlagen) beträgt 5.570 m². Bei dem Hotel handelt es sich um ein Ferienhotel, wobei außerhalb der Hauptsaison das Hotel teilweise als Seminarhotel geführt wird.

Der Gesamtbetrieb umfaßt neben dem Beherbergungsbereich auch noch entsprechende Freizeitanlagen (Sauna und Hallenbad), Seminar- und Konferenzräume, Restaurant und Garage. Die genannten Bereiche stehen, mit Ausnahme der Seminarräumlichkeiten, die auch ohne Beherbergungsleistungen gemietet werden können, ausschließlich Hotelgästen zur Verfügung.

Standort:	Salzkammergut
Kategorie:	A
Öffnungszeit:	1. Dezember bis 31. Oktober (335 Tage)
Zimmer:	72
Betten:	120
Sitzplätze Restaurant:	48
Rechtsform:	protokolliertes Einzelunternehmen
Beschäftigte:	36
Auslastung des Hotelbetriebes:[1]	49,66 % (19.963 Nächtigungen)
Sitzplatzfrequenz des Restaurants:[2]	132,09 %
Auslastung der Seminarräumlichkeiten:	25,97 % (87 Tage)
Umsatzänderung:	Im Geschäftsjahr 1984 konnte keine Umsatzsteigerung im Vergleich zum Geschäftsjahr 1983 erzielt werden.
Verlust:	S 1,285.400,–

Da bei gleichbleibender Auslastung des Hotel- und Restaurantbetriebes im Vergleich zum Geschäftsjahr 1983 ein Verlust erzielt wurde, soll für die abgelaufene Periode eine Nachkalkulation der Hauptleistungen vorgenommen werden. Bisher wurden die Abgabepreise am ortsüblichen Niveau ausgerichtet.

Aufgrund der vorliegenden Aufzeichnungen, die gemeinsam mit dem Unternehmer erstellt wurden, soll eine Nachkalkulation zu Vollkosten für die nachstehenden Leistungen erfolgen:

---

1 $\dfrac{\text{Übernachtungen}}{\text{Bettenzahl} \times \text{Öffnungszeit}} \times 100 = \dfrac{19.963 \times 100}{120 \times 335} = 49{,}66\ \%$

2 $\dfrac{\text{belegte Plätze}}{\text{Sitzplatzkapazität} \times \text{Öffnungszeit}} \times 100$

Nächtigungspreis mit Frühstück,
Nächtigungspreis mit Vollpension und
Seminartagespauschalpreis.

Unterlagen:
1. Betriebsstruktur,
2. Bilanz und Gewinn- und Verlustrechnung 1984,
3. Anmerkungen zur Bilanz und zur Gewinn- und Verlustrechnung 1984,
4. Kostenstellengliederung,
5. ergänzende Erläuterungen zur Erstellung des BAB und
6. Kalkulation der Abgabepreise 1984.

Der Bedienungszuschlag von 10,5 % in den Kalkulationen ist branchenüblich. Dieser erscheint als Garantielöhne in der Gewinn- und Verlustrechnung und wird in der Kostenrechnung als Einzelkosten behandelt.

1.1 Betriebsstruktur

Tabelle 1: Beherbergungsbereich

	Zimmer	Nächtigungen	Anlagevermögen/Zimmer
Einbettzimmer	24	3.728	216.000,–
Zweibettzimmer	48	16.235	288.000,–
	72	19.963	

Tabelle 2: Gesamtnutzfläche und Beschäftigte nach Leistungsbereichen

	Nutzfläche in m^2	Beschäftigte Arbeiter	Beschäftigte Angestellte
Logis	3.860	8	2
Großer Saal	240	6	–
Küche	150	8	1
Keller	120	1	–
Restaurant	160	4	–
Sauna und Hallenbad	290	1	–
Verwaltung	60	–	2
Wäscherei	70	2	–
Seminarräume	170	–	1
Personalbeherbergung und -verpflegung	110	–	–
Garage	150	–	–
Wohnung des Unternehmers	190	–	–
	5.570	30	6

1.2 Bilanz und Gewinn- und Verlustrechnung 1984 (vereinfachte Darstellung)

Bilanz zum 31. 12. 1984

	S		S
a) Anlagevermögen		a) Kapitalkonto	7.580.000,–
Grundstücke	1,820.000,–	b) Rücklagen	1.240.000,–
Betriebs- und Geschäfts-ausstattung	8,640.000,–	c) Wertberichtigungen	
Gebäude	18,800.000,–	Gebäude	10,310.600,–
		Betriebs- und Geschäftsausstattung	6,812.000,–
b) Umlaufvermögen		d) Rückstellungen	470.200,–
Warenbestand Küche	327.400,–	e) Verbindlichkeiten	
Warenbestand Keller	532.100,–	gegenüber Kredit-	
Kassa	178.900,–	-instituten	4,180.400,–
Forderungen an Reisebüros	1.840.000,–	gegenüber Lieferanten	1,652.000,–
Sonstige Forderungen	370.500,–	sonstige	294.100,–
Aktive Rechnungsabgrenzung	128.000,–	f) passive Rechnungs-abgrenzung	97.600,–
Summe	**32,636.900,–**	**Summe**	**32,636.900,–**

Gewinn- und Verlustrechnung für 1984

	S		S
1. Wareneinsatz		1. Leistungserträge Hotel und Restaurantbereich	
Wareneinsatz Küche	3,061.900,–	Erlöse Küche	3,844.400,–
Wareneinsatz Keller	1,090.500,–	Erlöse Keller	1,530.000,–
2. Personalaufwand		Erlöse Logis	9,925.200,–
Löhne	3,636.000,–	Erlöse Seminar- und Konferenzräume	330.600,–
Garantielöhne	2,402.500,–		
Aushilfslöhne	101.800,–	2. Sonstige Erträge	
Gehälter	1,015.200,–	Bedienungsgeld	2,402.500,–
DG-Anteil zur Sozialver.	1,931.400,–	Getränkesteuer	204.500,–
Lohn- und gehaltsab. Abg.	937.600,–	Alkoholabgabe	119.250,–
Freiwilliger Sozialaufwand	307.800,–	Zinserträge	72.400,–
3. Anlagenabschreibung und Instandhaltung		Handelswaren	74.240,–
Abschreibung	1,034.000,–	3. Verlust	1,285.400,–
Geringwertige Wirtschaftsgüter	19.500,–		
Instandhaltung Gebäude	270.060,–		
4. Aufwandzinsen	503.500,–		
5. Steuern und Abgaben			
Gewerbesteuer	285.000,–		
Getränkesteuer	204.500,–		
Alkoholabgabe	119.250,–		
Sonstige Steuern und Abgaben	97.000,–		
Ortstaxe	280.900,–		
Übertrag	**17,298.410,–**		**19,788.490,–**

	S		S
Übertrag	17,298.410,–		19,788.490,–
6. Sonstiger Betriebs- und Geschäftsaufwand			
Heizung, Warmwasserbereitung	858.900,–		
Elektrischer Strom	572.400,–		
Hotel- und Restaurantbedarf	284.700,–		
Werbeaufwand	207.000,–		
Post- und Telefongebühren	170.300,–		
Reise- und Repräsentationsaufwand	34.400,–		
Betriebsversicherungen	72.280,–		
Bürobedarf	27.800,–		
Bücher und Zeitschriften	18.600,–		
Sonstiger Aufwand	243.700,–		
Summe	19,788.490,–	Summe	19,788.490,–

1.3 Anmerkungen zur Bilanz und zur Gewinn- und Verlustrechnung

ad Bilanz

1. Anlagevermögen
   1/9 des Grundstückes und 1/25 des Gebäudes werden betrieblich nicht genutzt. Ein vergleichbares Ersatzgrundstück wurde jüngst um S 7,340.000,– verkauft.

2. Fremdkapital
   In der Position sonstige Verbindlichkeiten sind Anzahlungen von Kunden in der Höhe von S 143.000,– enthalten.

3. Unternehmenswert
   Im Jahre 1984 wurde von einem beeideten Sachverständigen ein Gutachten über den Unternehmenswert erstellt. Dabei wurde ein „Goodwill" von S 8,770.558,– errechnet.

4. Entwicklung des Preisindizes

	Anschaffungsjahr	31. 12. 84
Baupreisindex	128	360
Verbraucherpreisindex	124	329
Großhandelspreisindex	120	324

5. Durchschnittlicher Zinssatz für Anleihen: 8,8 %
   Inflationsrate: 4,5 %

ad Gewinn- und Verlustrechnung

1. Wareneinsatz
   Der Eigenverbrauch der vierköpfigen Familie des Unternehmers beträgt pro Monat und Person für
   – Lebensmittel S 1.200,–
   – Getränke S 400,–
   Für Verderb, Qualitätsverluste und Schwund werden aufgrund der Aufzeichnungen in der Regel 4 % vom Wareneinsatz für die Küche veranschlagt; für die Schankverluste und den Schwund 5 % vom Wareneinsatz im Keller.
   Für den Ball des Lions Club wurden Getränke im Wert von S 27.000,– gespendet.

2. Löhne und Gehälter
   In den Gehältern sind Vorschüsse von S 12.000,– enthalten.
   Der Unternehmer arbeitet zu 60 % in der Verwaltung und zu 40 % im Restaurant mit. Für eine entsprechende Ersatzkraft müßte ein monatliches Bruttogehalt von S 28.000,– (inkl. 57 % Gehaltsnebenkosten) bezahlt werden.

3. Abschreibung
   Von seiten der Buchhaltung wird für das Gebäude eine buchhalterische Nutzungsdauer von 50 Jahren angenommen. Die buchhalterische Nutzungsdauer entspricht auch der betriebsgewöhlichen Nutzungsdauer.
   Für die Betriebs- und Geschäftsausstattung wird hingegen von der Buchhaltung allgemein eine Nutzungsdauer von 10 bzw. 20 Jahren angenommen. Tatsächlich entspricht jedoch die buchhalterische Nutzungsdauer überwiegend nicht der betriebsgewöhnlichen Nutzungsdauer.
   Gemeinsam mit dem Unternehmer wurden für die einzelnen Bereiche folgende Nutzungsdauer der Betriebs- und Geschäftsausstattung ermittelt – sofern es möglich war, wurden auch Tagesneupreise festgestellt –, im übrigen wurden Preisindizes mit Hilfe der „Statistischen Übersichten" des ÖStZ ermittelt (vgl. Tabelle 3).

4. Geringwertige Wirtschaftsgüter
   Im Kalenderjahr 1984 wurden im Juni geringwertige Wirtschaftsgüter angeschafft, deren betriebliche Nutzungsdauer mit drei Jahren zu veranschlagen ist. In den Vorjahren erfolgte keine Anschaffung.

5. Instandhaltung Gebäude
   Zur Instandhaltung der Unternehmerwohnung wurden 1984 S 7.980,– aufgewendet.

6. Gewerbesteuer
   In der Gewerbesteuer sind S 185.000,– für die Gewerbeertragsteuer enthalten.[3]

---
[3] Die Gewerbesteuer wurde abgeschafft.

7. Energieaufwand
Zur Beheizung der im Beherbergungsbereich gelegenen Wohnung der Unternehmerfamilie fielen in der letzten Periode S 14.000,– an; für Stromkosten S 8.000,–.

8. Betriebsversicherungen
In den Betriebsversicherungen sind die Kosten für ein nicht betrieblich genutzes Kraftfahrzeug in der Höhe von S 9.200,– enthalten.

Tabelle 3: Betriebs- und Geschäftsausstattung

	Anschaffungswert lt. Buchhaltung	Wertberichtigungen	Tagesneupreis	Preisindex Anschaffungsjahr	Preisindex 31. 12. 84	betriebsgewöhnliche Nutzungsdauer in Jahren	buchhalterische Nutzungsdauer in Jahren
Logis	4,120.000,–	3,322.000,–	7,200.000,–*)	–	–	15	20
Großer Saal	870.000,–	783.000,–	1,000.000,–*)	–	–	10	10
Küche	1,300.000,–	910.000,–	–	100	145	15	10
Keller	460.000,–	368.000,–	500.000,–*)	–	–	20	10
Restaurant	860.000,–	690.000,–	1,200.000,–*)	–	–	10	10
Sauna und Hallenbad	330.000,–	222.000,–	400.000,–*)	–	–	20	10
Verwaltung	280.000,–	196.000,–	380.000,–*)	–	–	20	10
Wäscherei	110.000,–	66.000,–	–	123	132	7	10
Seminarräume	200.000,–	169.000,–	–	142	153	10	10
Personalbeherbergung und -verpflegung	90.000,–	76.000,–	–	117	206	20	10
Garage	20.000,–	10.000,–	–	113	121	20	10
Summe	8,640.000,–	6,812.000,–					

*) Diese Positionen beinhalten insgesamt stille Reserven in der Höhe von S 3,760.000,–.

1.4 Kostenstellengliederung

Allgemeine Kostenstellen

	Umlage
Verwaltung	Küche, Keller, Beherbergung, Seminar- und Konferenzräume im Verhältnis 2 : 1 : 3 : 1
Wäscherei	siehe Tabelle 4
Personalbeherbergung und -verpflegung	Nach Beschäftigten der Kostenstellen Küche (5), Keller (1), Beherbergung (6)

Hauptkostenstellen	Zuschlagbasis
Küche	Wareneinsatz
Keller	Wareneinsatz
Logis	Nächtigungen
Restaurant	Wareneinsatz
Seminar- und Konferenzräume	Anzahl der belegten Tage
Großer Saal	Wareneinsatz

Hilfskostenstellen	Umlage
Sauna und Hallenbad	Beherbergung
Garage	Beherbergung

Tabelle 4: Leistungen der Kostenstelle Wäscherei 1984

Bezugsstelle	Menge in kg
Logis	78.500
Großer Saal	22.300
Küche	13.000
Keller	2.900
Restaurant	16.000
Sauna und Hallenbad	9.300
Verwaltung	100
Seminar- und Konferenzräume	2.100
Insgesamt	144.200

1.5 Ergänzende Erläuterungen zur Erstellung des BAB

Position	Kostenverteilung
Löhne und Gehälter	nach Lohnlisten (siehe Tabelle 6)
Garantielöhne	Logis, Restaurant, Großer Saal im Verhältnis 5 : 3 : 2
Aushilfslöhne	2/5 Küche, 3/5 Großer Saal
GWG	Küche S 15.600,–, Seminar S 3.900,–
Instandhaltung Gebäude	nach m²
Gewerbekapitalsteuer	Küche : Logis : Restaurant im Verhältnis 2 : 5 : 1
Sonstige Steuern	nach m²
Heizung	nach m², Garage wird nicht beheizt
Strom	nach angeschlossenen kW (siehe Tabelle 7)
Hotel- und Restaurantbedarf	Küche : Restaurant : Seminarräume : Großer Saal im Verhältnis 3 : 5 : 2 : 2
Werbeaufwand	nach Umsätzen der Kostenstellen Logis und Seminarräume
Post- und Telefongebühren	S 107.400,– Verwaltung, S 53.100,– Logis, S 9.800,– Seminarräume

Reise- und Repräsentationsaufwand	Logis
Betriebsversicherungen	für Kraftfahrzeuge: S 10.400,– Küche und S 6.700,– Keller; Rest nach m^2
Bürobedarf	S 8.000,– Seminarräume, Rest Verwaltung
Bücher und Zeitschriften	S 4.500,– Verwaltung, S 12.000,– Logis, S 2.100,– Seminarräume
Sonstiger Aufwand	Wäscherei : Küche : Keller : Logis : Sauna : Garage im Verhältnis 2 : 3 : 1 : 3 : 0,5 : 0,5
Kalkulatorische Zinsen	nach Anschaffungswerten (Die Position Grundstücke soll zu 80 % der Kostenstelle Logis und zu 20 % der Kostenstelle Sauna und Hallenbad zugerechnet werden)

Tabelle 5: Wareneinsatz in den Kostenstellen

	Restaurant	Großer Saal
Wareneinsatz Küche	1,302.000,–	1,702.300,–
Wareneinsatz Keller	434.300,–	610.000,–

Tabelle 6: Lohn- und Gehaltslisten 1984

	Löhne	Gehälter
Verwaltung	0,–	298.000,–
Wäscherei	208.000,–	0,–
Küche	975.000,–	280.000,–
Keller	129.000,–	0,–
Logis	1,134.000,–	289.800,–
Restaurant	426.000,–	0,–
Seminar- und Konferenzräume	0,–	135.400,–
Großer Saal	662.000,–	0,–
Sauna und Hallenbad	102.000,–	0,–
Summe	3,636.000,–	1,003.200,–

Kostenstelle	Stromanschluß in KW
Verwaltung	3
Wäscherei	27
Personalbeherbergung und –verpflegung	4
Küche	79
Keller	21
Logis	168
Restaurant	8
Seminar- und Konferenzräume	6
Großer Saal	17
Sauna und Hallenbad	87
Garage	5
Summe	425

1.6 Kalkulation der Abgabepreise 1984

Der Unternehmer hat bisher für die Preisermittlung der einzelnen Leistungen folgende Kalkulation der Speisen und Getränke vorgenommen:

	Frühstück Getränke	Frühstück Speisen	Mittag- und Abendessen Speisen
Wareneinsatz	2,60	8,–	42,–
Gewinnzuschlagsatz	6 %	6 %	6 %
Getränkesteuer	10 %	–	–
Bedienungszuschlag	10,5 %	10,5 %	10,5 %
USt	10 %[4]	10 %	10 %

2. Betriebsüberleitung und Betriebsabrechnung

2.1 Betriebsüberleitungsbogen

Position	Aufwand	+/– zeitliche Abgrenzung	+/– sachliche Abgrenzung	Gemein-kosten	Einzel-kosten
Wareneinsatz Küche	3.061.900,–		– 57.600,–		3.004.300,–
Wareneinsatz Keller	1.090.500,–		– 46.200,–		1.044.300,–
Löhne	3.636.000,–			3.636.000,–	
Garantielöhne	2.402.500,–				2.402.500,–
Aushilfslöhne	101.800,–			101.800,–	
Gehälter	1.015.200,–	– 12.000,–		1.003.200,–	
DG-Anteil Sozialversicherung	1.931.400,–			1.931.400,–	
Lohn- und gehaltsabhängige Abgaben	937.600,–			937.600,–	
Freiwilliger Sozialaufwand	307.800,–			307.800,–	
Abschreibung	1.034.000,–		+ 918.272,–	1.952.272,–	
GWG	19.500,–	– 13.000,–		6.500,–	
Instandhaltung Gebäude	270.060,–		– 7.980,–	262.080,–	
Aufwandzinsen	503.500,–		– 503.500,–		
Gewerbesteuer	285.000,–		– 185.000,–	100.000,–	
Getränkesteuer	204.500,–				204.500,–
Alkoholabgabe	119.250,–				119.250,–
Sonstige Steuern und Abgaben	97.000,–			97.000,–	
Ortstaxe	280.900,–				280.900,–
Heizung	858.900,–		– 14.000,–	844.900,–	
Strom	572.400,–		– 8.000,–	564.400,–	
Hotel- und Restaurantbedarf	284.700,–			284.700,–	
Werbeaufwand	207.000,–			207.000,–	
Post- und Telefongebühren	170.300,–			170.300,–	
Reise- und Repräsentationsaufwand	34.400,–			34.400,–	
Betriebsversicherungen	72.280,–		– 9.200,–	63.080,–	
Bürobedarf	27.800,–			27.800,–	
Bücher und Zeitschriften	18.600,–			18.600,–	
Sonstiger Aufwand	243.700,–			243.700,–	
Kalkulatorische Wagnisse			172.387,–	172.387,–	
Kalkulatorischer Unternehmerlohn			336.000,–	336.000,–	
Kalkulatorische Zinsen und Unternehmerwagnis			2.666.268,–	2.666.268,–	
Summen	19.788.490,–	– 25.000,–	+ 3.261.447,–	15.969.187,–	7.055.750,–

4 Frühstücksgetränke unterliegen dem begünstigten Steuersatz, wenn das Frühstücksgetränk im Zimmerpreis inbegriffen ist.

Anmerkungen:

		S
ad Wareneinsatz Küche:	S 4.800,– × 12 =	57.600,–
ad Wareneinsatz Keller:	S 1.600,– × 12 =	19.200,–
Spende:		27.000,–
		46.200,–

ad Garantielöhne: werden als Bedienungsgeld als Einzelkosten in der Kalkulation erfaßt.

ad Gehälter: S 12.000,– stellen einen periodenfremden neutralen Aufwand dar.

ad Abschreibung, kalkulatorische Abschreibung:

kalk. Abschreibung
S

1. Gebäude $\quad \dfrac{18{,}800.000{,}- \times 24}{25} = 18{,}048.000{,}- \quad \dfrac{18{,}048.000{,}- \times 360}{128 \times 50} = 1{,}015.200{,}-$

2. Betriebs- und Geschäftsausstattung

	Tagesneupreis/ND	
Logis	7,200.000,– : 15	480.000,–
Großer Saal	1,000.000,– : 10	100.000,–
Küche	$\dfrac{1{,}300.000{,}- \times 145}{100 \times 15}$	125.666,–
Keller	500.000,– : 20	25.000,–
Restaurant	1,200.000,– : 10	120.000,–
Sauna und Hallenbad	400.000,– : 20	20.000,–
Verwaltung	380.000,– : 20	19.000,–
Wäscherei	$\dfrac{110.000{,}- \times 132}{123 \times 7}$	16.864,–
Seminarräume	$\dfrac{200.000{,}- \times 153}{142 \times 10}$	21.549,–
Personalbeherbergung und -verpflegung	$\dfrac{90.000{,}- \times 206}{117 \times 20}$	7.923,–
Garage	$\dfrac{20.000{,}- \times 121}{113 \times 20}$	1.070,–
Summe		937.072,–
Summe kalk. Abschreibung		1,952.272,–

ad GWG:	S 19.500,- × 2/3 = 13.000,- periodenfremder neutraler Aufwand	
ad Instandhaltung Gebäude:	S 7.980,- betriebsfremder neutraler Aufwand	
ad Aufwandzinsen:	werden als neutraler Aufwand ausgeschieden, da die Berechnung der kalkulatorischen Zinsen nach ÖKR erfolgt.	
ad Gewerbesteuer:	Gewerbeertragsteuer hat wie die ESt bzw. KöSt keinen Kostencharakter und ist auszuscheiden.	
ad Getränkesteuer, Alkoholabgabe, Ortstaxe:	Werden als Einzelkosten in der Kalkulation erfaßt.	
ad Heizung:	S 14.000,- betriebsfremder neutraler Aufwand.	
ad Strom:	S 8.000,- betriebsfremder neutraler Aufwand.	
ad Betriebsversicherungen:	S 9.200,- betriebsfremder neutraler Aufwand.	

ad kalkulatorische Wagnisse:

		S
Küche	3,004.300,- × 0,04 =	120.172,-
Keller	1,044.300,- × 0,05 =	52.215,-
		172.387,-

ad kalkulatorischer Unternehmerlohn   S 28.000,- × 12 =   336.000,-

ad kalkulatorische Zinsen und Unternehmerwagnis:

Bilanzsumme	32,636.900,-
− nicht betriebsnotwendiges Vermögen	954.222,−[1]
− Wertberichtigungen	17,122.600,-
+ Grundstücksaufwertung	4,906.666,−[2]
+ Gebäudeaufwertung	15,183.980,−[3]
+ B & G-Aufwertung	3,952.000,−[4]
+ Goodwill	8,770.558,−[5]
Betriebsnotwendiges Vermögen	47,373.282,-
− Kundenanzahlungen	143.000,-
− PRA	97.600,-
− Lieferantenverbindlichkeiten	1,652.000,-
Betriebsnotwendiges Kapital	45,480.682,-

1) Grundstücke	1,820.000,- × 1/9	= 202.222,-
Gebäude	18,800.000,- × 1/25	= 752.000,-
		954.222,-

2) Grundstücksaufwertung 7,340.000,– × 8/9 = 6,524.444,–
   BW – 1,617.778,–
   4,906,666,–

3) Gebäude- $\dfrac{(18,048.000,-- 9,898.176,-) \times 360}{128}$ = 22,921.380,–
   aufwertung BW – 7,737.400,–
   15,183.980,–

4) B & G-Aufwertung (vgl. dazu die Hinweise in Tabelle 3)
   Stille Reserven lt. Angabe 3,760.000,–

   Küche $\dfrac{1,300.000,-- 910.000,-) \times 145}{100}$ 565.500,–
   BW – 390.000,–
   175.000,– 175.000,–

   Wäscherei $\dfrac{(110.000,-- 66.000,-) \times 132}{123}$ = 47.200,–
   BW – 44.000,–
   3.200,– 3.200,–

   Seminar- $\dfrac{(200.000,-- 169.000,-) \times 153}{142}$ = 33.400,–
   räume BW – 31.000,–
   2.400,– 2.400,–

   Personalbeher-
   bergung und $\dfrac{(90.000,-- 76.000,-) \times 206}{117}$ = 24.700,–
   -verpflegung BW – 14.000,–
   10.700,– 10.700,–

   Garage $\dfrac{(20.000,-- 10.000,-) \times 121}{113}$ = 10.700,–
   BW – 10.000,–
   700,– 700,–

   Summe 3,952.000,–

5) Grundsätzlich erfolgt die Ermittlung der kalkulatorischen Zinsen nach den Kostenrechnungs-richtlinien des Österreichischen Kuratoriums für Wirtschaftlichkeit (ÖKW – Veröffentlichung Nr. 25, Wien 1951). Abweichend davon wird hier aber der „Goodwill" der Unternehmung dem betriebsnotwendigen Vermögen hinzugerechnet, da die in Punkt 312 ee) der ÖKR formulierte Richtlinie (die Wertansätze für das Vermögen müssen sich aus dem Rechnungswesen nachweisbar ergeben) nach Ansicht des Verfassers für den „Goodwill" nicht zielführend ist. Dies würde nämlich dazu führen, dass eine Unternehmung, die den „Goodwill" mit der Übernahme des Unternehmens erworben hat (dieser ist nach herrschender Lehre aktivierungsfähig und in der Bilanzposition unter den immateriellen Wirtschaftsgütern auszuweisen und wäre somit nach ÖKR dem betriebsnotwendigen Vermögen hinzuzurechnen), eine andere Kostenstruktur aufweist als eine Unternehmung, die den Mehrwert („Goodwill") selbst geschaffen hat (da ein originärer „Goodwill nicht aktiviert werden darf und somit nach ÖKR dem betriebsnotwendigen Vermögen nicht hinzugerechnet wird).

Der durchschnittliche Zinssatz beträgt 1984 8,8 %, die Inflationsrate 4,5 % und das allgemeine Unternehmerwagnis (Risikoprämie) kann mit 1,5 % angenommen werden.

Kalkulatorische Zinsen: 8,8 % − 4,5 % = 4,3 %

$$\begin{array}{rcl} 45.480.682,- \times 0,043 &=& 1.955.669,- \\ 47.373.282,- \times 0,015 &=& \underline{710.599,-}^{5} \\ && 2.666.268,- \end{array}$$

---

[5] Das kalkulatorische Unternehmerwagnis ist lt. LSÖ (Leitsätze für die Preisermittlung auf Grund der Selbstkosten bei Leistungen für öffentliche Auftraggeber) vom betriebsnotwendigen Vermögen zu berechnen. Vgl. dazu auch Seicht G., Moderne Kosten- und Leistungsrechnung, 4. Auflage, Wien 1984, S. 115.

2.2 Betriebsabrechnungsbogen

Position	Kosten	Verwaltung	Wäscherei	Personalbeherbergung	Küche	Keller	Logis	Restaurant	Seminar- und Konferenzräume	Großer Saal	Sauna und Hallenbad	Garage
Wareneinsatz Küche*)	(3.004.300,—)											
Wareneinsatz Keller*)	(1.044.300,—)											
Garantielöhne*)	(2.402.500,—)							(1.302.000,—)		(1.702.300,—)		
Löhne	3.636.000,—						(1.201.250,—)	(434.300,—)		(610.000,—)		
Aushilfslöhne	101.800,—	—,—	208.800,—	—,—	975.000,—	129.000,—	1.134.000,—	(720.750,—)	—,—	(480.500,—)	102.000,—	—,—
Gehälter	1.003.200,—	298.000,—	—,—	—,—	40.720,—	—,—	—,—	426.000,—	—,—	662.000,—	—,—	—,—
DG-Anteil zur Sozialversicherung	1.931.400,—	80.571,—	56.237,—	—,—	280.000,—	34.878,—	289.800,—	—,—	135.400,—	61.080,—	—,—	—,—
Lohn- und Gehaltsabhängige Abgaben	937.600,—	39.113,—	27.300,—	—,—	350.326,—	—,—	709.739,—	310.049,—	36.608,—	325.414,—	27.578,—	—,—
Freiwilliger Sozialaufwand	307.800,—	17.100,—	17.100,—	7.923,—	170.066,—	16.932,—	344.544,—	150.513,—	17.772,—	157.973,—	13.387,—	—,—
Abschreibung	1.952.272,—	19.000,—	16.864,—	20.757,—	76.950,—	8.550,—	85.500,—	34.200,—	8.550,—	51.300,—	8.550,—	1.070,—
		11.322,—	13.209,—		125.666,—	25.000,—	480.000,—	120.000,—	21.549,—	100.000,—	20.000,—	28.304,—
					28.304,—	22.644,—	728.378,—	30.192,—	32.079,—	45.288,—	54.723,—	
GWG	6.500,—	—,—	—,—	5.359,—	5.200,—	—,—	—,—	—,—	1.300,—	—,—	—,—	—,—
Instandhaltung Gebäude	262.080,—	2.923,—	3.410,—	1.983,—	7.307,—	5.846,—	188.035,—	7.794,—	8.281,—	11.691,—	14.127,—	7.307,—
Gewerbekapitalsteuer	100.000,—	—,—	—,—	—,—	25.000,—	—,—	62.500,—	12.500,—	—,—	—,—	—,—	—,—
Sonstige Steuern	97.000,—	1.082,—	1.262,—	—,—	2.704,—	2.164,—	69.595,—	2.885,—	3.065,—	4.327,—	5.229,—	2.704,—
Heizung und Warmwasserbereitung	844.900,—	9.693,—	11.308,—	17.770,—	24.232,—	19.386,—	623.578,—	25.848,—	27.463,—	38.772,—	46.850,—	—,—
Strom	564.400,—	3.984,—	35.856,—	5.312,—	104.912,—	27.888,—	223.104,—	10.624,—	7.968,—	22.576,—	115.536,—	6.640,—
Hotel- und Restaurantbedarf	284.700,—	—,—	—,—	—,—	71.175,—	—,—	—,—	118.625,—	47.450,—	47.450,—	—,—	—,—
Werbeaufwand	207.000,—	—,—	—,—	—,—	—,—	—,—	200.139,—	—,—	6.861,—	—,—	—,—	—,—
Post- und Telefongebühren	170.300,—	107.400,—	—,—	—,—	—,—	—,—	53.100,—	—,—	9.800,—	—,—	—,—	—,—
Reise- und Repräsentationsaufwand	34.400,—	—,—	—,—	—,—	—,—	—,—	34.400,—	—,—	—,—	—,—	—,—	—,—
Betriebsversicherungen	63.080,—	513,—	598,—	940,—	10.400,—	6.700,—	32.989,—	1.367,—	1.453,—	2.051,—	2.478,—	1.283,—
					1.282,—	1.026,—						
Bürobedarf	27.800,—	19.800,—	—,—	—,—	—,—	—,—	—,—	—,—	8.000,—	—,—	—,—	—,—
Bücher und Zeitungen	18.600,—	4.500,—	—,—	—,—	—,—	—,—	12.000,—	—,—	2.100,—	—,—	—,—	—,—
Sonstiger Aufwand	243.700,—	—,—	48.740,—	—,—	73.110,—	24.370,—	73.110,—	—,—	—,—	—,—	12.185,—	12.185,—
Kalk. Wagnisse	172.387,—	—,—	—,—	—,—	120.172,—	52.215,—	—,—	—,—	—,—	—,—	—,—	—,—
Kalk. Unternehmerlohn	336.000,—	201.600,—	—,—	—,—	—,—	—,—	—,—	134.400,—	—,—	—,—	—,—	—,—
Kalk. Zinsen und Unternehmerwagnis	2.666.268,—	45.334,—	32.480,—	43.237,—	169.853,—	81.249,—	1.729.721,—	131.567,—	72.558,—	157.788,—	153.199,—	49.282,—
Summe Gemeinkosten	15.969.187,—	861.935,—	472.364,—	103.281,—	2.662.379,—	457.848,—	7.074.232,—	1.516.564,—	448.257,—	1.687.710,—	575.842,—	108.775,—
Umlage Personalbeherbergung		328,—		— 103.281,—	43.034,—	8.607,—	51.640,—			73.049,—	30.464,—	
Umlage Wäscherei			— 472.364,—		42.585,—	9.500,—	257.147,—	52.412,—	6.879,—			
Umlage Verwaltung		— 862.263,—			246.361,—	123.180,—	369.542,—		123.180,—			
Umlage Sauna und Hallenbad							606.306,—				— 606.306,—	
Umlage Garage							108.775,—					— 108.775,—
Summe Gemeinkosten		—,—	—,—	—,—	2.994.359,—	599.135,—	8.467.642,—	1.568.976,—	578.316,—	1.760.759,—	—,—	—,—

*) Einzelkosten

Betriebsabrechnung für einen Hotelbetrieb

ad Löhne und Gehälter

Aufwandsart	Summe	KOSTENSTELLEN							
		Verwaltung	Wäscherei	Küche	Keller	Logis	Restaurant	Seminar- und Konferenzräume	Großer Saal	Sauna und Hallenbad
Löhne	3.636.000,–	0,–	208.000,–	975.000,–	129.000,–	1.134.000,–	426.000,–	0,–	662.000,–	102.000,–
Aushilfslöhne	101.800,–	0,–	0,–	40.720,–	0,–	0,–	0,–	0,–	61.080,–	0,–
Gehälter	1.003.200,–	298.000,–	0,–	280.000,–	0,–	289.800,–	0,–	135.400,–	0,–	0,–
Garantielöhne	2.402.500,–	0,–	0,–	0,–	0,–	1.201.250,–	720.750,–	0,–	480.500,–	0,–
Zwischensumme	7.143.500,–	298.000,–	208.000,–	1.295.720,–	129.000,–	2.625.050,–	1.146.750,–	135.400,–	1.203.580,–	102.000,–
DG-Anteil zur Sozialversicherung[1]	1.931.400,–	80.571,–	56.237,–	350.326,–	34.878,–	709.739,–	310.049,–	36.608,–	325.414,–	27.578,–
Lohn- und gehaltsabhängige Abgaben[2]	937.600,–	39.113,–	27.300,–	170.066,–	16.932,–	344.544,–	150.513,–	17.772,–	157.973,–	13.387,–
Freiwilliger Sozialaufwand[3]	307.800,–	17.100,–	17.100,–	76.950,–	8.550,–	85.500,–	34.200,–	8.550,–	51.300,–	8.550,–
Summe Personalaufwand	10.320.300,–	434.784,–	308.637,–	1.893.062,–	189.360,–	3.764.833,–	1.641.512,–	198.330,–	1.738.267,–	151.515,–

1) Es wird vereinfachend angenommen, daß der Dienstgeberanteil zur Sozialversicherung bei Arbeitern und Angestellten gleich entgeltabhängig ist.
1.931.400,– : 7.143.500,– = 0,2703717
2) Aufgrund fehlender Aufzeichnungen werden die lohn- und gehaltsabhängigen Abgaben für sämtliche Beschäftigte entgeltabhängig angenommen.
937.600,– : 7.143.500,– = 0,1312522
3) Der freiwillige Sozialaufwand ist unabhängig vom Entgelt des Arbeitnehmers und wird nach Beschäftigten je Kostenstelle verteilt.
307.800,– : 36 = 8.550,– je Arbeitnehmer

ad Abschreibung:	Gebäude entsprechend der Nutzfläche		
	S 1.015.200,– : 5.380, m² = S 188,6988 je m²		
	B & G vgl. Nebenrechnung zu BÜB (Pkt. kalkulat. Abschreibung)		

ad Instandhaltung
Gebäude: S 262.080,– : 5.380 m² = S 48,713755 je m²

ad Gewerbekapitalsteuer:	100.000,– : 8 = 12.500,–	
Küche:	2 × 12.500,– =	25.000,–
Logis:	5 × 12.500,– =	62.500,–
Restaurant:	1 × 12.500,– =	12.500,–

ad Sonstige Steuern: S 97.000,– : 5.380 m² = S 18,02974 je m²

ad Heizung: S 844.900,– : 5.230 m² = S 161,54876 je m²

ad Strom: S 564.400,– : 425 KW = S 1.328,– je KW

ad Hotel- u. Restaurantbedarf:	284.700,– : 12 = 23.725,–	
Küche:	3 × 23.725,– =	71.175,–
Restaurant:	5 × 23.725,– =	118.625,–
Seminarräume:	2 × 23.725,– =	47.450,–
Großer Saal:	2 × 23.725,– =	47.450,–

ad Werbeaufwand:	207.000,– : 9,974.900,– = 0,0207521	
	Erlöse Logis:	9,925.200,–
	Ortstaxe:	– 280.900,–
	Zwischensumme	9,644.300,–
	Erlöse Seminar- und Konferenzräume	330.600,–
	Summe	9,974.900,–

ad Sonstiger Aufwand:	243.700,– : 10 = 24.370,–	
Wäscherei:	2 × 24.370,– =	48.740,–
Küche:	3 × 24.370,– =	73.110,–
Keller:	1 × 24.370,– =	24.370,–
Logis:	3 × 24.370,– =	73.110,–
Sauna:	0,5 × 24.370,– =	12.185,–
Garage:	0,5 × 24.370,– =	12.185,–

ad Kalk. Zinsen und Unternehmerwagnis:	2,666.268,– : 28,305.778,– = 0,0941952	
Grundstück:	1,617.778,– × 0,0941952 =	152.387,–
Gebäude:	18,048.000,– × 0,0941952 =	1,700.035,–
B & G:	8,640.000,– × 0,0941952 =	813.846,–
		2,666.268,–

Verteilung der kalkulatorischen Zinsen und des Unternehmerwagnisses auf die Kostenstellen

Anlage-vermögen	Verwaltung	Wäscherei	Personal	Küche	Keller	Logis	Restaurant	Seminar	Großer Saal	Sauna	Garage
Grundstücke	0,–	0,–	0,–	0,–	0,–	121.910,–	0,–	0,–	0,–	30.477,–	0,–
Gebäude[1]	18.959,–	22.119,–	34.759,–	47.399,–	37.919,–	1,219.727,–	50.559,–	53.719,–	75.838,–	91.638,–	47.399,–
B & G	26.375,–	10.361,–	8.478,–	122.454,–	43.330,–	388.084,–	81.008,–	18.839,–	81.950,–	31.084,–	1.883,–
Summe	45.334,–	32.480,–	32.237,–	169.853,–	81.249,–	1,729.721,–	131.567,–	72.558,–	157.788,–	153.199,–	49.282,–

1) S 1,700.034,– : 5.380 m² = S 315,99145 je m²

Umlage der allgemeinen Kostenstellen

ad Personalbeherbergung:	103.281,– : 12 = 8.606,75	
Küche:	5 × 8.606,75 =	43.034,–
Keller:	1 × 8.606,75 =	8.607,–
Beherbergung:	6 × 8.606,75 =	51.640,–

ad Wäscherei: S 472.364,– : 144.200 kg = S 3,2757559 je kg

ad Verwaltung:	862.263,– : 7 = 123.180,43	
Küche:	2 × 123.180,43 =	246.361,–
Keller:	1 × 123.180,43 =	123.180,–
Logis:	3 × 123.180,43 =	369.542,–
Seminarräume:	1 × 123.180,43 =	123.180,–

3. Kalkulation der Beherbergungsleistungen

Selbstkosten pro Nächtigung: Einbettzimmer   S 333,70
                                Zweibettzimmer S 444,94

	Anlagevermögen pro Zimmer	ÄZ
Einbettzimmer	216.000,–	0,75
Zweibettzimmer	288.000,–	1

ÄZ	Nächtigungen	R E	Selbstkosten/Nächtigung
0,75	3.728	2.796	333,70
1	16.235	16.235	444,94
		19.031	

Gemeinkosten lt. BAB: S 8,467.642,– : 19.031 = 444,94

3.1 Gemeinkostenzuschlagsätze

Gemeinkostenzuschlagsätze	in %
Küche[a]	99,67
Keller[b]	57,37
Restaurant[c]	90,36
Großer Saal[d]	76,15

a) $\dfrac{2{,}994.359{,}-}{3{,}004.300{,}-} \times 100 = 99{,}67\ \%$ c) $\dfrac{1{,}568.976{,}-}{1{,}736.300{,}-} \times 100 = 90{,}36\ \%$

b) $\dfrac{599.135{,}-}{1{,}044.300{,}-} \times 100 = 57{,}37\ \%$ d) $\dfrac{1{,}760.759{,}-}{2{,}312.300{,}-} \times 100 = 76{,}15\ \%$

3.2 Kalkulation

Abgabepreis pro Nächtigung	Einbettzimmer S	Zweibettzimmer S
Selbstkosten	333,70	444,94
Gewinnzuschlag (6 %)	20,02	26,70
Grundpreis	353,72	471,64
Bedienungszuschlag (10,5 %)	37,14	49,52
	390,86	521,16
USt (10 %)	39,09	52,12
	429,95	573,28
Ortstaxe	15,—	30,—
Abgabepreis/Nächtigung	444,95	603,28

Abgabepreis Nächtigung mit Frühstück
Frühstück:

	Getränke S	Speisen S
Wareneinsatz	2,60	8,—
Gesamtgemeinkostenzuschlag	(133,52 %)[6] 3,47	(175,82%)[7] 14,07
Zwischensumme	6,07	22,07
Gewinnzuschlag (6 %)	0,36	1,32
Nettoverkaufspreis	6,43	23,39
Getränkesteuer 10 %	0,64	—
Zwischensumme	7,07	23,39
Bedienungszuschlag (10,5 %)	0,74	2,46
	7,81	25,85
USt (10 %)	0,78	2,59
Abgabepreis	8,59	28,44

	Einbettzimmer S	Zweibettzimmer S
Nächtigung	444,95	603,28
Frühstück für eine bzw. zwei Personen	37,03	74,06
Abgabepreis	481,98	677,34

---

6 Gemeinkostenzuschlagsatz Keller und Großer Saal.
7 Gemeinkostenzuschlagsatz Küche und Großer Saal.

Abgabepreis Nächtigung mit Vollpension

		Speisen S
Wareneinsatz		42,—
Gesamtgemeinkostenzuschlag	(175,82 %)[8]	73,84
Zwischensumme		115,84
Gewinnzuschlag (6 %)		6,95
Nettoverkaufspreis		122,79
Bedienungszuschlag (10,5 %)		12,89
Zwischensumme		135,68
USt (10 %)		13,57
Abgabepreis		149,25

	Einbettzimmer S	Zweibettzimmer S
Nächtigung	444,95	603,28
Vollpension für eine bzw. zwei Personen	186,28	372,56
Abgabepreis	631,23	975,84

Seminartagungspauschalpreis

Gemeinkosten lt. BAB: S 578.316,–
S 578.316,– : 87 Tage = S 6.647,31 je Tag

	S
Selbstkosten	6.647,31
Gewinnzuschlag (6 %)	398,84
Zwischensumme	7.046,15
USt (10 %)	704,61
Abgabepreis	7.750,76

---

[8] Gemeinkostenzuschlagsatz Keller und Großer Saal.

Fallstudie 13

Dietmar Rößl, Bettina Kucera

Wirtschaftlichkeitsanalyse im Tourismus

Problemfelder:

- Kalkulatorische Zinsen
- Ermittlung von Gewinnschwellen

Inhaltsverzeichnis

1. Problemstellung 237

2. Konzeption der Wirtschaftlichkeitsanalyse 237
   2.1 Auswahl des Algorithmus 237
   2.2 Zu berücksichtigende Parameter 238

3. Ermittlung der Ausgangsdaten 239

4. Durchführung der Simulation 240
   4.1 Deckungsbeiträge der Szenarien 240
   4.2 Erläuterungen zu den Berechnungen 240
   4.3 Berechnungen 241

5. Diskussion der Ergebnisse 250

1. Problemstellung

Die Gemeinde Turnau (Stmk.) hat seit Jahren mit einem Rückgang der Nächtigungen zu kämpfen (von 1995 bis 1999 – 30 %). Die Zahl der Privatzimmeranbieter nimmt dementsprechend ab (von 1995 bis 1999 sank die Zahl der Gästebetten von 685 auf 382 mit Auslastungen von unter 20 %).
Gleichzeitig zeigt sich, dass das vor einigen Jahren kreierte Beherbergungskonzept „*Steirische Romantikzimmer*" vom Gast gut aufgenommen wurde. Zimmer in der Region, die nach diesem Konzept ausgestattet sind und innerhalb des Vereins „*Wirtschaftsgemeinschaft Steirische Romantikzimmer*" vermarktet werden, verzeichnen Auslastungen von über 50 %.
Die Gemeinde war daher an Entscheidungshilfen für die Privatzimmervermieter interessiert. Über Simulationsrechnungen sollte die Rentabilität jener Investitionen in bestehende Privatzimmer, die zur Erfüllung der Anforderungen an ein *Steirisches Romantikzimmer* notwendig sind, beurteilbar gemacht werden.

2. Konzeption der Wirtschaftlichkeitsanalyse

2.1 Auswahl des Algorithmus

Die Ergebnisse der Analyse sollten den Privatzimmervermietern kommuniziert werden und von diesen selbst zur Erhöhung ihrer Akzeptanz kritisch hinterfragt werden können. Da zu erwarten war, dass den aus der Marktforschung bzw. aus den Erfahrungen der Vermieter anderer Steirischer Romantikzimmer abgeleiteten Jahresumsätzen wenig Glaubwürdigkeit zugesprochen würde, sollte die Analyse ohne Umsatzschätzungen auskommen.
Das angewandte Verfahren zur Wirtschaftlichkeitsanalyse sollte folgende Eigenschaften aufweisen:

- transparenter Rechengang zur einfachen Kommunikation der Ergebnisse an die Privatzimmervermieter
- geringe Anforderungen an die Ausgangsdaten
- keine Umsatzdaten als Input erforderlich

Aus diesen Gründen schieden neben Rentabilitätsberechnungen auch sämtliche zahlungsstrombasierte Analysen aus, und es wurde die Break-Even-Analyse verwendet, die sich aufgrund des leicht nachvollziehbaren Rechengangs nach Darstellung in einem Tabellenkalkulationsprogramm zur Simulation individueller Situationen durch die Zimmervermieter eignet.

2.2 Zu berücksichtigende Parameter

vorhandener Standard
Um in der Simulationsrechnung die verschiedenen baulichen Situationen der Gästezimmer abzubilden, wurden drei Zimmertypen definiert und jeweils ein konkretes Zimmer dieses Typs bestimmt:
- Typ 1 (niedriger Standard des umzubauenden Zimmers)
- Typ 2 (mittlerer Standard des umzubauenden Zimmers)
- Typ 3 (hoher Standard des umzubauenden Zimmers)

Art des Umbaus
Um der unterschiedlichen Durchführung der Adaptierungsarbeiten der Zimmer Rechnung zu tragen, wurden zwei Umbautypen definiert:
- FA (Facharbeit): Durchführung der erforderlichen Arbeiten durch Professionisten
- ER (Eigenregie): Durchführung der erforderlichen Arbeiten durch den Vermieter selbst, seine Familie oder Nachbarschaftshilfe

zugrundegelegtes Entscheidungskalkül
Das Informationsbedürfnis der Privatzimmervermieter lag stärker auf der Analyse der Wirtschaftlichkeit dieser Investition als Einmalereignis als auf der Frage der permanenten Erhaltung der Reinvestitionsmöglichkeit. Ihr Interesse ist somit stärker auf eine nominelle Kapitalerhaltung denn auf eine reale Kapitalerhaltung gerichtet. Daher wurden zwei verschiedene Berechnungen durchgeführt:
- AW (Kosten auf Basis Anschaffungswert):
  Hier wurde vom Wiederbeschaffungspreisprinzip der Kostenrechnung insofern abgegangen, als bei der Ermittlung der Fixkosten die Förderungen abgezogen wurden, obwohl man nicht davon ausgehen kann, dass am Ende der Nutzungsdauer z. B. für eine Totalsanierung der Zimmer erneut Förderungen in vergleichbarer Höhe zu erhalten sein werden.
- WW (Kosten auf Basis Wiederbeschaffungswert):
  Hier werden die Wiederbeschaffungswerte zugrundegelegt, indem die aktuellen Förderungen aufgrund ihrer Ungewissheit zum Reinvestitionszeitpunkt nicht abgezogen werden. Von Valorisierungen wird abgesehen, da unterstellt werden kann, dass die Kosten- als auch die Leistungsseite im Wesentlichen denselben Preisänderungen unterworfen sein werden und diese somit keine Auswirkungen auf die ermittelten Break-Even-Points haben werden.

Zimmerpreise
Um schließlich die Robustheit der Ergebnisse sichtbar zu machen, wurden innerhalb der über eine Gästebefragung erhobenen breit akzeptierten Preisspanne zwischen ca. € 70,- bis € 110,- (inkl. USt.) drei Zimmerpreise für die Rechnung verwendet:
- Szenario 1: € 65,- (exkl. USt.)
- Szenario 2: € 80,- (exkl. USt.)
- Szenario 3: € 100,- (exkl. USt.)

3. Ermittlung der Ausgangsdaten

Die Kosten der erforderlichen Umbauarbeiten wurden auf Basis von Kostenvoranschlägen und Gesprächen mit Fachleuten bzw. von Recherchen in Einrichtungs- und Baumärkten erhoben.

Tabelle 1: Investitionen: Ausgangsdaten für Fixkostenberechnung (inkl. USt.) in €

	speziell förderbar	Zimmer Typ 1	Zimmer Typ 2	Zimmer Typ 3
Mauern		1.030,–	840,–	420,–
Leitungen		220,–	85,–	45,–
Boden	✓	2.835,–	4.000,–	2.690,–
Wand	✓	145,–	180,–	110,–
Fliesen	✓	820,–	1.470,–	820,–
Sanitär	✓	9.085,–	9.085,–	7.265,–
Himmelbett	✓	3.270,–	3.270,–	3.270,–
Möbel	✓	7.265,–	9.085,–	7.265,–
TV		360,–	360,–	360,–
HiFi		360,–	360,–	360,–
Lampen	✓	1.455,–	1.455,–	1.455,–
Facharbeit Arbeitsleistungen		18.170,–	18.170,–	14.535,–
Eigenregie Arbeitsleistungen		5.085,–	5.085,–	4.070,–
Finanzierungskosten		5,75% [1]		
Summe bei Facharbeit		**45.015,–**	**48.360,–**	**38.595,–**
Summe bei Eigenregie		**31.930,–**	**35.275,–**	**28.130,–**

Obwohl Typ 2 einen besseren Ausgangsstandard aufwies, waren schließlich die Investitionen der Größe des Raumes wegen höher als bei Typ 1.

Tabelle 2: Variable Nächtigungskosten in €

	variable Kosten
Reinigungsmittel	1,–
Energie	2,–
Geschenk lt. Anforderungen *Steirische Romantikzimmer*	2,–
Frühstück 2P lt. Anforderungen *Steirische Romantikzimmer*	5,–
nutzungsabhängige Abschreibung Wäsche	1,50
Arbeitskosten	27,– [2]
Summe	38,50

---

1 spezielle Konditionen für Steirische Romantikzimmer
2 ca. 3 Arbeitsstunden bei einem von den Vermietern aufgrund der geringen Opportunitätskosten akzeptierten Stundensatz von € 9,–

Tabelle 3: Förderungen in €

	Basis der Förderung	Betrag
Gemeindeförderung	je errichtetem *Steirischem Romantikzimmer*	1.453,46,–
Landesförderung	für Investitionen von > 10.900,– für die in Tab. 1 gekennzeichneten (✓) Förderungsobjekte	4.360,37,–[3]
Tourismusförderung	für 10.900,– überschreitende Investitionsteile	7 %

4. Durchführung der Simulation

4.1 Deckungsbeiträge der Szenarien

Tab. 4: Deckungsbeiträge

	Zimmerpreis exkl. USt.	Deckungsbeitrag
Szenarium 1	€ 65,–	€ 26,50
Szenarium 2	€ 80,–	€ 41,50
Szenarium 3	€ 100,–	€ 61,50

4.2 Erläuterungen zu den Berechnungen

spezielle Landesförderung
Da die Investitionen in die speziell förderbaren Objekte (in Tab. 1 mit „✓" gekennzeichnet) € 10.900,– übersteigen (Tabelle 5 bis 10, Spalte ②), können € 4.360,37 auf die geförderten Objekte entsprechend ihres Wertes verteilt werden (Tab. 5 bis 10, Spalte ②).

allgemeine Förderung
Von der Förderungsbasis (Investitionssumme abzüglich der Arbeitskosten bei Eigenregie, siehe unten) werden nach Abzug von € 10.900,– 7 % ermittelt und auf die einzelnen Investitionen entsprechend ihres Wertes verteilt (Tab. 5 bis 10, Spalte ③).

Gemeindeförderung
Die Gemeindeförderung von € 1.453,46 für jedes *Steirische Romantikzimmer* wird auf alle Investitionen entsprechend ihres Wertes verteilt (Tab. 5 bis 10, Spalte ④).

Eigenregie
Die Arbeitskosten bei Eigenregie sind z.B. als kalkulatorischer Unternehmerlohn zu sehen – jedenfalls liegen dafür keine bei den Förderungsstellen einreichbare Professionistenrechnungen vor, womit diese Kosten aus der Förderungsbasis herausgerechnet werden müssen.
In die Ermittlung der Zinskosten fließen sie jedoch (entweder als Opportunitätskosten oder als auszahlungswirksame Finanzierungskosten) wieder ein.[4]

---

3 Eigentlich beträgt die Förderung € 5.450,46. 20 % werden aber an die *Wirtschaftsgemeinschaft Steirische Romantikzimmer* zur Finanzierung von Marketingaktivitäten abgeführt.

4 Werden diese Beträge nicht tatsächlich ausbezahlt, hätte der Unternehmer die ansonsten in dieser Zeit woanders erarbeitbaren Einkünfte zinsbringend anlegen können. Oft werden sie wohl z.B. an mithelfende Familienmitglieder ausbezahlt und müssen daher entweder über Eigenmittel (Entgang von Zinserträgen) oder Darlehensaufnahme (Fremdkapitalkosten) finanziert werden.

Basis der Ermittlung der Zinskosten

Über die Vermietungsdauer errechnet sich das durchschnittlich gebundene Kapital =
bei Variante AW: [Investitionen abzüglich der Förderungen (Spalte ⑤)] * 0,5
bei Variante WW: Investitionen * 0,5
Vom durchschnittlichen Kapitalbedarf werden 5,75 % angesetzt.

4.3 Berechnungen

Tabelle 5: Typ 1 – FA – AW

❶	① Investitionen exkl. USt.	② Verteilung Romantikzimmerförderung € 4.360,37	③ Verteilung Tourismusförderung € 1.862,88	④ Verteilung Gemeindeförderung € 1.453,46	⑤ Investitionen abzüglich Förderungen	⑥ Nutzungsdauer	⑦ Fixkosten p.a.
Mauern	858,33		42,62	33,26	782,45	20	39,12
Leitungen	183,33		9,10	7,10	167,13	20	8,36
Boden	2.362,50	496,95	117,32	91,54	1.656,69	5	331,34
Wand	120,83	25,42	6,00	4,68	84,73	5	16,95
Fliesen	683,33	143,74	33,93	26,48	479,18	10	47,92
Sanitär	7.570,83	1.592,52	375,97	293,34	5.309,00	10	530,90
Himmelbett	2.725,00	573,20	135,32	105,58	1.910,89	10	191,09
Möbel	6.054,17	1.273,49	300,65	234,57	4.245,45	10	424,55
TV	300,00		14,90	11,62	273,48	3	91,16
HiFi	300,00		14,90	11,62	273,48	4	68,37
Lampen	1.212,50	255,05	60,21	46,98	850,26	5	170,05
Arbeitsleistungen	15.141,67		751,94	586,68	13.803,05	20	690,15
Summe	€ 37.512,50	€ 4.360,37	€ 1.862,88	€ 1.453,46	€ 29.835,80		€ 2.609,95

Förderungsbasis	€ 37.512,50
∑ der speziell förderbaren Objekte	€ 20.729,17

+ Zinsen vom Ø gebundenen Kapital	€ 857,78
= Jahresfixkosten	€ 3.467,73

	Deckungsbeitrag	BEP	erforderliche Übernachtungen p.a.
Szenario 1	€ 26,5	130,86	131
Szenario 2	€ 41,5	83,56	84
Szenario 3	€ 61,5	56,39	57

Tabelle 6: Typ 1 – ER – AW

②	① Investitionen exkl. USt.	② Verteilung Romantik-zimmerförderung € 4.360,37	③ Verteilung Tourismus-förderung € 802,96	④ Verteilung Gemeinde-förderung € 1.453,46	⑤ Investitionen abzüglich Förderungen	⑥ Nutzungs-dauer	⑦ Fixkosten p.a.
Mauern	858,33		30,81	45,44	782,09	20	39,10
Leitungen	183,33		6,58	9,71	167,05	20	8,35
Boden	2.362,50	496,95	84,80	125,07	1.655,69	5	331,14
Wand	120,83	25,42	4,34	6,40	84,68	5	16,94
Fliesen	683,33	143,74	24,53	36,17	478,89	10	47,89
Sanitär	7.570,83	1.592,52	271,74	400,79	5.305,79	10	530,58
Himmelbett	2.725,00	573,20	97,81	144,26	1.909,73	10	190,97
Möbel	6.054,17	1.273,49	217,30	320,50	4.242,88	10	424,29
TV	300,00		10,77	15,88	273,35	3	91,12
HiFi	300,00		10,77	15,88	273,35	4	68,34
Lampen	1.212,50	255,05	43,52	64,19	849,74	5	169,95
Arbeitsleistungen	5.085,00			269,19	4.815,81	20	240,79
Summe	€ 27.455,83	€ 4.360,37	€ 802,96	€ 1.453,46	€ 20.839,05		€ 2.159,45

Förderungsbasis	€ 22.370,83
∑ der speziell förderbaren Objekte	€ 20.729,17

+ Zinsen vom Ø gebundenen Kapital	€ 599,12
= Jahresfixkosten	€ 2.758,58

	Deckungsbeitrag	BEP	erforderliche Übernach-tungen p.a.
Szenario 1	€ 26,5	104,10	105
Szenario 2	€ 41,5	66,47	67
Szenario 3	€ 61,5	44,85	45

Tabelle 7: Typ 2 – FA – AW

③	① Investitionen exkl. USt.	② Verteilung Romantikzimmerförderung € 4.360,37	③ Verteilung Tourismusförderung € 2.058,00	④ Verteilung Gemeindeförderung € 1.453,46	⑤ Investitionen abzüglich Förderungen	⑥ Nutzungsdauer	⑦ Fixkosten p.a.
Mauern	700,00		35,75	25,25	639,01	20	31,95
Leitungen	70,83		3,62	2,55	64,66	20	3,23
Boden	3.333,33	611,02	170,22	120,22	2.431,87	5	486,37
Wand	150,00	27,50	7,66	5,41	109,43	5	21,89
Fliesen	1.225,00	224,55	62,56	44,18	893,71	10	89,37
Sanitär	7.570,83	1.387,77	386,62	273,05	5.523,39	10	552,34
Himmelbett	2.725,00	499,51	139,16	98,28	1.988,06	10	198,81
Möbel	7.570,83	1.387,77	386,62	273,05	5.523,39	10	552,34
TV	300,00		15,32	10,82	273,86	3	91,29
HiFi	300,00		15,32	10,82	273,86	4	68,47
Lampen	1.212,50	222,26	61,92	43,73	884,59	5	176,92
Arbeitsleistungen	15.141,67		773,24	546,10	13.822,33	20	691,12
Summe	€ 40.300,00	€ 4.360,37	€ 2.058,00	€ 1.453,46	€ 32.428,17		€ 2.964,09

Förderungsbasis	€ 40.300,00
∑ der speziell förderbaren Objekte	€ 23.787,50

+ Zinsen vom Ø gebundenen Kapital	€ 932,31
= Jahresfixkosten	€ 3.896,40

	Deckungsbeitrag	BEP	erforderliche Übernachtungen p.a.
Szenario 1	€ 26,5	147,03	148
Szenario 2	€ 41,5	93,89	94
Szenario 3	€ 61,5	63,36	64

Tabelle 8: Typ 2 – ER – AW

④	① Investitionen exkl. USt.	② Verteilung Romantik-zimmerförderung € 4.360,37	③ Verteilung Tourismus-förderung € 998,08	④ Verteilung Gemeinde-förderung € 1.453,46	⑤ Investitionen abzüglich Förderungen	⑥ Nutzungs-dauer	⑦ Fixkosten p.a.
Mauern	700,00		27,77	33,64	638,59	20	31,93
Leitungen	70,83		2,81	3,40	64,62	20	3,23
Boden	3.333,33	611,02	132,24	160,20	2.429,88	5	485,98
Wand	150,00	27,50	5,95	7,21	109,34	5	21,87
Fliesen	1.225,00	224,55	48,60	58,87	892,98	10	89,30
Sanitär	7.570,83	1.387,77	300,35	363,85	5.518,86	10	551,89
Himmelbett	2.725,00	499,51	108,11	130,96	1.986,43	10	198,64
Möbel	7.570,83	1.387,77	300,35	363,85	5.518,86	10	551,89
TV	300,00		11,90	14,42	273,68	3	91,23
HiFi	300,00		11,90	14,42	273,68	4	68,42
Lampen	1.212,50	222,26	48,10	58,27	883,87	5	176,77
Arbeitsleistungen	5.085,00			244,38	4.840,62	20	242,03
Summe	€ 30.243,33	€ 4.360,37	€ 998,08	€ 1.453,46	€ 23.431,42		€ 2.513,17

Förderungsbasis	€ 25.158,33
Σ der speziell förderbaren Objekte	€ 23.787,50

+ Zinsen vom Ø gebundenen Kapital	€ 673,65
= Jahresfixkosten	€ 3.186,82

	Deckungsbeitrag	BEP	erforderliche Übernach-tungen p.a.
Szenario 1	€ 26,5	120,26	121
Szenario 2	€ 41,5	76,79	77
Szenario 3	€ 61,5	51,82	52

Tabelle 9: Typ 3 – FA – AW

⑤	① Investitionen exkl. USt.	② Verteilung *Romantikzimmerförderung* € 4.360,37	③ Verteilung Tourismusförderung € 1.488,38	④ Verteilung Gemeindeförderung € 1.453,46	⑤ Investitionen abzüglich Förderungen	⑥ Nutzungsdauer	⑦ Fixkosten p.a.
Mauern	350,00		16,20	15,82	317,99	20	15,90
Leitungen	37,50		1,74	1,69	34,07	20	1,70
Boden	2.241,67	512,76	103,74	101,30	1.523,87	5	304,77
Wand	91,67	20,97	4,24	4,14	62,31	5	12,46
Fliesen	683,33	156,31	31,62	30,88	464,52	10	46,45
Sanitär	6.054,17	1.384,83	280,17	273,59	4.115,57	10	411,56
Himmelbett	2.725,00	623,32	126,10	123,15	1.852,43	10	185,24
Möbel	6.054,17	1.384,83	280,17	273,59	4.115,57	10	411,56
TV	300,00		13,88	13,56	272,56	3	90,85
HiFi	300,00		13,88	13,56	272,56	4	68,14
Lampen	1.212,50	277,35	56,11	54,79	824,25	5	164,85
Arbeitsleistungen	12.112,50		560,53	547,38	11.004,60	20	550,23
Summe	€ 32.162,50	€ 4.360,37	€ 1.488,38	€ 1.453,46	€ 24.860,30		€ 2.263,72

Förderungsbasis	€ 32.162,50
Σ der speziell förderbaren Objekte	€ 19.062,50

+ Zinsen vom Ø gebundenen Kapital	€ 714,73
= Jahresfixkosten	€ 2.978,45

	Deckungsbeitrag	BEP	erforderliche Übernachtungen p.a.
Szenario 1	€ 26,5	112,39	113
Szenario 2	€ 41,5	71,77	72
Szenario 3	€ 61,5	48,43	49

Tabelle 10: Typ 3 – ER – AW

⑥	① Investitionen exkl. USt.	② Verteilung Romantik-zimmerförderung € 4.360,37	③ Verteilung Tourismus-förderung € 640,50	④ Verteilung Gemeinde-förderung € 1.453,46	⑤ Investitionen abzüglich Förderungen	⑥ Nutzungs-dauer	⑦ Fixkosten p.a.
Mauern	350,00		11,18	21,09	317,73	20	15,89
Leitungen	37,50		1,20	2,26	34,04	20	1,70
Boden	2.241,67	512,76	71,61	135,08	1.522,21	5	304,44
Wand	91,67	20,97	2,93	5,52	62,25	5	12,45
Fliesen	683,33	156,31	21,83	41,18	464,02	10	46,40
Sanitär	6.054,17	1.384,83	193,40	364,82	4.111,11	10	411,11
Himmelbett	2.725,00	623,32	87,05	164,21	1.850,42	10	185,04
Möbel	6.054,17	1.384,83	193,40	364,82	4.111,11	10	411,11
TV	300,00		9,58	18,08	272,34	3	90,78
HiFi	300,00		9,58	18,08	272,34	4	68,08
Lampen	1.212,50	277,35	38,73	73,06	823,35	5	164,67
Arbeitsleistungen	4.070,00			245,26	3.824,74	20	191,24
Summe	€ 24.120,00	€ 4.360,37	€ 640,50	€ 1.453,46	€ 17.665,67		€ 1.902,92

Förderungsbasis	€ 20.050,00
∑ der speziell förderbaren Objekte	€ 19.062,50

+ Zinsen vom Ø gebundenen Kapital	€ 507,89
= Jahresfixkosten	€ 2.410,81

	Deckungsbeitrag	BEP	erforderliche Übernach-tungen p.a.
Szenario 1	€ 26,5	90,97	91
Szenario 2	€ 41,5	58,09	59
Szenario 3	€ 61,5	39,20	40

Tabelle 11: Typ 1 – FA – WW

①	❶ Investitionen exkl. USt.	❷ Nutzungs-dauer	❸ Fixkosten p.a.
Mauern	858,33	20	42,92
Leitungen	183,33	20	9,17
Boden	2.362,50	5	472,50
Wand	120,83	5	24,17
Fliesen	683,33	10	68,33
Sanitär	7.570,83	10	757,08
Himmelbett	2.725,00	10	272,50
Möbel	6.054,17	10	605,42
TV	300,00	3	100,00
HiFi	300,00	4	75,00
Lampen	1.212,50	5	242,50
Arbeitsleistungen	15.141,67	20	757,08
Summe	€ 37.512,50		€ 3.426,67

+ Zinsen vom Ø gebundenen Kapital	€ 1.078,48
= Jahresfixkosten	€ 4.505,15

	Deckungsbeitrag	BEP	erforderliche Übernach-tungen p.a.
Szenario 1	€ 26,5	170,01	171
Szenario 2	€ 41,5	108,56	109
Szenario 3	€ 61,5	73,25	74

Tabelle 12: Typ 1 – ER – WW

②	❶ Investitionen exkl. USt.	❷ Nutzungs-dauer	❸ Fixkosten p.a.
Mauern	858,33	20	42,92
Leitungen	183,33	20	9,17
Boden	2.362,50	5	472,50
Wand	120,83	5	24,17
Fliesen	683,33	10	68,33
Sanitär	7.570,83	10	757,08
Himmelbett	2.725,00	10	272,50
Möbel	6.054,17	10	605,42
TV	300,00	3	100,00
HiFi	300,00	4	75,00
Lampen	1.212,50	5	242,50
Arbeitsleistungen	5.085,00	20	254,25
Summe	€ 27.455,83		€ 2.923,83

+ Zinsen vom Ø gebundenen Kapital	€ 789,36
= Jahresfixkosten	€ 3.713,19

	Deckungsbeitrag	BEP	erforderliche Übernach-tungen p.a.
Szenario 1	€ 26,5	140,12	141
Szenario 2	€ 41,5	89,47	90
Szenario 3	€ 61,5	60,38	61

Tabelle 13: Typ 2 – FA – WW

③	❶ Investitionen exkl. USt.	❷ Nutzungs-dauer	❸ Fixkosten p.a.
Mauern	700,00	20	35,00
Leitungen	70,83	20	3,54
Boden	3.333,33	5	666,67
Wand	150,00	5	30,00
Fliesen	1.225,00	10	122,50
Sanitär	7.570,83	10	757,08
Himmelbett	2.725,00	10	272,50
Möbel	7.570,83	10	757,08
TV	300,00	3	100,00
HiFi	300,00	4	75,00
Lampen	1.212,50	5	242,50
Arbeitsleistungen	15.141,67	20	757,08
Summe	€ 40.300,00		€ 3.818,96

+ Zinsen vom Ø gebundenen Kapital	€ 1.158,63
= Jahresfixkosten	€ 4.977,58

	Deckungsbeitrag	BEP	erforderliche Übernach-tungen p.a.
Szenario 1	€ 26,5	187,83	188
Szenario 2	€ 41,5	119,94	120
Szenario 3	€ 61,5	80,94	81

Tabelle 14: Typ 2 – ER – WW

④	❶ Investitionen exkl. USt.	❷ Nutzungs-dauer	❸ Fixkosten p.a.
Mauern	700,00	20	35,00
Leitungen	70,83	20	3,54
Boden	3.333,33	5	666,67
Wand	150,00	5	30,00
Fliesen	1.225,00	10	122,50
Sanitär	7.570,83	10	757,08
Himmelbett	2.725,00	10	272,50
Möbel	7.570,83	10	757,08
TV	300,00	3	100,00
HiFi	300,00	4	75,00
Lampen	1.212,50	5	242,50
Arbeitsleistungen	5.085,00	20	254,25
Summe	€ 30.243,33		€ 3.316,13

+ Zinsen vom Ø gebundenen Kapital	€ 869,50
= Jahresfixkosten	€ 4.185,62

	Deckungsbeitrag	BEP	erforderliche Übernach-tungen p.a.
Szenario 1	€ 26,5	157,95	158
Szenario 2	€ 41,5	100,86	101
Szenario 3	€ 61,5	68,06	69

Tabelle 15: Typ 3 – FA – WW

⑤	❶ Investitionen exkl. USt.	❷ Nutzungs-dauer	❸ Fixkosten p.a.
Mauern	350,00	20	17,50
Leitungen	37,50	20	1,88
Boden	2.241,67	5	448,33
Wand	91,67	5	18,33
Fliesen	683,33	10	68,33
Sanitär	6.054,17	10	605,42
Himmelbett	2.725,00	10	272,50
Möbel	6.054,17	10	605,42
TV	300,00	3	100,00
HiFi	300,00	4	75,00
Lampen	1.212,50	5	242,50
Arbeitsleistungen	12.112,50	20	605,63
Summe	€ 32.162,50		€ 3.060,83

+ Zinsen vom Ø gebundenen Kapital	€ 924,67
= Jahresfixkosten	€ 3.985,51

	Deckungsbeitrag	BEP	erforderliche Übernach-tungen p.a.
Szenario 1	€ 26,5	150,40	151
Szenario 2	€ 41,5	96,04	97
Szenario 3	€ 61,5	64,80	65

Tabelle 16: Typ 3 – ER – WW

⑥	❶ Investitionen exkl. USt.	❷ Nutzungs-dauer	❸ Fixkosten p.a.
Mauern	350,00	20	17,50
Leitungen	37,50	20	1,88
Boden	2.241,67	5	448,33
Wand	91,67	5	18,33
Fliesen	683,33	10	68,33
Sanitär	6.054,17	10	605,42
Himmelbett	2.725,00	10	272,50
Möbel	6.054,17	10	605,42
TV	300,00	3	100,00
HiFi	300,00	4	75,00
Lampen	1.212,50	5	242,50
Arbeitsleistungen	4.070,00	20	203,50
Summe	€ 24.120,00		€ 2.658,71

+ Zinsen vom Ø gebundenen Kapital	€ 693,45
= Jahresfixkosten	€ 3.352,16

	Deckungsbeitrag	BEP	erforderliche Übernach-tungen p.a.
Szenario 1	€ 26,5	126,50	127
Szenario 2	€ 41,5	80,77	81
Szenario 3	€ 61,5	54,51	55

5. Diskussion der Ergebnisse

Tabelle 17: Berechnungsvarianten und Ergebnisse

	Variante	Beschreibung		Ergebnisse zur Kostendeckung erforderliche jährliche Nächtigungen		
		Zimmertyp	Umbauart	Szenario 1	Szenario 2	Szenario 3
Anschaffungswert	❶	Typ 1	Facharbeit	131	84	57
	❷	Typ 1	Eigenregie	105	67	45
	❸	Typ 2	Facharbeit	148	94	64
	❹	Typ 2	Eigenregie	121	77	52
	❺	Typ 3	Facharbeit	113	72	49
	❻	Typ 3	Eigenregie	91	59	40
Wiederbeschaffungswert	①	Typ 1	Facharbeit	171	109	74
	②	Typ 1	Eigenregie	141	90	61
	③	Typ 2	Facharbeit	188	120	81
	④	Typ 2	Eigenregie	158	101	69
	⑤	Typ 3	Facharbeit	151	97	65
	⑥	Typ 3	Eigenregie	127	81	55

Diese Ergebnisse sprechen insgesamt für den Umbau derzeitiger Fremdenzimmer in *Steirische Romantikzimmer*. Die Auslastungszahlen bestehender *Romantikzimmer* liegen über 50 % und Befragungen von Gästen im Ort und im nahegelegenen Wirtshaus „Steirereck" (am Pogusch) zeigen, dass auch *Romantikzimmer* in Turnau vom Gast angenommen würden und daher Privatzimmervermieter mit Auslastungszahlen von über 50 % rechnen können müssten.

- Die erforderlichen Auslastungen liegen somit zwischen 11% (Variante ❻ bei Szenario 3) und 52 % (Variante ③ bei Szenario 1).
- Zur Substanzerhaltung für den Fall, dass zum Zeitpunkt der Reinvestition keinerlei Förderungen erlangt werden können, ist zur Erwirtschaftung der Reinvestition eine Auslastung zwischen 15% (Variante ⑥ bei Szenario 3) und 52 % (Variante ③ bei Szenario 1) erforderlich.
- Die erforderliche Auslastung liegt – wenn nur die Erwirtschaftung der getätigten Investition und nicht der zukünftigen Reinvestitionen erreicht werden soll – zwischen 11% (Variante ❻ bei Szenario 3) und 41 % (Variante ❸ bei Szenario 1).
- Bei Durchführung der Arbeiten in Eigenregie liegt die zur Erwirtschaftung der getätigten Investition erforderliche Auslastung zwischen 11% (Variante ❻ bei Szenario 3) und 33 % (Variante ❹ bei Szenario 1).

- Bei Facharbeit liegt die zur Erwirtschaftung der getätigten Investition erforderliche Auslastung zwischen 13% (Variante ❺ bei Szenario 3) und 41% (Variante ❸ bei Szenario 1).

Bei Durchführung der Arbeiten in Eigenregie kommt kein Break-Even-Point in einen – vor dem Hintergrund der vorliegenden Marktanalysen – als kritisch zu beurteilenden Bereich:
- Die Erwirtschaftung der aktuell zu entscheidenden Investition dürfte jedenfalls gesichert sein. Selbst bei einem Zimmerpreis von nur € 71,50 (inkl. USt.) muss das Zimmer, um Kostendeckung zu erzielen, nur an max. 11 Tagen pro Monat gebucht werden. Wobei Kostendeckung bedeutet, dass auch die Arbeitsleistung des Vermieters und die Zinsen des eingesetzten Kapitals abgedeckt sind.
- Wie gering das Risiko in diesem Fall ist, zeigt sich daran, dass sich die erforderliche Auslastung, wenn die Arbeitszeit des Vermieters bei der Ermittlung der variablen Kosten nicht angesetzt wird, auf 8 % bis 16 % (= 3 bis 5 Nächtigungen pro Monat) reduziert.

Auch bei Durchführung der Arbeiten durch Professionisten ist das Risiko gering:
- Die Erwirtschaftung der aktuell zu entscheidenden Investition dürfte auch in diesem Fall gesichert sein. Selbst bei einem Zimmerpreis von nur € 71,50 (inkl. USt.) muss das Zimmer, um Kostendeckung zu erzielen, nur an max. 13 Tagen pro Monat gebucht werden.
- Wie gering das Risiko auch in diesem Fall ist, zeigt sich daran, dass sich die erforderliche Auslastung, wenn die Arbeitszeit des Vermieters bei der Ermittlung der variablen Kosten nicht angesetzt wird, auf 9 % bis 20 % (= 3 bis 7 Nächtigungen pro Monat) reduziert.

Neben diesen günstigen Risikobeurteilungen zeigen sich aber durchaus realistische Gewinnaussichten. Bei einem mittleren Zimmerpreis von € 88,– (inkl. USt.) werden bei Auslastungen zwischen 22 % und 33 % die laufenden Kosten und die zukünftigen Investitionen zur Substanzerhaltung gedeckt. Vergleiche mit bestehenden Romantikzimmern als auch die Ergebnisse aus der Marktstudie zeigen aber, dass bei diesem Preis auch höhere Auslastungen durchaus realistisch sind.

Rolf Eschenbach, Tarek Haddad

Die Balanced Scorecard: Führungsinstrument im Handel

Ein Handbuch für den Praxiseinsatz

Im Rahmen des Buches wird untersucht, ob und in welcher Form die Balanced Scorecard für Handelsunternehmen einsetzbar ist. Dabei wird das Instrumentarium der Balanced Scorecard (BSC) näher erläutert und speziell auf seine Einsatzmöglichkeiten im Handel geprüft. Erfolgsfaktoren und Trends im Handel werden ebenso berücksichtigt wie die geeignete Gestaltung der Dimensionen einer BSC. Neben Anleitungen für die Erstellung einer Balanced Scorecard und nützlichen Instrumenten im Erstellungsprozeß, findet der Leser eine umfangreiche Auflistung von möglichen praktischen Anwendungen in Handelsunternehmen.

Service Fachverlag 1999. 234 Seiten, broschiert
öS 450,– / DM 62,– / sFr 57,– / € 32,70*
ISBN 3-85428-398-9

* ab 1. 1. 2002

WUV Universitätsverlag
Facultas Universitätsverlag
Service Fachverlag

facultas. gut zu Wissen

Manfred Schadenhofer

Neuausrichtung des Controlling
Mit der Balanced Scorecard zum Balanced Controlling

Controlling befindet sich in Österreich in einem fortgesetzten Aufbau- und Entwicklungsprozeß. Ein sehr großer Entwicklungsimpuls geht derzeit von der Balanced Scorecard aus. 363 Controller und Manager österreichischer Unternehmen wurden in einer umfassenden Studie zum Entwicklungsstand und zur Neuausrichtung des Controlling befragt. Neben wertvollen Hinweisen zur Umsetzung einer Balanced Scorecard sind auch Ansatzpunkte zur Verbesserung des laufenden Controllingprozesses enthalten. Das Spektrum reicht von einer Bewertung der Controlling-Aufgaben über ein Reengineering der Kostenrechnung bis hin zum Einsatz von Management Cockpits. Entwicklungsziel ist ein integriertes Controllingsystem, das die Bezeichnung Balanced Controlling verdient.

Service Fachverlag 2000, 124 Seiten, broschiert
(Controlling: Wissen und Praxis. Band 1)
öS 398,– / DM 55,– / sFr 51,– / € 28,90*
ISBN 3-85428-417-9

* ab 1. 1. 2002

WUV Universitätsverlag
Facultas Universitätsverlag
Service Fachverlag

facultas. gut zu Wissen

Michaela-Maria Schaffhauser-Linzatti

Bilanzierung, Bilanzanalyse und Kostenrechnung

Der Band umfaßt eine theoretische Einführung in die Grundzüge der Bilanzierung, Bilanzanalyse und Kostenrechnung sowie Übungsbeispiele mit Lösungen und einen Aufgabenteil, der die Vertiefung des neu erworbenen Wissens und seine selbständige Überprüfung ermöglicht.
Das Buch ist für Studierende der Wirtschaftsinformatik an der Universität Wien konzipiert und auf den aktuellen Lehrplan abgestimmt. Es bietet aber ebenso allen Interessierten die Möglichkeit, sich rasch in die sehr umfangreiche Materie einzulesen.

WUV 3. Auflage 2001. 271 Seiten, broschiert
öS 300,– / DM 41,– / sFr 38,– / € 21,80*
ISBN 3-85114-655-7

* ab 1. 1. 2002

WUV Universitätsverlag
Facultas Universitätsverlag
Service Fachverlag

facultas. gut zu Wissen